W0352794

DIRITTO 1

DIRITTO COSTITUZIONALE

Liberamente

Copyright © Liberamente Editore 2009
tel. 0577 44120 - fax 0577 47883
web: www.liberamenteeditore.it
e-mail: info@liberamenteeditore.it
Promosso e distribuito da Messaggerie Libri Spa
Prima edizione: 2009

LE NUOVE SINTESI

— per capire, per apprendere, per raggiungere gli obiettivi —

Liberamente Editore propone una collana di nuovi e accurati tascabili per lo studio e il ripasso delle materie scolastiche fondamentali, per prepararsi a esami (compresa la maturità) e concorsi, interrogazioni e abilitazioni, test, ricerche e approfondimenti.

Contengono anche: tavole cronologiche, indice dei nomi, schede di approfondimento, illustrazioni, teoremi ed esempi, esercizi svolti, test di verifica, grafici, formulari, siti web di riferimento.

Punti di forza:

- sono scritti in un linguaggio chiaro, sintetico, rigoroso e facendo ricorso a una grafica accattivante e che favorisce la memorizzazione
- affrontano in modo esaustivo tutti gli argomenti previsti dai programmi ministeriali delle scuole superiori, con particolare attenzione anche ai periodi storici, ai movimenti culturali e alla idee più recenti
- al termine di ogni capitolo propongono test di verifica risolti e commentati e una rassegna dei principali siti web di riferimento
- sono particolarmente adatti per prepararsi all'Esame di Stato
- sono rivolti non solo agli studenti ma anche agli appassionati della materia
- gli autori sono tutti altamente specializzati e con numerose pubblicazioni alle spalle.

INDICE

1. LO STATO: CONCETTI GENERALI

Il diritto costituzionale è una branca del diritto pubblico che si occupa dei principi e delle norme fondamentali dello Stato. Lo studio del diritto costituzionale deve pertanto essere preceduto dall'analisi di alcuni concetti basilari: lo Stato, il diritto, le norme e le fonti del diritto.

Tale analisi prenderà le mosse dalla studio dello Stato configurabile come ordinamento giuridico (e politico) esercitante il potere sovrano su un determinato territorio e sui soggetti a esso appartenenti.

1.1 IL CONCETTO DI STATO

L'uomo ha da sempre avvertito l'esigenza di consociarsi con altri individui, al fine della soddisfazione e protezione degli interessi comuni.

I «gruppi sociali» sono sempre storicamente esistiti a partire dalle primordiali forme associative della preistoria fino ad arrivare ai giorni nostri. L'appartenenza ad un gruppo sociale può essere volontaria (nel senso che l'individuo sceglie liberamente di associarsi ad un gruppo) o necessaria (come è l'appartenenza allo Stato, che prescinde dalla volontà del singolo).

Non tutti i gruppi sociali si somigliano tra loro. Alcuni sono difatti connotati dalla presenza di più persone e di un'organizzazione stabile che assicura la soddisfazione degli interessi comuni ovvero dall'individuazione di regole (riconosciute da ogni appartenente al gruppo) che ne disciplinano i comportamenti e le reciproche relazioni.

La compresenza dei predetti elementi attribuisce al fenomeno sociale il carattere della giuridicità consentendo la sua qualificazione come ordinamento giuridico.

Poste queste indispensabili premesse è possibile procedere all'analisi dello Stato che, secondo una definizione offerta da autorevole dottrina, può essere qualificato come «ordinamento giuridico a fini generali che esercita il potere sovrano su un dato territorio cui sono subordinati in modo necessario i soggetti ad esso appartenenti» (MORTATI).

Tale definizione permette di individuare i caratteri propri dello Stato ovvero:

- la **politicità** ricollegata al concetto di fini generali che lo Stato persegue. Lo Stato si fa interprete degli interessi e delle aspettative della collettività, che variano in relazione alle comunità o agli eventi storici, cui cerca di dare soddisfazione;
- la **giuridicità**, ovvero il complesso di norme che regolamentano i comportamenti dei soggetti all'interno dello Stato;
- la **sovranità**, che si sostanzia nella supremazia dello Stato sui soggetti all'interno della comunità statale.

PAROLA CHIAVE: Stato
Ordinamento giuridico politico, esercitante il potere sovrano su un determinato territorio e sui soggetti a esso appartenenti. Esso comanda anche mediante l'uso della forza armata, della quale detiene il monopolio legale.

La contestuale presenza di tali caratteri permette pertanto di differenziare il fenomeno sociale Stato-ordinamento dalle altre normali formazioni sociali.

La tradizione dottrinale ritiene che il termine Stato possa assumere nel linguaggio giuridico altri significati. Comunemente si parla anche di:

- **Stato-comunità**: inteso come comunità di uomini insediata stabilmente su un territorio e retta da autonome regole giuridiche;
- **Stato-governo**: ossia l'insieme degli organi costituzionali dello Stato-comunità;
- **Stato-amministrazione**: con riferimento alla Pubblica Amministrazione e quindi al complesso degli organi amministrativi che operano nel perseguimento del fine pubblico;
- **Stato-apparato**: il complesso degli organi che esercitano le funzioni statali.

Ognuna di tali definizioni individua un elemento od un soggetto operante all'interno dello Stato e al cui esame si procederà nel corso di questa trattazione.

1.2. GLI ELEMENTI COSTITUTIVI DELLO STATO

Secondo autorevole dottrina «perché si abbia uno Stato non è [...] sufficiente che vi sia un gruppo sociale composito il cui ordinamento giuridico abbia il carattere dell'originarietà ma occorre, altresì, che l'ordinamento sia su base territoriale.» (MARTINES).

Lo Stato viene identificato attraverso tre elementi: il popolo, il territorio e la sovranità.

Il popolo

Per popolo si intende il complesso dei cittadini ovvero l'insieme degli individui a cui viene conferito lo status di cittadini dall'ordinamento giuridico. I cittadini vantano difatti la titolarità di posizioni giuridiche attive e passive rispetto all'apparato statuale (ad es. il diritto di voto o il dovere di contribuire alle spese pubbliche).

La nozione di popolo va tenuta distinta da quella di popolazione, con cui si designano tutti gli individui (cittadini e non) che in un dato momento si trovano all'interno del territorio dello Stato, e da quella di nazione, con cui si indica una «entità etnico-sociale caratterizzata dalla comunione di razza, di lingua, di cultura, di costumi, di tradizioni, di religione fra coloro che la compongono.» (MARTINES).

Il concetto di popolo è pertanto collegato a quello di cittadinanza, le cui ipotesi di acquisto, perdita e rinunzia vengono oggi individuate dalla L. 5 febbraio 1992, n. 91 che ha sostituito la precedente disciplina dettata dalla L. 555/1912.

Al concetto di cittadinanza italiana si affianca oggi quello di cittadinanza europea che è stata riconosciuta a tutti i cittadini degli Stati membri dell'Unione Europea a partire dal 1° novembre 1993. Dispone infatti l'art. 17 del Trattato istitutivo della Comunità europea (e successive modifiche): «È istituita una cittadinanza dell'Unione. È cittadino dell'Unione chiunque abbia la cittadinanza di uno Stato membro. La cittadinanza dell'Unione costituisce un complemento della cittadinanza nazionale e non sostituisce quest'ultima». L'acquisto della cittadinanza europea fa sorgere in capo ai destinatari diritti (di circolare e soggiornare nei territori degli Stati membri; di votare ed essere eletto nello Stato membro in cui risiede – diverso da quello di origine – in occasione delle elezioni del Parlamento europeo e di quelle comunali; di godere nei Paesi esteri diversi da quelli dell'Unione della tutela diplomatica da parte di autorità competenti diverse da quelle dello stato di appartenenza; di accesso ai documenti delle istituzioni comunitarie; di rivolgersi – nei casi di abusi o cattiva amministrazione da parte degli organi comunitari – al Mediatore europeo; di presentare petizioni al Parlamento europeo) e doveri specificati dallo stesso Trattato.

Il valore primario della cittadinanza è infine riconosciuto anche dalla Carta dei diritti fondamentali dell'Unione europea del 2000.

Il territorio

Per territorio si intende generalmente lo «spazio fisico» in cui risiede la comunità statale e al cui interno lo Stato esercita la sovranità. La nozione di territorio permette pertanto di individuare le «aree» all'interno delle quali si esplica la potestà dello Stato. Il territorio comprende: la terraferma; il mare territoriale (che a norma dell'art. 2 cod. nav. si estende fino ad un massimo di dodici miglia dalla costa); la piattaforma continentale (il sottosuolo marino e la zona di mare sovrastante compresa la c.d. zona economica esclusiva che si estende fino a 200 miglia dalla costa, art. 76 Convenzione di Montego Bay del 1982); il sottosuolo e lo spazio aereo (con esclusione dello spazio extra-atmosferico). L'esatta delimitazione di tali spazi fisici è rilevante, giacché ciascuno Stato, individuate le zone rientranti nel proprio territorio, potrà procedere all'estrazione delle risorse economiche situate al proprio interno.

Ma di territorio si parla anche in senso più ampio che ricomprende anche le navi e gli aeromobili mercantili e/o militari che vengono tradizionalmente considerati, fatte salve talune eccezioni, alla stregua del territorio nazionale.

È interessante da ultimo segnalare che, in base alle convenzioni internazionali, le sedi diplomatiche sono sottratte al potere d'imperio dello Stato ospitante (c.d. extraterritorialità) rimanendo per contro soggette alla potestà dello Stato di appartenenza (in tale ultima ipotesi la potestà statale si esercita eccezionalmente al di fuori dei confini; si parla pertanto di ultraterritorialità).

La sovranità

La sovranità rappresenta la potestà di governo di cui ogni Stato gode, in via assoluta (perché nasce con l'ordinamento giuridico), esclusiva (perché spetta allo Stato e solo ad esso) ed originaria (perché non deriva da nessun altro potere preesistente allo Stato), e che esercita all'interno del proprio territorio.

Il concetto di sovranità ha una doppia valenza: interna ed esterna.

La sovranità interna consente di affermare la supremazia dello Stato sugli individui. Essa si concreta nell'adozione di atti tipici (leggi, sentenze e regolamenti), dotati di particolare efficacia che li rende idonei ad imporre coattivamente un comando ed attraverso i quali si realizza la supremazia dello Stato.

Nei rapporti tra gli Stati la sovranità (esterna) permette di affermare l'indipendenza di uno Stato rispetto agli altri (ad es. la sovranità dello Stato nei confronti della Chiesa Cattolica) sia pure con i limiti, costituzionalmente previsti, discendenti dall'appartenenza dello Stato alla comunità internazionale.

In Italia per espressa previsione dell'art. 1 la sovranità appartiene al popolo, che la esercita nelle forme e secondo le modalità previste dallo stesso testo costituzionale. Tale principio legittima il potere sovrano dello Stato facendolo discendere direttamente dal popolo il quale, attraverso le forme della democrazia rappresentativa e diretta, partecipa alla vita pubblica del Paese.

1.3. LE FUNZIONI DELLO STATO

Il compito primario dello Stato è l'individuazione e la soddisfazione dei comuni interessi della collettività. Ciò avviene attraverso l'esercizio di determinate funzioni fondamentali dello Stato.

Con il termine funzione, in una accezione più generale, si intende ogni attività organizzata che tende alla realizzazione di un obiettivo. Tale accezione è stata accolta dalla nostra Carta costituzionale che, più che citare espressamente le funzioni dello Stato, individua gli organi cui ne spetta l'esercizio. In tal modo le funzioni dello Stato vanno a coincidere con i momenti salienti della vita del nostro Paese. Sono dunque funzioni dello Stato:

- la funzione legislativa, che corrisponde all'attività relativa alla creazione ed emanazione delle norme dello Stato (spettante al Parlamento);
- la funzione esecutiva (amministrativa), afferente alla realizzazione dei fini istituzionali stabiliti dall'ordinamento e all'organizzazione dello Stato (spettante al governo);

- la funzione giurisdizionale, finalizzata alla protezione dell'ordinamento giuridico attraverso l'applicazione giudiziaria delle norme (Magistratura).

Tale ripartizione corrisponde a quella relativa agli atti autoritativi utilizzati dallo Stato nell'esercizio delle predette funzioni: leggi, regolamenti e sentenze.

Ogni funzione è quindi attribuita ad un potere dello Stato, intendendosi con tale espressione, così come elaborata dalla dottrina e dalla giurisprudenza della Corte costituzionale, l'insieme degli organi che pongono in essere le attività rientranti in una medesima funzione.

Accanto alle tre funzioni citate se ne pone una quarta, la c.d. funzione di indirizzo politico, attuata attraverso la distribuzione dei compiti tra organi statali autonomi, che la dottrina prevalente preferisce qualificare più che come funzione autonoma come attività caratterizzata da diverso rilievo.

La funzione dello Stato pertanto va intesa come «[...] attività, globalmente considerata, imputabile ad un ufficio, rivolta ad un fine determinato e che assume un certo contenuto in relazione ad una data materia [...]» (MARTINES). Ogni funzione è tipica e si distingue per l'ambito che riguarda e per i mezzi con cui è realizzata.

La distinzione tra le funzioni dello Stato nasce quindi dalla esigenza di individuare compiti specifici e i soggetti deputati allo svolgimento degli stessi e si ricollega necessariamente alla teoria della separazione dei poteri, elaborata da Montesquieu nella sua opera *De l'esprit des lois* (1748) ed in virtù della quale ogni potere dello Stato esercita una sola funzione, senza l'ingerenza degli altri poteri. La separazione dei poteri si atteggia a *modus* di organizzazione degli stessi, garantisce la libertà politica ed evita ogni degenerazione in forme di assolutismo e tirannia.

Nel nostro ordinamento il principio della separazione dei poteri, pur vigendo, non è applicato in maniera rigida: ad es. vi possono essere dei casi in cui il governo può anche adottare atti a contenuto normativo o in cui il Parlamento svolga funzioni non prettamente legislative. Le singole ipotesi verranno in seguito esaminate.

1.4. LE FORME DI STATO

La locuzione forma di Stato viene comunemente utilizzata per indicare il modo in cui risulta strutturato lo Stato nel suo complesso con

APPROFONDIMENTO: Montesquieu: Lo spirito delle leggi

Charles-Louis de Secondat, barone de La Brède e de Montesquieu (La Brède, 1689 – Parigi, 1755), è stato un filosofo, giurista, enciclopedista e grande pensatore politico francese.

Lo spirito delle Leggi (1748) è un'opera monumentale frutto di quattordici anni di lavoro, che riprende e soppianta l'idea della suddivisione dei poteri già elaborata da Locke (1632-1704), rappresentando non solo la sua più importante opera ma anche uno dei più importanti trattati politici della Storia.

Secondo Montesquieu, affinché nessun governante abusi del potere a lui affidato, i tre poteri fondamentali di uno Stato devono essere assegnati a mani diverse. In tal modo che ciascun potere potrà impedire agli altri di travalicare i propri limiti e degenerare in tirannia.

L'obiettivo principale, secondo Montesquieu, è quello di realizzare un equilibrio stabile (c.d. **bilancia dei poteri**) tra i poteri dello Stato, che viene ottenuto attraverso l'attribuzione di funzioni predeterminate a ciascuno di essi, ovvero le funzioni legislativa, esecutiva e giurisdizionale.

Tale formulazione è anche conosciuta come **teoria dei contrappesi**.

particolare riguardo alle relazioni intercorrenti tra governanti e governati (MARTINES).

Comunemente si parla di Stato quando lo stesso acquista i caratteri dell'indipendenza (rispetto agli altri ordinamenti) e della supremazia (rispetto alle istituzioni interne).

In questa accezione lo Stato nasce verso la fine del Medioevo con l'affermarsi delle monarchie nazionali. Il sistema feudale, sorto a seguito della caduta dell'Impero Romano d'occidente nel 476 d.C., era finalizzato unicamente alla difesa del patrimonio feudale e sprovvisto di una organizzazione che provvedesse alla cura degli interessi della collettività. Esso si reggeva unicamente su piccole comunità (i feudi) prive di ogni forma di coordinamento.

Lo Stato assoluto

Lo Stato assoluto nasce contemporaneamente al sistema feudale, come forma di reazione allo stesso, grazie alla unificazione di territori accomunati che presentavano comunanza di caratteri.

Lo Stato assoluto inizialmente non costituiva una forma di Stato ma un ordinamento giuridico di carattere privatistico caratterizzato dalla progressiva esautorazione dei signori feudali, asserviti al Monarca che a tal fine si dota di un apparato burocratico e militare.

Nello Stato assoluto tutti i poteri sono nelle mani del Monarca che impersonifica lo Stato stesso (si ricorda in proposito la celebre espressione di Luigi XIV «l'État c'est moi», Lo Stato sono Io) ed ha la titolarità piena dei poteri.

Lo Stato di polizia

Tra il 1600 ed il 1700 sorge lo Stato di polizia, espressione utilizzata per indicare quella forma di Stato finalizzata alla realizzazione del benessere e felicità dei sudditi (dal greco πολιτεία, politeia) e considerata la massima espressione dell'assolutismo. Nello Stato di polizia la figura del Re assume nuovo significato (lo stesso viene difatti considerato come parte integrante dell'ordinamento e non estraneo ad esso) e si registrano delle novità quali l'introduzione del sistema tributario (con la nascita del fisco inteso come patrimonio statale distinto da quello personale del sovrano), concentrazione dei poteri nelle mani del sovrano (non più per soli fini personali ma per più importanti interessi di carattere generale) e l'introduzione di forme di tutela giurisdizionale dei singoli avverso gli atti di gestione posti in essere dallo Stato, la creazione degli istituti della legge (atto generale e vincolante) e dell'ordinanza (atto di carattere non vincolante).

Lo Stato liberale

Le trasformazioni ed i mutamenti che si verificarono a cavallo tra la fine del XVIII e l'inizio del XIX secolo nel campo dell'economia, dell'industria e dell'agricoltura decretarono la fine dello Stato di polizia contribuendo alla nascita dello Stato liberale (o Stato moderno o di diritto) i cui principi di base sono quelli enunciati nei Bills of rights

(Carte dei diritti) adottati nel Nord America a seguito della Guerra di indipendenza (1776) e nella Dichiarazione dei diritti dell'uomo e del cittadino del 1789 (all'epoca della rivoluzione francese). Tale forma di Stato, nonostante il riconoscimento e l'enunciazione di alcuni principi fondamentali, sarà caratterizzato dall'ascesa della classe borghese imprenditoriale e dall'esclusione dalla vita politica dei ceti meno abbienti (per ciò definito anche come dittatura della borghesia); esso mirò per lo più alla massima realizzazione dei detentori dei poteri economici che aspiravano al riconoscimento pieno dei diritti politici, rivelando in seno contraddizioni che ne determineranno la fine.

Lo Stato autoritario e lo Stato totalitario

Il modello dello Stato liberale sarà messo in crisi e passerà attraverso esperienze diverse, quali la creazione dello Stato Autoritario (ad es. Napoleone III in Francia nel periodo compreso tra il 1852 e 1870).

Lo Stato autoritario a sua volta subirà delle ulteriori trasformazioni sfociando, negli anni successivi alla prima guerra mondiale, nella creazione di forme di totalitarismo quali la Germania nazionalsocialista o l'Italia fascista. Lo Stato totalitario fu connotato dalla progressiva negazione e dall'abolizione dei principi liberali e di democrazia.

Lo Stato socialista

Lo Stato socialista venne creato in Russia nel 1917 – a seguito della rivoluzione d'ottobre – caratterizzato dalla c.d. dittatura del proletariato e basato sui principi del comunismo.

Tale forma di Stato si diffuse, negli anni a seguire la seconda guerra mondiale, nei Paesi dell'Europa dell'est, in Asia e a Cuba e, nella maggior parte dei casi, è entrato in crisi tra la fine degli anni Otanta e l'inizio degli anni Novanta.

Lo Stato sociale

La fine del secondo conflitto mondiale e i grandi mutamenti socioeconomici che ne seguiranno, favorirono la nascita dello Stato sociale caratterizzato da incisivi interventi dei pubblici poteri in campo sociale (attraverso la rimozione delle disuguaglianze) ed economico e da una più ampia partecipazione degli individui, singolarmente e collettivamente considerati, alla vita pubblica (mentre le forme di Stato totalitario saranno attuate in parte più limitata solo nei paesi del terzo mondo).

Lo Stato oggi

Oggigiorno, attesa l'affermazione del principio democratico e l'accoglimento delle forme dello Stato sociale in Europa e in gran parte del mondo, parlare di forme di Stato significa far riferimento al modo in cui il potere viene dislocato sul territorio.

Di conseguenza è possibile operare una distinzione tra:

1) Stato Unitario o accentrato: con la presenza di un solo governo che opera a due livelli centrale e periferico;
2) Stato Federale: caratterizzato dalla contemporanea presenza di un governo centrale e di governi locali; questi ultimi danno vita a veri e propri Stati con poteri legislativi ed amministrativi che agiscono in forza dei principi di sussidiarietà, solidarietà e federalismo fiscale (ad es. gli Stati Uniti d'America);
3) Stato regionale o decentrato: in tal caso lo Stato, pur mantenendo l'unità centrale, è ripartito in Regioni dotate di autonomia, competenze legislative e poteri amministrativi. Il principio del decentramento è accolto dalla nostra Costituzione, la quale pur riconoscendo all'art. 5 l'unitarietà e l'indivisibilità dello Stato, prevede il riconoscimento delle autonomie locali e, più in generale, il decentramento amministrativo.

1.5. LE FORME DI GOVERNO

Per forma di governo, che si ricollega alla teoria della separazione dei poteri (cfr. 1.3), si intende il modo in cui il potere politico viene suddiviso tra gli organi dello Stato.

L'esperienza dimostra come il governo di un Paese e il potere politico possano essere diversamente ripartiti all'interno di uno Stato e come, di conseguenza, possano mutare i rapporti tra gli organi dello Stato.

Le più importanti forme di governo attualmente esistenti sono: il governo parlamentare, il governo presidenziale, il governo semipresidenziale ed il governo direttoriale.

Il governo parlamentare

Il governo parlamentare è sorto in Inghilterra nel corso del XVIII secolo, assumendo nel tempo configurazioni differenti. Attualmente rappresenta la forma adottata in gran parte degli Stati contemporanei. Nel governo parlamentare il governo, titolare della funzione esecutiva, è sottoposto al controllo da parte del Parlamento (eletto direttamente dal popolo) davanti al quale è responsabile attraverso il meccanismo del voto di fiducia. Di conseguenza il Parlamento esercita il controllo sull'operato del governo (cioè sull'attività politica, amministrativa e finanziaria) e, nel momento in cui venga meno il rapporto fiduciario, sorge l'obbligo di dimissioni del governo. Nel governo parlamentare la funzione di Capo dello Stato viene assunta da un organo individuale super partes con poteri limitati che non concorre né partecipa alla determinazione dell'indirizzo politico.

Il governo presidenziale

Nel governo presidenziale il Presidente della Repubblica, eletto direttamente dal popolo, è al contempo Capo dello Stato e Capo del governo. A differenza del governo presidenziale, il Parlamento non può far ricorso al meccanismo della sfiducia per imporre le dimissioni all'esecutivo.

I Segretari di Stato (che corrispondono ai nostri ministri) vengono difatti scelti dal Presidente e rispondono solo davanti a questo e non davanti al Congresso (formato dalla Camera dei rappresentanti e dal Senato). Il Congresso quindi non determina l'indirizzo politico, che viene stabilito dal Presidente, se non per determinati atti; per altri è prevista poi la partecipazione anche di una sola delle Camere. Il Congresso può tuttavia incidere sull'indirizzo politico attraverso le manovre finanziarie. Il Presidente, titolare di poteri molto ampi, può essere rimosso attraverso la procedura dell'*impeachment* per reati gravi (ad es. concussione o tradimento).

La forma di governo presidenziale è quella attualmente adottata negli Stati Uniti d'America.

Il governo semipresidenziale

Il governo semipresidenziale rappresenta una via di mezzo tra le due forme precedenti. Difatti il governo è nominato direttamente dal Presidente della Repubblica ma deve godere della fiducia del Parlamento. Il governo deve pertanto godere sia della fiducia del Parlamento ma anche di quella del Presidente. Il rapporto di fiducia che lega il governo al Parlamento è, però, meno rigido di quello previsto nel governo parlamentare.

Nella forma di governo semipresidenziale, attualmente adottata in Francia, il Presidente è eletto direttamente dal popolo ed ha la titolarità di poteri, anche relativi alla determinazione dell'indirizzo politico, molto ampi che gli vengono attribuiti dalla Costituzione.

Il governo direttoriale

Nel governo direttoriale le Camere riunite in Assemblea federale ad inizio legislatura nominano un organo collegiale (che prende per l'appunto il nome di Direttorio o Consiglio federale) composto da 7 membri che durano in carica 4 anni. Il Presidente del Consiglio federale è al contempo Presidente della Confederazione e viene eletto ogni anno tra i componenti del Consiglio. Le funzioni di governo sono svolte dai singoli componenti del Consiglio.

L'elezione del direttorio a opera dell'Assemblea federale non configura un rapporto fiduciario. Pertanto l'assemblea federale non può obbligare il Consiglio federale alle dimissioni attraverso il meccanismo del voto di sfiducia. Il direttorio per tutta la durata della legislatura opera in piena autonomia. Tale forma di governo è propria dell'ordinamento svizzero.

1.6. LO STATO ITALIANO

Poste queste premesse è possibile individuare i caratteri salienti dello Stato italiano.

La Costituzione Italiana, che è la legge per antonomasia del nostro ordinamento, delinea un modello di Stato innanzitutto repubblicano: recita difatti in apertura l'art. 1 «L'Italia è una Repubblica [...]».

Il nostro Stato è altresì democratico in quanto attribuisce al popolo l'esercizio della sovranità. Ciò avviene prevalentemente attraverso l'elezione dei propri rappresentanti ma anche con l'utilizzo di strumenti che prevedeono un intervento diretto del popolo (ad es. il referendum).

Lo Stato italiano è inoltre:

1) fondato sul lavoro, cui viene riconosciuto una funzione sociale importantissima, oltre a quella individuale, e pertanto tutelato;

2) egalitario in quanto, secondo il principio sancito dall'art. 3, riconosce l'uguaglianza e la pari dignità sociale di tutti gli individui, vietando le discriminazioni di ogni ordine e tipo;
3) garantista: attraverso il riconoscimento in capo agli individui, sia considerati come singoli che all'interno delle formazioni sociali (ad es. la famiglia, la scuola), di diritti e libertà che meritano una piena tutela;
4) laico: lo Stato assicura a tutte le confessioni religiose pari libertà, escludendo ogni forma di discriminazione in base alla diversità di culto;
5) interventista, in quanto interviene nelle attività economiche coordinandole e finalizzandole al comune benessere;
6) decentrato: pur nella sua unità, solennemente sancita dall'art. 5 Cost. «La Repubblica, una e indivisibile [...]», lo Stato si articola in Regioni, Province, Città metropolitane ed enti locali espressamente previsti dalla stessa Costituzione;
7) «aperto alla comunità internazionale» (MARTINES), di cui riconosce l'importanza consentendo talune limitazioni della propria sovranità.

La forma di governo adottata dallo Stato italiano è quella repubblicana: il Parlamento è eletto dal popolo, il governo risponde del suo operato solo dinanzi alle Camere dalle quali può altresì essere sfiduciato. La forma repubblicana viene ulteriormente garantita dall'articolo 139 che vieta di sopprimerla attraverso una modifica della Costituzione.

RIEPILOGO

Si definisce Stato un ordinamento giuridico politico, esercitante il potere sovrano su un determinato territorio e sui soggetti a esso appartenenti.

Si parla altresì di **Stato-comunità** (inteso come comunità di uomini insediata stabilmente su un territorio e retto da autonome regole giuridiche) **Stato-governo** (con riguardo all'insieme degli organi costituzionali dello Stato-comunità); di **Stato-amministrazione** (con riferimento alla Pubblica Amministrazione); di **Stato-apparato** (il complesso degli organi che esercitano le funzioni statali).

Sono elementi dello Stato il popolo, il territorio e la sovranità.

Per **funzioni dello Stato** si intendono le attività organizzate che mirano alla realizzazione dei comuni obiettivi. Sono funzioni dello Stato quella legislativa, esecutiva e giurisdizionale.

Il concetto di funzioni dello Stato si riallaccia alla **teoria della separazione dei poteri** elaborata da Montesquieu nella sua opera *De l'esprit des lois* (1748) ed in virtù della quale ogni potere dello Stato esercita una sola funzione, senza l'ingerenza degli altri poteri.

La nozione di **poteri dello Stato** comprende tutti gli organi che pongono in essere le attività che rientrano nella medesima funzione.

Per **forma di Stato** si intende il modo in cui risulta strutturato lo Stato specie in relazione tra governanti e governati.

L'espressione **forma di governo** si riferisce al modo in cui il potere politico viene suddiviso tra gli organi dello Stato.

Lo **Stato italiano** si configura come Stato democratico con forma di governo repubblicana.

2. I RAPPORTI TRA GLI STATI: LA COMUNITÀ INTERNAZIONALE E L'UNIONE EUROPEA

La sovranità dello Stato comporta l'indipendenza dello Stato stesso nei confronti degli altri soggetti.

È quindi evidente l'esigenza di regolare giuridicamente i rapporti dello Stato sia all'interno (rispetto agli altri soggetti dell'ordinamento giuridico) che all'esterno (rispetto agli altri Stati e ad altre entità autonome e sovrane).

I rapporti fra entità autonome e sovrane, che compongono la c.d. comunità internazionale, vengono oggi regolati secondo le regole del **diritto internazionale**.

2.1. L'ORDINAMENTO INTERNAZIONALE E I RAPPORTI TRA GLI STATI

L'ordinamento internazionale

L'**ordinamento internazionale** si compone di soggetti sovrani ed indipendenti che nel corso del tempo hanno stabilito delle regole comuni per disciplinarne la coesistenza.

La comunità internazionale, nella sua attuale configurazione, è frutto di un lungo percorso che ha visto e vede tuttora gli Stati contrapporsi.

Alla comunità internazionale appartengono oggi non solo gli Stati ma anche le organizzazioni internazionali che acquistano una c.d. soggettività internazionale. L'appartenenza è subordinata al soddisfacimento dei requisiti di effettività ed indipendenza. In particolare:

1) per gli Stati i due concetti si collegano rispettivamente ai concetti di sovranità interna (cioè esercizio del potere di imperio sui soggetti all'interno dello Stato) e sovranità esterna (l'indipendenza verso gli altri Stati);
2) per le organizzazioni internazionali effettività va intesa come esistenza di un'organizzazione in grado di imporre decisioni vincolanti agli Stati membri, e indipendenza come possibilità di modificare il diritto internazionale vigente attraverso tali organi.

Fanno quindi parte della comunità internazionale oltre gli Stati anche l'ONU e le organizzazioni internazionali a questo collegate: si tratta quindi di soggetti non solo titolari di diritti ma anche in grado di intervenire in maniera autonoma a livello internazionale.

È discussa invece la soggettività internazionale di taluni soggetti: ad es. le organizzazioni internazionali non governative o la Croce rossa (il cui ruolo a livello internazionale viene riconosciuto dai trattati) o l'Ordine di Malta. Alcuni internazionalisti parlano altresì di soggettività internazionale anche per gli individui in quanto destinatari di diritti riconosciuti a livello internazionale.

L'ordinamento della comunità internazionale si distingue da quello degli Stati nazionali sia perché i membri si pongono tutti in posizione paritaria sia per la mancanza di organismi sovranazionali in grado di imporre coattivamente e garantire il rispetto delle regole applicabili a tutti gli Stati.

Il riconoscimento delle regole ovvero la possibilità di punire i comportamenti lesivi delle stesse è sempre condizionata dalla libera adesione degli Stati alle regole di diritto internazionale attraverso la sottoscrizione dei trattati. Lo Stato aderente in tali casi riconosce l'esistenza delle regole internazionali poste e tutelate dagli organi a ciò preposti, consentendo talune limitazioni della propria sovranità.

I rapporti tra gli Stati

La vita della comunità internazionale è regolata dal **diritto internazionale** (c.d. *ius gentium*) che può essere configurato come l'insieme di norme ed istituti finalizzati alla disciplina dei rapporti intercorrenti tra i suoi componenti.

Tale diritto si caratterizza per avere natura consuetudinaria o pattizia.

Il diritto internazionale **consuetudinario** ricorre quando la regola applicata più volte nel tempo viene riconosciuta e accettata dalla maggior parte degli Stati. Ha natura consuetudinaria il principio *consuetudo sunt servanda* che impone il rispetto delle consuetudini internazionali riconosciute.

Ha altresì natura consuetudinaria il principio *pacta servanda sunt* che sancisce l'obbligo del rispetto degli impegni assunti a livello internazionale.

Gli obblighi internazionali vengono assunti dagli Stati volontariamente mediante la sottoscrizione di trattati (bilaterali o multilaterali) che conferiscono al diritto internazionale natura **pattizia**.

Il rispetto del diritto internazionale comporta quindi talune conseguenze: quali la limitazione della sovranità in determinati casi e ricorrendo talune condizioni e l'insorgere di obblighi e doveri in capo ai suoi destinatari.

Tale regola vale anche per lo Stato italiano e viene sancita dalla stessa Carta costituzionale.

APPROFONDIMENTO: Nascita ed evoluzione della Comunità internazionale

Una prima forma di comunità fra Stati si riviene nella *Respublica Christiana* sorta intorno all'anno 1000 d.C. tra i popoli dell'Europa occidentale, fondata sulla comunione di interessi e principi di matrice religiosa e sottoposta all'autorità del Papa o dell'Imperatore.

Ma la nascita della Comunità internazionale viene storicamente fatta risalire alla **pace di Westfalia**, siglata nel 1648 alla fine della guerra dei trent'anni, con cui si riconobbe l'esistenza di Stati nazionali che si ponevano a livello internazionale in posizione di assoluta parità.

Gli equilibri della comunità internazionale sono stati per lungo tempo minacciati dalle aspirazioni egemoniche dei singoli Stati (ad es. la Francia di Napoleone, la Germania di Hitler o l'Italia fascista).

La situazione delineatasi poi all'indomani della seconda guerra mondiale fece sorgere la necessità di creare un organismo cui demandare il compito della risoluzione delle controversie a livello internazionale, al fine di garantire la pacifica convivenza tra gli Stati del mondo. Ciò avvenne con la creazione dell'ONU nel 1945.

L'importanza dell'attività di mediazione nei rapporti tra Stati dell'ONU è stata ulteriormente riconosciuta con la fine della guerra fredda e il crollo dell'Unione Sovietica. Tuttavia tale ruolo è stato per lungo tempo messo in discussione dall'importanza strategica economica e militare degli Stati

Uniti d'America che, anche in relazione ai poteri di cui godono all'interno di tale organizzazione, influenzano di fatto ogni decisione.

L'equilibrio della comunità internazionale è tutt'oggi precario ed instabile, sia perché numerose guerre funestano ancora gli Stati del mondo e sia a seguito dei disastrosi eventi seguiti all'11 settembre 2001, con il ricorso ad un uso arbitrario ed ingiustificato della forza (guerra preventiva) nei confronti di altri Stati, che hanno vanificato i risultati ottenuti.

L'amministrazione Bush (2000-2008) ha utilizzato lo strumento della c.d. guerra preventiva che è stata esercitata contro gli Stati semplicemente sospettati di attività terroristiche o di detenzione di armi di distruzione di massa. Il presupposto dell'esercizio preventivo dello strumento della guerra è una generale tutela degli interessi nazionali: l'uso della forza viene giustificato anche nei casi di minacce presunte.

Lo strumento della guerra preventiva è indubbiamente lesivo dei principi posti dalla Carta ONU ed è stato utilizzato anche contro il parere di quest'ultima. Un uso arbitrario della forza, oltre a sminuire notevolmente il ruolo e la funzione dell'ONU nei rapporti tra gli Stati, costituisce una costante minaccia al principio della pacifica convivenza fra gli Stati.

2.2. L'ONU

L'**ONU** (Organizzazione delle Nazione Unite) è la più importante organizzazione internazionale: tra i suoi membri difatti annovera quasi tutti gli Stati del mondo (ad oggi 192 membri).

L'ONU nacque nell'immediato secondo dopoguerra nel corso della Conferenza Internazionale delle Nazioni Unite tenutasi a San Francisco il 26 giugno del 1945; durante la quale venne adottata la Carta dell'Organizzazione delle Nazioni Unite (entrata in vigore il 24 ottobre dello stesso anno). Lo scopo era quello di riprendere e migliorare gli obiettivi della Società delle Nazioni che era sorta alla fine della prima guerra mondiale.

L'ONU è un organismo di rilevanza internazionale dotato di peculiari competenze, i cui obiettivi e principi sono fissati dagli artt. 1 e 2 della Carta ONU., e cioè: il mantenimento della pace e sicurezza internazionale; la risoluzione pacifica delle controversie internazionali; lo sviluppo delle relazioni amichevoli tra gli Stati; la promozione della cooperazione economica e sociale, dei diritti umani e delle libertà fondamentali, del disarmo, del rispetto del diritto internazionale (di cui viene incoraggiato sviluppo e codificazione). La sede centrale dell'ONU è a New York (Palazzo di Vetro).

GLI ORGANI

L'ONU agisce attraverso dei propri organi, individuati dall'art. 7 della Carta ONU:

1) **l'Assemblea generale:** formata dai rappresentanti degli Stati aderenti (ogni Stato, in particolare ha diritto ad avere 5 rappresentanti ma dispone di un solo voto). Ha una competenza di natura generale e si occupa per lo più di questioni concernenti il mantenimento della pace, entrata, sospensione od espulsione di Stati membri, bilancio. Adotta deliberazioni di carattere non vincolante (segnalazioni e raccomandazioni);
2) **il Consiglio di Sicurezza:** è l'organo più importante – e con maggiori poteri – dell'ONU. È composto da 15 Stati membri di cui 5 permanenti (Cina, Russia, Regno Unito, USA e Francia) con diritto di veto, e 10 eletti ogni due anni. La presidenza del Consiglio spetta – a rotazione mensile secondo ordine alfabetico – agli altri Stati. A norma dell'art. 42 della Carta ONU, i compiti del Consiglio afferiscono principalmente al mantenimento della pace; a tal fine il consiglio può adottare i provvedimenti che ritiene più idonei, compreso l'utilizzo della forza armata (contro gli Stati che si rendano colpevoli di violazioni della pace o aggressioni). I c.d. caschi blu rappresentano l'apparato militare dell'ONU, composto da contingenti militari messi a disposizione dagli Stati membri;
3) **il Segretariato delle Nazioni Unite:** posto a capo dell'ONU, è organo indipendente dai governi degli Stati membri. Risulta composto dal Segretario generale (eletto dall'Assemblea generale in carica per 5 o 10 anni) e da un vasto apparato burocratico. Il

Segretario generale è responsabile dell'attuazione delle decisioni dell'Organizzazione;

4) **la Corte Internazionale di Giustizia:** è l'organo giudiziario delle Nazioni Unite. Fondata nel 1945 e con sede all'Aja, nei Paesi Bassi, è composta da 15 giudici, che non rappresentano gli Stati di provenienza, per i quali è previsto un regime di incompatibilità con altre cariche di natura politica o amministrativa. Tra i compiti principali della Corte si annoverano la risoluzione delle controversie degli Stati membri e l'esercizio della funzione giurisdizionale in ordine all'applicazione ed interpretazione del diritto internazionale.
5) **il Consiglio Economico e Sociale:** è l'organo di coordinamento delle attività economico-sociali delle Nazioni Unite e delle organizzazioni collegate. Risulta composto da 54 membri eletti per tre anni.

Accanto ai predetti organi esistono infine una serie di agenzie, fondi e commissioni che operano all'interno del sistema ONU (ad es. l'UNICEF, l'Alto Commissariato per i rifugiati, l'UNESCO, l'Organizzazione mondiale per la Sanità etc.).

2.3. ALTRE ORGANIZZAZIONI INTERNAZIONALI

Attualmente le organizzazioni internazionali esistenti sono numerosissime. Tra le altre meritano un accenno per l'importanza e l'incidenza che la loro attività ha sull'ordinamento italiano il Fondo Mondiale Internazionale, la Nato, il Consiglio Europeo.

IL FONDO MONETARIO INTERNAZIONALE (FMI)

Il **Fondo Monetario Internazionale** (*International Monetary Fund*) venne istituto nel 1945 con gli accordi di Bretton Woods. Composto attualmente da 185 membri, il Fondo è un istituto specializzato delle Nazioni Unite.

L'attività del fondo è finalizzata alla promozione della cooperazione monetaria internazionale, e soprattutto a ridurre gli squilibri delle bilance dei pagamenti degli Stati (ove per bilancia di pagamenti si intende l'insieme delle entrate ed uscite in denaro di uno Stato nei confronti degli altri).

Sono organi del Fondo il Consiglio dei governatori (a composizione plenaria), il Consiglio Esecutivo (composto da 24 membri di cui 5

– USA, Giappone, Germania, Francia e Regno Unito – permanenti e gli altri eletti dal Consiglio dei Governatori) ed il Direttore operativo.

Collegata all'attività del Fondo è quella della Banca Mondiale.

La NATO

La **NATO** (*North Atlantic Treaty Organization*, Organizzazione del Trattato Nord Atlantico) venne istituita allo scopo di coordinare le forze militari degli Stati aderenti contro possibili aggressioni armate da parte di altri Stati. All'epoca della sua istituzione l'adozione di una tale misura sembrò necessaria nell'ipotesi di possibile aggressione da parte dell'Unione Sovietica.

L'organizzazione venne istituita nel 1949 a seguito della sottoscrizione a Washington del Patto del Nord Atlantico (dell'aprile dello stesso anno).

L'organizzazione va pertanto tenuta distinta dal patto, con la conseguenza che si può anche aderire all'uno e non all'altro (ad es. la Francia per lungo tempo ha aderito al patto ma non all'organizzazione). L'organizzazione è oggi composta da forze militari messe a disposizione dagli Stati aderenti.

Il Consiglio d'Europa

Il **Consiglio d'Europa** è stato istituto con il Trattato di Londra del 1949 con la finalità di conseguire una più stretta unione fra gli Stati membri al fine della salvaguardia e promozione degli ideali e principi comuni e per favorire il loro progresso economico e sociale.

Originariamente composto da soli 10 Stati, oggi ne conta 47.

Tra gli accordi approvati e siglati all'interno del consiglio il più importante è sicuramente la Convenzione europea per la salvaguardia dei diritti dell'uomo e delle libertà fondamentali (CEDU) del 1950 (entrata in vigore nel 1953 e integrata successivamente da protocolli aggiuntivi) che ha previsto tra l'altro l'istituzione della Corte europea dei diritti dell'uomo.

La convenzione si divide in due parti:

1) una di ordine sostanziale nella quale vengono elencati e descritti i diritti e le libertà fondamentali dell'uomo;
2) una a carattere procedurale, che istituisce e descrive gli organi e le procedure poste a tutela dei diritti e delle libertà.

I cittadini degli Stati aderenti alla Convenzione possono adire direttamente gli organi previsti da essa, quando ritengono violato un proprio diritto o una propria libertà.

Va inoltre ricordato che la Convenzione di Strasburgo del 1994 ha modificato gli artt. 19-56 del precedente trattato; a seguito di tale modifica i cittadini possono oggi, esauriti tutti i mezzi interni, ricorrere alla Corte europea dei diritti umani, decorsi sei mesi dall'ultima decisione interna.

Le decisioni della Corte sono obbligatorie per gli Stati aderenti.

2.4. L'ORDINAMENTO COMUNITARIO: DALLE COMUNITÀ EUROPEE ALL'UNIONE EUROPEA

Dalle Comunità Europee all'Unione Europea

L'**Unione Europea** si configura come unione tra Stati dell'Europa ed è frutto di un lungo cammino intrapreso sulla strada dell'integrazione tra gli Stati membri, che parte dalle Comunità Europee per arrivare sino ai giorni nostri.

La dottrina è concorde nell'individuare il momento preciso in cui nacquero le comunità europee facendolo coincidere con il 9 maggio 1950, quando Robert Schuman, ministro degli esteri francese, proponeva pubblicamente di «mettere l'intera produzione francese e tedesca del carbone e dell'acciaio sotto una comune Alta Autorità, nel quadro di un'organizzazione alla quale possono aderire gli altri paesi europei».

Tale dichiarazione aveva due scopi: scongiurare possibili conflitti (peraltro già verificatisi in passato) tra Francia e Germania relativi allo sfruttamento dei ricchi giacimenti della Ruhr e della Saar ed evitare un nuovo isolamento economico della Germania (come era avvenuto alla fine del primo conflitto mondiale).

L'adesione alla proposta di Schuman portò alla istituzione, con il Trattato di Parigi del 18 gennaio 1951, della **Comunità economica del carbone e dell'acciaio** (o **CECA**), che ha cessato di esistere nel luglio 2002.

Sulla scia dell'esperienza positiva della CECA con il trattato di Roma del 25 marzo 1957 vennero istituite la **Comunità europea dell'energia atomica e dell'acciaio** (**CEEA** o **EURATOM**) e la **Comunità economica europea** (**CEE**) le quali iniziarono ad operare dal 1° gennaio 1958. Delle tre comunità facevano inizialmente parte solo sei Stati (Belgio, Paesi Bassi, Lussemburgo, Francia, Germania ed Italia) ma nel corso degli anni numerose sono state le adesioni da parte degli altri Stati europei.

La ratifica dei trattati comunitari ha rappresentato un passo importante per la costituzione dell'ordinamento comunitario connotato dalla superiorità rispetto agli stessi (in quanto in grado di imporre determinati comportamenti agli Stati membri).

I primi risultati importanti ottenuti furono la creazione dell'unione doganale (con cui gli Stati membri adottarono un'unica tariffa doganale esterna) a partire dal 1° gennaio 1968 e del mercato interno (con l'abolizione degli ostacoli che si frapponevano alla libera circolazione di persone, merci e capitali tra gli Stati membri) a partire dal 1° gennaio 1993.

Il processo di integrazione europea subisce una forte accelerazione con il Trattato di Maastricht del 7 febbraio 1992 con cui:

1) viene creata l'Unione europea, con l'assorbimento degli organi comunitari e l'avvio della cooperazione in vari settori quali la politica estera comune, la politica di difesa europea, la cooperazione tra autorità giudiziarie e forze di polizia;
2) si mantiene la distinzione fra le tre comunità, ma il nome della Comunità economica europea viene mutato in Comunità europea;
3) si introdusse il principio di sussidiarietà in virtù del quale nelle materie che non spettano alla competenza esclusiva della Comunità europea questa può intervenire solo quando gli obiettivi non possono essere realizzati dagli Stati;
4) si istituì la cittadinanza europea;
5) si sancì il passaggio dall'unione economica all'unione monetaria con l'introduzione dell'EURO, la moneta unica in circolazione dal 1° gennaio 2002.

È opportuno specificare che le espressioni Unione europea e Comunità europee non designano uno stesso soggetto. Le Comunità sono ricomprese nell'Unione, ma questa ha competenze distinte: essa si poggia sui c.d. tre pilastri (CE, PESC e GAI, rispettivamente le comunità europee, la politica estera e sicurezza comune, giustizia affari interni) e ha compiti ulteriori rispetto a quelli attribuiti alle Comunità. L'Unione tuttavia difetta di una propria organizzazione e per tal motivo si avvale di quella della comunità.

Un momento importante al processo di integrazione europea è stato rappresentato dal successivo allargamento dell'Unione europea fino a ricomprendere 10 Stati, di cui alcuni facevano parte del c.d. blocco sovietico.

L'ingresso dei nuovi Stati determinò la necessità di ridefinire l'assetto dell'Unione anche dal punto di vista istituzionale. A ciò si è provveduto nel 2001 con il trattato di Nizza.

Va segnalato inoltre che nel 2003 e 2006 si è concluso il processo di adesione di altri Stati all'Unione europea (che attualmente risulta composta da ben 27 Stati membri).

L'ultima tappa di questo importante processo di unificazione sarebbe dovuta essere l'adozione della Costituzione Europea. La mancata ratifica del Trattato di Roma del 2004 che la prevedeva da parte di alcuni Paesi ha determinato una battuta d'arresto nel processo di unificazione.

GLI ORGANI

Quanto all'assetto organizzativo interno dell'Unione, essa opera attraverso i propri organi e cioè:

1) il **Parlamento europeo:** composto da 732 membri eletti in ogni Stato (proporzionalmente alla consistenza demografica di ciascuno Stato) con suffragio universale diretto per 5 anni. Il Parlamento europeo è titolare di poteri deliberativi e di controllo, direttamente attribuiti dai trattati istitutivi delle Comunità europee;
2) la **Commissione europea:** composta da 25 membri (uno per ogni Stato), con compiti di promozione e sviluppo delle politiche previste dai trattati. In particolare la Commissione è titolare del potere di iniziativa normativa; vigila sull'esatta esecuzione dei trattati, ha la rappresentanza della Comunità, sia all'interno della stessa che all'esterno;
3) il **Consiglio dell'Unione europea:** composto da rappresentanti nominati dai governi degli Stati membri, è l'organo decisionale della Comunità;
4) la **Corte di Giustizia europea:** composta da un giudice per ogni Stato membro e 8 avvocati generali, nominati di comune accordo dagli Stati membri per un periodo di sei anni e con mandato rinnovabile (fatta salva la possibilità di procedere ogni tre anni al

rinnovo parziale). Ha il compito di assicurare il rispetto del diritto comunitario nell'interpretazione ed applicazione sia dei trattati sia degli atti derivati.

2.5. L'ITALIA, LA COMUNITÀ INTERNAZIONALE E L'UNIONE EUROPEA

L'Italia è Stato membro dell'ordinamento internazionale e di quello comunitario. Tale circostanza comporta pertanto una serie di limiti della sovranità statale.

Tali **limiti** sono individuati dall'art. 11 Cost. a norma del quale «L'Italia ripudia la guerra come strumento di offesa alla libertà degli altri popoli e come mezzo di risoluzione delle controversie italiane; consente in condizioni di parità con gli altri Stati, alle limitazioni di sovranità necessarie ad un ordinamento che assicuri la pace e la giustizia fra le Nazioni; promuove e favorisce le organizzazioni rivolte a tale scopo».

La norma pone tre principi fondamentali:

1) afferma il principio di coesistenza pacifica attraverso il ripudio della guerra come mezzo di risoluzione delle controversie;
2) consente le limitazioni alla sovranità a condizioni di parità con gli altri Stati ed al solo fine di assicurare la pace tra i popoli;
3) riconosce il valore assoluto della pace fra le Nazioni ed a tal fine eleva lo Stato italiano a promotore e sostenitore di ogni attività che la possa assicurare.

L'art. 11 Cost. fu originariamente previsto per motivare la partecipazione dell'Italia all'ONU; successivamente ha rivestito un ruolo fondamentale per spiegare i limiti alla sovranità dello Stato che derivarono dalla adesione alle Comunità europee. Al riguardo è opportuno ricordare che la nascita delle Comunità europee con la ratifica dei tre trattati istitutivi (CEE, CECA ed EURATOM) pose il problema del loro recepimento all'interno dell'ordinamento italiano. I trattati difatti prevedevano il trasferimento di funzioni, che la Costituzione attribuisce agli organi dello Stato, ad organi sovranazionali. Si presentò la necessità di individuare una norma di rango costituzionale che consentisse tale trasferimento e la conseguente limitazione al principio della sovranità dello Stato.

In ordine al recepimento delle disposizioni comunitarie si era espressa anche la Corte costituzionale la quale aveva specificato che i limiti che ne discendono non possono in nessun caso comportare una compromissione dei valori fondamentali dello Stato (i principi e le libertà fondamentali). La Corte costituzionale, nella famosa sentenza FRONTINI, ha in proposito elaborato la c.d. **teoria dei controlimiti**, secondo la quale la norma pone un limite ma al contempo rappresenta un limite al recepimento delle disposizioni comunitarie.

L'art. 11, nella sua formulazione, ha rappresentato l'unico strumento utilizzabile a tal fine sino alla L. cost. 3/2001, con la quale è stato riformato il Titolo V della Costituzione attraverso l'introduzione di disposizioni disciplinanti la partecipazione dello Stato, ma anche delle Regioni, al processo di integrazione europea.

Quanto al diritto internazionale, la sua applicabilità all'interno del nostro ordinamento è prevista dall'art. 10, co. 1, Cost. «L'Italia si conforma alle norme di diritto internazionale generalmente riconosciute». È opportuno precisare che per il diritto consuetudinario l'adattamento è automatico. Un discorso a parte va fatto per il diritto pattizio, che deriva cioè da accordi stipulati dallo Stato italiano con altri Stati volti a regolare determinati rapporti.

La trasposizione del diritto pattizio all'interno dell'ordinamento può avvenire in due modi:

1) con l'approvazione di una legge o di un atto avente forza di legge che riproduce il testo dell'accordo;
2) o con l'ordine di esecuzione, che consiste nella formula «piena ed intera esecuzione è data al trattato [...]», contenuto in una legge cui è allegato il testo dell'accordo.

APPROFONDIMENTO: L'applicazione di norme straniere

Nel nostro ordinamento è ammesso anche il collegamento con norme di altri ordinamenti. Ciò avviene attraverso gli istituti della presupposizione e del rinvio.

La **presupposizione** ricorre quando l'interpretazione e l'applicazione di una norma rende necessario il riferimento ad una norma dell'ordinamento di un altro Stato.

Il **rinvio** consente l'applicazione all'interno dello Stato italiano

di una norma di altro ordinamento.
Il rinvio si dice **formale** o **non recettizio** quando lo Stato pone una norma che rinvia, ai fini della definizione del suo contenuto, a quella dell'ordinamento straniero; si ha invece **rinvio materiale o recettizio** quando la norma rinvia a quella straniera facendone proprio il contenuto.
Le norme di diritto interno che rinviano a un ordinamento straniero per la disciplina di fatti o rapporti giuridici connotati da elementi di estraneità rispetto al nostro ordinamento costituiscono il c.d. diritto internazionale privato (regolato dalla L. 218/1995, che ha abrogato gli artt. 17-31 delle disp. prel. c.c., e da alcune leggi speciali).

RIEPILOGO

L'**ordinamento internazionale** si compone di soggetti sovrani ed indipendenti.

L'appartenenza alla comunità internazionale è subordinata al soddisfacimento dei requisiti di **effettività** ed **indipendenza**.

La vita della comunità internazionale è regolata dal **diritto internazionale** (c.d. *ius gentium*) che può essere configurato come l'insieme di norme ed istituti finalizzati alla disciplina dei rapporti intercorrenti tra i suoi componenti.

Il rispetto del diritto internazionale comporta quindi talune conseguenze: quali la limitazioni della sovranità (in determinati casi e ricorrendo talune condizioni) e l'insorgere di obblighi e doveri in capo ai suoi destinatari.

Alla **comunità internazionale** appartengono oggi non solo gli Stati ma anche le organizzazioni internazionali che acquistano una c.d. soggettività internazionale.

La più importante organizzazione internazionale è l'**ONU** nata nel 1945 con compiti relativi al mantenimento della pace e sicurezza internazionale, alla risoluzione pacifica delle controversie internazionali, allo sviluppo delle relazioni amichevoli tra gli Stati; la promozione della cooperazione economica e sociale, dei diritti umani e delle libertà fondamentali, del disarmo, del rispetto del diritto internazionale.

Le organizzazioni internazionali attualmente esistenti sono numerosissime.

L'**Unione Europea** si configura come unione tra Stati dell'Europa ed è frutto di un lungo cammino intrapreso sulla strada dell'integrazione tra gli Stati membri, che parte dalle Comunità Europee per arrivare sino ai giorni nostri.

L'appartenenza dell'Italia alla comunità internazionale e all'Unione europea comporta dei **limiti alla sovranità** previsti dall'art. 11 Cost.

3. LE FONTI DEL DIRITTO: CONCETTI GENERALI

La creazione di uno Stato comporta la necessità di individuare delle regole che ne pongano i principi fondamentali, regolino il funzionamento degli organi e disciplinino i comportamenti degli individui.

Nel nostro ordinamento tale funzione viene assolta dalla Costituzione che si pone come legge fondamentale dello Stato italiano. La Costituzione individua difatti le **fonti del diritto** dell'ordinamento italiano, ovvero il complesso di atti e fatti che contengono norme.

Il concetto di fonte del diritto è quindi strettamente connesso ai concetti di diritto, norme e atti alla cui analisi si procederà in questo capitolo.

3.1. IL DIRITTO E LE NORME

Il Diritto

Per **diritto** si intende il complesso di norme che regolano gli aspetti fondamentali della vita dello Stato e quindi i comportamenti dell'uomo all'interno della società. Tali regole vengono imposte ai consociati sui quali grava l'obbligo della loro osservanza.

Si parla di **diritto oggettivo** con riferimento al complesso di regole che disciplinano in astratto i comportamenti dei soggetti e di **diritto soggettivo** in relazione al complesso di norme che regolano i poteri attribuiti ai soggetti per la soddisfazione di un determinato interesse.

Il diritto oggettivo, a seconda della funzione che assolve viene distinto in due grandi categorie:

1) diritto pubblico il quale regola e disciplina l'organizzazione dello Stato e degli altri enti pubblici nonché i rapporti tra questi ed i cittadini (rapporti in cui lo Stato si trova in posizione di supremazia). Il diritto costituzionale, che studia i princìpi e le norme fondamentali dello Stato, si configura pertanto come una branca del diritto pubblico;
2) diritto privato relativo ai rapporti giuridici tra cittadini caratterizzati dalla parità delle posizioni.

PAROLA CHIAVE: Diritto
Il complesso delle norme che regolano gli aspetti fondamentali della vita dello Stato e quindi i comportamenti dell'uomo all'interno della società.

Le norme

Alla base del diritto sono le **norme giuridiche** che si possono definire come comandi rivolti ai soggetti cui viene richiesto un determinato comportamento o condotta. Le condotte che violano o contravvengono tali comandi sono suscettibili di punizioni o sanzioni.

Una norma è pertanto giuridica quando pone una regola giuridica: ciò consente di differenziare le regole giuridiche da quelle di altro tipo (ad es. quelle di costume o imposte dalla morale comune) per le quali non esiste un comando posto dall'ordinamento e la cui violazione non costituisce una punizione giuridica (ad es. di fronte ad un comportamento ritenuto inaccettabile un individuo può togliere il saluto ad un altro individuo, ma nessuna norma impone tale conseguenza o punizione).

PAROLA CHIAVE: Norma
Comandi rivolti ai soggetti cui viene richiesto un determinato comportamento o condotta.

Attraverso le norme lo Stato determina da sé le proprie regole di vita e funzionamento, individuando i comportamenti leciti ed illeciti, regolando i modi di produzione delle sue norme, attribuendo a determinati organi il potere di adottarle.

La norma giuridica è tale in quanto possiede determinati requisiti.

La norma è innanzitutto astratta in quanto disciplina fattispecie non già verificate ma che potrebbero verificarsi. Fanno eccezione alla regola dell'astrattezza le norme speciali e le norme eccezionali.

La norma è **generale**, ovvero applicabile a tutti i soggetti della comunità statale e obbligatoria, nel senso che l'adempimento è garantito con la forza.

Sono altresì requisiti delle norme giuridiche:
- la **novità**: le norme difatti innovano il diritto, attraverso l'introduzione di regole nuove ovvero la modifica o l'abrogazione di norme già esistenti;
- **l'esteriorità**: implica la disciplina da parte della norma dei comportamenti esterni del soggetto, e quindi non dei suoi stati d'animo;
- **l'intersoggettività**: con le norme si disciplinano non solo i comportamenti dei singoli individui ma anche le relazioni che intercorrono tra gli stessi;
- la **positività**: le norme vengono poste in essere, dagli organi deputati a farlo, per la soddisfazione di un interesse avvertito dalla comunità in un dato momento e sono pertanto espressione di quell'interesse;
- la **coattività:** la norma deve essere sempre rispettata, anche in presenza di volontà contraria dei suoi destinatari. La norma è coattiva nel senso che la sua osservanza viene garantita con l'applicazione di misure o sanzioni.

Gli ordinamenti contemporanei si caratterizzano per la presenza di norme di vario tipo che non si traducono solo in un fare o non fare (cioè in un comando o un divieto) ma possono altresì legittimare comportamenti o attribuire diritti o poteri. È opportuno avvertire che la legittimazione di un comportamento o l'attribuzione di un diritto o di un potere in favore di uno o più soggetti è sempre accompagnata dall'obbligo (che grava sugli altri di rispettare quel comportamento, diritto o potere) e dal divieto (di violare quelle norme che provvedono alla legittimazione o all'attribuzione).

Le norme possono essere classificate in base al:
1) **contenuto**: in norme precettive (che contengono un comando), proibitive (quando vietano un determinato comportamento) e permissive (che permettono determinati comportamenti);
2) **tipo di comando**: in norme imperative o cogenti (che vengono im-

poste dall'ordinamento a prescindere dalla volontà dei soggetti) e norme relative o derogabili (quando gli interessati possono eluderne l'applicazione). Le norme derogabili si suddividono a loro volta in dispositive (che permettono ai soggetti di regolare diversamente i rapporti da esse disciplinati) e suppletive (che intervengono in caso di inerzia dei soggetti);

3) **sanzione comminata**: in perfette o imperfette (a secondo che prevedano o meno una sanzione) e meno che perfette (quando la violazione delle norme viene sanzionata in modo non adeguato).

Oltre alle citate tipologie ne esistono delle altre quali le norme programmatiche (con cui si individuano i fini da perseguire), le norme d'incentivazione (che incentivano determinati comportamenti con la premessa di benefici o vantaggi), le norme definitorie (con cui si definiscono concetti giuridici) e le norme c.d. di seconda istanza (che regolano la produzione di altre norme).

Quanto ai destinatari, le norme si rivolgono a tutti i soggetti all'interno della comunità statale: non solo le persone fisiche ma anche le persone giuridiche, non solo i cittadini ma anche gli stranieri. Le norme possono indirizzarsi a tutti i soggetti (o anche ad alcuni di essi) e ad anche agli organi dello Stato.

3.2. I FATTI E GLI ATTI GIURIDICI

I FATTI GIURIDICI

Gli avvenimenti che si verificano nella realtà rivestono una particolare importanza per l'ordinamento giuridico.

Come sottolineato da autorevole dottrina, «La vita del diritto prende corpo e forma in atti, attività ed atti diretti alla produzione di effetti giuridici, vale a dire a modificare od estinguere una situazione giuridica preesistente ovvero a costituirla *ex novo*» (MARTINES).

In generale si definiscono **fatti giuridici** quelli cui l'ordinamento ricollega la produzione di effetti giuridici. Può trattarsi di avvenimenti naturali o collegati alla volontà umana.

I fatti giuridici vanno pertanto distinti in:

1) **fatti giuridici in senso stretto**: che non sono connotati dall'elemento della volizione (volontà); tali sono fatti naturali (quelli che si verificano in natura) e i fatti umani (legati ai comportamenti dell'uomo per i quali non assume importanza la volontà);

2) **atti giuridici** caratterizzati invece dalla volontà del soggetto che li pone in essere preordinata al raggiungimento di un determinato effetto.

Gli atti giuridici

Gli **atti giuridici** si dicono **perfetti** quando sono completi in tutti i loro elementi. Il requisito della perfezione attiene agli elementi fondamentali che l'atto deve contenere pena la sua nullità (ovvero l'inesistenza dell'atto stesso).

L'atto si dice **valido** quando non presenti vizi di legittimità o di merito. In specie, ricorre il **vizio di legittimità** quando l'atto non è conforme a norme giuridiche: tali sono l'incompetenza, l'eccesso di potere e la violazione di legge; si ha invece **vizio di merito** quando l'atto, seppur legittimo, non è opportuno o adeguato allo scopo da perseguire.

L'atto si dice infine **efficace** quando dispiega i suoi effetti.

Lo Stato svolge le proprie funzioni attraverso gli atti di diritto pubblico i quali possono assumere la forma tipica (a seconda della funzione esercitata) di **legge**, **regolamento** o **sentenza**. Esistono inoltre una serie di atti ed attività giuridiche poste in essere per l'adozione degli atti tipici.

Attesa la loro diversità, gli atti autoritativi dei pubblici poteri non possono essere ricompresi in un'unica categoria ma vengono tradizionalmente classificati in relazione al soggetto che li ha posti in essere. Si hanno pertanto:

1) **atti semplici**, posti in essere da un solo soggetto o da un solo organo. A seconda della natura dell'organo (cioè se l'organo è individuale o collegiale) questi vengono ulteriormente distinti in atti individuali (ad es. un decreto del Presidente della Repubblica) o collegiali (ad es. una deliberazione del Consiglio dei ministri);
2) **atti composti**, a loro volta distinti in atti reiterati (che richiedono più manifestazioni di volontà da parte dello stesso organo, ad es. una legge costituzionale approvata con doppia deliberazione di ciascuna Camera) ed atti complessi (espressione della volontà di più organi che si manifesta con un atto individuale o collegiale; ad es. la legge ordinaria nasce dalla fusione della volontà di Camera e Senato espressa con due diverse deliberazioni);
3) **atti collettivi**, espressione delle volontà degli organi che hanno partecipato alla loro formazione. A differenza degli atti composti, negli

atti individuali le volontà degli organi rimangono distinte (ad es. una circolare ministeriale).

APPROFONDIMENTO: Atti giuridici normativi e non normativi

È opportuno specificare che non tutti gli atti giuridici presentano un contenuto normativo, cioè sono idonei a porre norme. Nel nostro ordinamento non esiste però un criterio unanime di classificazione degli atti giuridici a contenuto normativo e non normativo.

Secondo una classificazione offerta da autorevole dottrina questi possono essere distinti in:

- **atti a contenuto normativo** che contengono regole concrete (ad es. una legge, un regolamento);
- **atti a contenuto non normativo** che, pur contenendo delle regole, non rientrano nella categoria di cui al punto che precede (ad es. le sentenze).

Alle due tipologie se ne aggiunge una terza di cui è discusso il contenuto normativo. Si tratta di quegli atti che, pur contenendo regole generali e astratte, non rientrano nella categoria degli atti normativi (ad es. il bando di un concorso).

Il carattere normativo degli atti giuridici rileva ai fini dell'applicazione di alcuni principi generali vigenti nel nostro ordinamento.

Nel nostro ordinamento è innanzitutto esclusa la c.d. **ignoranza della legge**, che non può essere invocata per giustificare determinati comportamenti, in applicazione dei principi *ignorantia legis non excusat (*l'ignoranza della legge non scusa) e *nemo jus ignorare censetur* (si presume che nessuno ignori il diritto).

L'applicazione di tale principio era un tempo molto rigida, specie con riguardo alla legge penale. A seguito della sentenza della Corte Costituzionale 364/1988 è oggi ammessa (anche in campo penale) solo in presenza di circostanze obiettive che rendevano l'ignoranza inevitabile.

Sarà compito dei giudici individuare i presupposti per

riconoscerla mentre spetterà a chi la invoca (per giustificare il proprio comportamento) dimostrarla.
Un secondo principio è quello espresso dalla formula *iura novit curia* (il giudice conosce il diritto).
Ciò significa che il giudice deve applicare le norme giuridiche, a prescindere dalle richieste delle parti.
Una terza regola è infine rappresentata dal c.d. *divieto del non liquet* che, come sottolineato da un'autorevole dottrina, pone l'obbligo ai giudici di pronunciarsi sempre e comunque, e dunque fa obbligo di dire sempre se un fatto è lecito, o illecito o indifferente (e conseguentemente se è o non è produttore di regole giuridicamente vincolanti, e conseguentemente ancora se è o non atto normativo). In tal modo [...] esiste una procedura che permette sempre, o, meglio, impone sempre ai giudici di decidere se entra o non entra a far parte dell'ordinamento [...]» (RESCIGNO).

3.3. LE FONTI DEL DIRITTO

Poste queste indispensabili premesse è possibile procedere all'esame delle **fonti del diritto**, espressione con cui si indica il complesso di atti e fatti giuridici che contengono norme giuridiche.

I criteri di classificazione delle fonti sono numerosi.

Le fonti del diritto vengono tradizionalmente distinte in:

1) **fonti di produzione:** definite come *fatti e atti autorizzati dall'ordinamento giuridico ad innovare il diritto oggettivo*;
2) **fonti sulla produzione:** che regolano i procedimenti di formazione delle fonti di produzione attraverso l'individuazione del soggetto autorizzato ad emanarle e della modalità di emanazione. Sono fonti sulla produzione le «Disposizioni sulla legge in generale» premesse al Codice civile (anche dette Disposizioni preliminari al codice civile) e la Costituzione che è al contempo fonte di e sulla produzione;
3) **fonti di cognizione:** che permettono di conoscere le fonti di produ-

zione (ad es. la Gazzetta Ufficiale della Repubblica).

Le fonti di produzione si dividono a loro volta in:

1) **fonti fatto:** identificabili con i fatti e i comportamenti idonei a produrre diritto. Le fonti fatto sono in genere fonti non scritte;
2) **fonti atto:** ovvero gli atti giuridici, ossia le fonti scritte. Le fonti fatto sono poste in essere dallo Stato o dagli altri soggetti cui la costituzione attribuisce il potere di adottarle e vengono distinte secondo la forma che assumono. Tale forma può riguardare l'autorità da cui provengono (ad es. Decreto del Presidente del Consiglio dei ministri) ovvero il nome (c.d. *nomen juris*) che assumo (ad es. decreto legislativo).

Le fonti del diritto possono infine essere ulteriormente distinte in **fonti interne** (destinate cioè ad essere applicate all'interno dello Stato) e **fonti esterne** (che provengono da altri ordinamenti, internazionale e comunitario) e in **fonti atipiche** (la cui forza attiva o passiva viene potenziata o depotenziata) e **fonti rinforzate** (adottate con un procedimento complesso o aggravato).

I testi unici

In dottrina si registra un vivace dibattito sul carattere di fonte di produzione o di cognizione dei testi unici. I **testi unici** sono atti che raccolgono in maniera organica le norme adottate nel tempo per la disciplina di una stessa materia.

I testi unici si distinguono in:

1) **testi unici di coordinamento** che collegano e coordinano le norme relative ad una stessa materia. Possono essere adottati dal Parlamento con legge o dal governo su delega (ma anche con un regolamento o con legge regionale). Essi hanno la stessa forza delle disposizioni che contengono (che possono anche abrogare o modificare);
2) **testi unici di mera compilazione** che ricomprendono quelli adottati dal governo su autorizzazione (e non su delega) del Parlamento, quelli relativi ad atti legislativi regionali adottati dalla Giunta regionale e quelli compilati dal governo contenenti leggi costituzionali. La funzione dei testi unici di mera compilazione è quella di elencare ed unificare la legislazione vigente su una data materia. Per tal motivo secondo la dottrina prevalente sono atti amministrativi privi di carattere innovativo che non possono essere utilizzati per

l'interpretazione delle norme in essi contenuti.

La L. 50/1999 ha introdotto una nuova figura di testi unici, i c.d. **testi unici misti** che contengono norme poste da leggi o regolamenti.

È opportuno infine segnalare che la figura del testo unico è oggi stata sostituita, ad opera della L. 229/1999, dalla figura **codice** alla scopo di razionalizzare le singole materie di legge per garantirne la certezza delle regole.

3.4. I RAPPORTI TRA LE FONTI: I CRITERI DI RISOLUZIONE DEI CONFLITTI TRA NORME

La molteplicità delle fonti esistenti nell'ordinamento giuridico ha reso necessaria l'individuazione di criteri che evitino l'insorgere di conflitti (o antinomie) tra norme diverse.

I criteri utilizzati sono essenzialmente tre: cronologico, gerarchico e di competenza.

Il criterio cronologico

Il **criterio cronologico** ha riguardo alla successione nel tempo di fonti prevedendo, per la soluzione di possibili conflitti tra norme, tutte ugualmente valide, disciplinanti una medesima materia, l'applicabilità della norma successiva che abroga la precedente (*lex posterior abrogat legem priorem*).

L'art. 15 disp. prel. c.c., in applicazione del criterio cronologico, prevede «Le leggi non sono abrogate che da leggi posteriori per dichiarazione espressa del legislatore, o per incompatibilità tra nuove disposizioni e le precedenti o perché la nuova legge regola l'intera materia già regolata con legge anteriore». La norma configura le ipotesi di abrogazione espressa, abrogazione tacita e deroga.

L'**abrogazione espressa** è quella voluta dal legislatore e manifestata con la dichiarazione espressa di abrogazione della norma configgente.

L'abrogazione è **tacita** quando la norma successiva è incompatibile con quella precedente che è abrogata ovvero disciplina in modo diverso la medesima materia.

Diversa dall'abrogazione è invece la **deroga** in quanto non comporta l'eliminazione definitiva della norma precedente ma sua compressione. Ciò significa che se la norma derogante viene eliminata

«[...] la norma derogata riespande la sua efficacia fino a comprendere tutta la materia che le era stata sottratta dalla norma derogante [...]. La deroga è una eccezione rispetto ad altra regola più generale» (RESCIGNO).

IL CRITERIO GERARCHICO

Il **criterio gerarchico** è utilizzato per la risoluzione di conflitti tra norme poste da fonti diverse ed in forza del quale una fonte di grado superiore condiziona quella di grado inferiore. In proposito è opportuno specificare che una norma di grado inferiore successiva ad una di grado superiore è invalida: la norma in tali casi sarà annullata (come avviene nel caso delle leggi incostituzionali ex art. 136 Cost.) o disapplicata.

Nel caso inverso, la norma di grado superiore abrogherà quella di grado inferiore (secondo l'antico brocardo latino *lex superior derogat inferiori*).

Il criterio cronologico e quello gerarchico sono alternativi: per cui o si applica l'uno o si applica l'altro. Un criterio esclude l'altro e non ne è pertanto ipotizzabile una applicazione contestuale.

IL CRITERIO DELLA COMPETENZA

Si applica il **criterio della competenza** quando la disciplina di una determinata materia spetta ad una specifica fonte. In specie si applica tale criterio quando:

1) la diversità delle competenze risulta relativa all'oggetto, all'ambito territoriale o ad entrambi;
2) una determinata materia debba essere regolata da una ben precisa fonte, ferma restando la possibilità della fonte residua di dettare le linee generali della materia in attesa della disciplina più compiuta posta dalla fonte individuata (ad es. leggi statali e una legge regionale).

Il criterio di competenza è relativo a materie diverse: il conflitto sorge rispetto alla materia (e non alla fonte regolatrice) e non esclude quindi l'applicazione contemporanea di uno degli altri due criteri.

PAROLA CHIAVE: Antinomia
Conflitto tra norme risolvibile con l'utilizzazione dei criteri di cronologia, gerarchia, competenza.
PAROLA CHIAVE: Abrogazione
Eliminazione di una norma ad opera di un'altra successiva (tacitamente o per espressa volontà del legislatore).
PAROLA CHIAVE: Deroga
Eccezione ad una norma.

3.5 L'INTERPRETAZIONE

L'esistenza di fonti e norme pone il problema della loro **interpretazione**. Questa si configura come attività intellettiva volta ad attribuire un determinato significato alle fonti permettendo la materiale individuazione della norma da applicare al caso concreto.

L'interpretazione delle norme non può essere arbitraria ma deve essere sempre coerente con l'ordinamento giuridico.

L'interpretazione è strumento largamente utilizzato dagli operatori giuridici.

Con riferimento al soggetto che pone in essere l'attività di interpretazione si distingue ulteriormente tra interpretazione **autentica** (posta in essere dallo stesso legislatore con legge successiva a quella da interpretare), **ufficiale** (ad opera di organi dello Stato nell'esercizio della loro funzioni), **giurisprudenziale** (effettuata dai giudici) e **dottrinale** (effettuata per motivi di studio in opere accademiche).

L'interpretazione letterale

L'art. 12 delle disp. prel. c.c. in tema di interpretazione delle leggi prevede al comma 1: «Nell'applicare la legge non si può ad essa attribuire un significato diverso di quello fatto palese dal significato proprio delle parole secondo la connessione di esse, e dalla intenzione del legislatore».

La norma individua la c.d. **interpretazione letterale** in virtù della quale il significato della norma va desunto dalla significato grammaticale delle parole e dalla loro connessione sintattica e dalla intenzione del legislatore (intesa come volontà dello stesso).

L'INTERPRETAZIONE CORRETTIVA

L'interpretazione letterale va tenuta distinta dalla c.d. **interpretazione correttiva** con cui si attribuisce un senso diverso da quello fatto proprio dalle parole nella loro connessione. Tale tipo di attività ermeneutica si fonda sull'esistenza di significati della norma non esplicitati.

L'interpretazione correttiva a sua volta può essere:

1) **estensiva** o **restrittiva** a seconda che venga attribuito un significato più ampio o più ristretto alla norma interpretata;
2) **sistematica**, con cui il significato della norma viene attribuito alla luce di un contesto più ampio (ad es. un articolo all'interno di una legge o una norma in relazione ai principi costituzionali);
3) **adeguatrice**, con cui il significato della norma viene adattato alle disposizioni di grado superiore;
4) **evolutiva** (o **storica**), con cui il significato della norma viene adeguato, in casi di mutamenti storici e sociali fisiologici dell'evolversi dei tempi, al nuovo contesto.

L'INTERPRETAZIONE ANALOGICA

L'art. 12, co. 2, disp. prel. c.c. stabilisce «Se una controversia non può essere decisa con una precisa disposizione, si ha riguardo alle disposizioni che regolano casi simili o materie analoghe; se il caso rimane ancora dubbio, si decide secondo i principi generali dell'ordinamento giuridico italiano».

La norma offre le soluzioni alle ipotesi in cui si crei una lacuna, ovvero manchi una norma da applicare al caso concreto.

La prima soluzione è data dall'utilizzo della **interpretazione analogica** (c.d. *analogia legis*) attraverso la quale l'interprete ricaverà la norma desumendola da disposizioni che disciplinano casi simili o materie analoghe. Laddove ciò non sia possibile, ricorrerà ai principi che regolano l'ordinamento, quindi a quelli sanciti dalla Costituzione o ricavabili dalle leggi (*analogia iuris*). L'interpretazione analogica non è ammessa in materia penale (l'art. 1 c.p. sancisce il c.d. principio di legalità dei reati e delle pene in virtù del quale: «Nessuno può essere punito per un fatto che non sia preveduto come reato dalla legge, né con pene che siano da esse stabilite») ovvero

«[…] quando si tratti di rapporti o situazioni ritenuti eccezionali (giacché per la singolarità della fattispecie l'estensione analogica della norma regolatrice non avrebbe alcuna ragione di essere)» (MARTINES).

PAROLA CHIAVE: Interpretazione
Attività intellettiva volta ad attribuire un determinato significato alle fonti per l'individuazione della norma praticamente applicabile.
PAROLA CHIAVE: Dottrina
Complesso delle teorie elaborate dai più grandi studiosi accademici.
PAROLA CHIAVE: Giurisprudenza
Complesso delle pronunce degli organi cui è affidato il potere giurisdizionale (i giudici).

3.5. LA GERARCHIA DELLE FONTI

La Costituzione non contiene un elenco tassativo delle fonti del nostro ordinamento. La pluralità di fonti ha reso però da sempre necessaria una classificazione.

L'art. 1 delle disposizioni preliminari al codice civile stabilisce, secondo un criterio gerarchico, che sono fonti del diritto:
1) le leggi
2) i regolamenti
3) le norme corporative
4) gli usi

Tale gerarchia risulta superata in ragione sia della abrogazione delle norme corporative (r.d.lt. 721/1943 e D.lgs.lt. 369/44) sia dell'approvazione del testo costituzionale.

Inoltre a seguito della adesione dell'Italia alla Comunità europea sono applicabili all'interno dello Stato italiano atti diversi da quelli statali ma con forza pari o superiore.

Una più attuale classificazione delle fonti che tiene conto di tali circostanze risulta così strutturata:
1) le fonti costituzionali

2) le fonti primarie
3) le fonti secondarie (o *sub* primarie)
4) la consuetudine

Per l'analisi delle singole fonti dell'ordinamento italiano si rinvia al capitolo successivo.

RIEPILOGO

Per **diritto** si intende il complesso di norme che regolano gli aspetti fondamentali della vita dello Stato e quindi i comportamenti dell'uomo all'interno della società. Tali regole vengono imposte ai consociati sui quali grava l'obbligo della loro osservanza.

Si definiscono **norme giuridiche** i comandi rivolti ai soggetti cui viene richiesto un determinato comportamento o condotta.

Le norme giuridiche presentano i caratteri della generalità, astrattezza, coattività, positività, intersoggettività, esteriorità, novità.

Si definiscono **fonti del diritto** gli atti e fatti giuridici che contengono norme giuridiche.

Sono **fonti di produzione**: i fatti e gli atti autorizzati dall'ordinamento giuridico ad innovare il diritto oggettivo; **fonti sulla produzione** quelle che regolano i procedimenti di formazione delle fonti di produzione attraverso l'individuazione del soggetto autorizzato ad emanarle e della modalità di emanazione; **fonti di cognizione** quelle che permettono di conoscere le fonti di produzione.

Le fonti di produzione si dividono a loro volta in **fonti fatto** (identificabili con i fatti e i comportamenti idonei a produrre diritto) e **fonti atto** (ovvero gli atti giuridici, ossia le fonti scritte).

La molteplicità delle fonti esistenti nell'ordinamento giuridico ha reso necessaria l'individuazione di criteri che evitino l'insorgere di conflitti tra norme diverse.

L'interpretazione si configura come attività intellettiva volta ad attribuire un determinato significato alle fonti permettendo la materiale individuazione della norma da applicare al caso concreto.

4. LE FONTI DELL'ORDINAMENTO ITALIANO

Il nostro ordinamento si caratterizza per la presenza di fonti fatto e fonti atto, fonti interne e fonti esterne.

Come si è visto, le fonti sono tradizionalmente ordinate secondo un criterio gerarchico che stabilisce la supremazia di una fonte rispetto alle altre.

L'analisi delle fonti del nostro ordinamento deve prendere necessariamente le mosse dall'analisi della Costituzione che rappresenta la legge fondamentale dello Stato italiano.

4.1. LE FONTI COSTITUZIONALI

L'attuale sistema di classificazione delle fonti del nostro ordinamento pone al vertice dello stesso le **fonti costituzionali**, fonti di grado superiore modificabili solo attraverso il meccanismo della revisione costituzionale. Rientrano nella categoria delle fonti Costituzionali le leggi costituzionali e quelle di revisione costituzionale.

Sullo stesso piano dello fonti costituzionali vengono oggi posti da gran parte della dottrina anche i trattati istitutivi dell'Unione europea (per la cui trattazione si rimanda al cap. 2 § 2.4.).

LA COSTITUZIONE

La più importante fonte dell'ordinamento giuridico italiano è la Costituzione che, in una ideale piramide gerarchica delle fonti, si pone al vertice della stessa.

La **Costituzione della Repubblica Italiana** è la legge fondamentale del nostro ordinamento (e quindi legge per eccellenza al tempo stesso costitutiva e costituente l'ordinamento giuridico italiano) e presenta dei tratti distintivi che ne garantiscono la primazia rispetto alle altre fonti.

La Costituzione Italiana è il risultato del lavoro dell'Assemblea Costituente che, all'indomani della fine della seconda guerra mondiale e successivamente al *referendum* istituzionale del 2 giugno del 1946, intese raccogliere in unico testo i principi giuridici che regolassero gli aspetti fondamentali della neonata Repubblica.

La Costituzione risulta composta da 139 articoli e XVIII disposizioni transitorie e finali; essa fu approvata dalla Assemblea Costituente il 22 dicembre del 1947, promulgata dal Capo provvisorio dello Stato il 27 dicembre delle stesso anno ed entrò in vigore, a seguito della pubblicazione nella Gazzetta ufficiale (n. 298 del 27.12.1947), il 1° gennaio del 1948.

Quasi tutti gli Stati contemporanei sono oggi dotati di costituzioni le quali possono presentare caratteri diversi tra di loro. Si potranno avere pertanto Costituzioni:

1) **scritte** o **non scritte**: in presenza o meno di un documento solenne approvato da un apposito organismo. Nell'ipotesi in cui non vi sia una Costituzione scritta i principi fondamentali dello Stato ovvero quelli relativi al funzionamento delle istituzioni discendono da consuetudini o sono rinvenibili in testi parziali. Le Costituzioni moderne sono per la maggior parte scritte; un esempio di costituzione non scritta viene offerto dal Regno Unito che non ha un documento solenne ma solo alcuni testi base di riferimento;
2) **ottriate** o **votate**: sono ottriate quelle concesse unilateralmente dal Sovrano, per sua volontà; sono votate quelle il cui testo è approvato da un organo eletto democraticamente o dal corpo elettorale. Un esempio di costituzione ottriata è lo Statuto Albertino; le costituzioni moderne sono tutte votate; solo per fare alcuni esempi la Costituzione italiana è stata elaborata ed approvata dall'Assemblea costituente (eletta dal popolo) mentre la Costituzione francese del 1958 fu approvata dal corpo elettorale;
3) **flessibile** o **rigida**: a seconda che il testo possa essere modificato con leggi ordinarie (come lo Statuto Albertino) o con una procedura aggravata (come la nostra Costituzione);
4) **brevi** o **lunghe**: a seconda che si limitino a contenere le norme sull'organizzazione dello Stato e alcuni dei diritti fondamentali ovvero se, oltre alle norme relative all'ordinamento statale, riconoscono e tutelano le libertà civili, i diritti politici ed economici ed enunciano i principi ispiratori dell'azione dei pubblici poteri. Erano brevi generalmente le Costituzioni dell'Ottocento, mentre quasi tutte quelle contemporanee sono lunghe.

Quanto alla Costituzione italiana, essa è: scritta, cioè fissata in un atto solenne scritto che assicura maggiore resistenza ad eventuali modifiche; lunga; votata, in quanto approvata dall'Assemblea costituente i cui membri furono eletti a suffragio universale; rigida, poiché modificabile solo mediante il meccanismo della revisione costituzionale, con la previsione di modalità tali da garantire che ogni eventuale modifica della stessa raccolga un ampio consenso.

La nostra Costituzione non si limita pertanto alla mera previsione delle forme di organizzazione dello Stato ma enuncia i principi fondamentali del nostro ordinamento attraverso il riconoscimento della personalità dell'individuo (sia considerato singolarmente che all'interno delle formazioni sociali), dell'importanza del lavoro (strumento di emancipazione e sviluppo della personalità umana) e della democrazia (in quanto il popolo è chiamato a partecipare alla vita pubblica sia attraverso l'elezione dei suoi rappresentanti ma anche direttamente, attraverso gli istituti della c.d. democrazia diretta). Tali principi sono stati redatti in un documento lungo che non è suscettibile di modificazioni se non attraverso l'adozione di una procedura aggravata.

La dottrina è solita distinguere tra **Costituzione formale** (con riguardo alla forma esteriore assunta) e **Costituzione materiale** (con riguardo al contenuto). Quanto al contenuto, la dottrina ha per lungo tempo sostenuto che le norme costituzionali potessero essere distinte in norme precettive (immediatamente applicabili e giuridicamente vincolanti) e norme programmatiche (dette ad applicazione differita in quanto la loro applicazione veniva subordinata all'adozione di norme di legge ordinaria conformi ad esse). Tale distinzione è stata superata in quanto oggi, per opinione concorde della dottrina, tutte le disposizioni costituzionali (anche quelle programmatiche) sono normative ed in quanto tali produttive di effetti giuridici.

APPROFONDIMENTO: Dallo Statuto Albertino alla Costituzione

La legge del 17 marzo 1861 attribuì a Vittorio Emanuele II, «re di Sardegna», e ai suoi successori, il titolo di «re d'Italia». Tale legge sancì in tal modo il passaggio dal regno di Sardegna al Regno d'Italia.

La continuità tra i due Regni viene tradizionalmente sostenuta in base all'estensione dell'applicazione nel Regno d'Italia dello Statuto Albertino concesso da Carlo Alberto di Savoia l'8

febbraio 1848 vigente nel regno di Sardegna.
Quanto ai caratteri, lo Statuto Albertino può essere configurato come una Costituzione ottriata (cioè concessa dall'alto), flessibile e breve (composto da 14 articoli che delineavano gli aspetti essenziali dell'ordinamento).
Il re era titolare delle più importanti funzioni. Capo dell'esecutivo (e pertanto solo lui poteva nominare e revocare i ministri, responsabili soltanto nei suoi confronti) e delle forze armate, titolare della politica estera (potendo dichiarare la guerra e stipulare trattati), poteva inoltre nominare i funzionari dello Stato e concedere la grazia e commutare le pene.
Quanto al potere giudiziario, lo Statuto Albertino prevedeva delle forme di tutela dei giudici: una limitata autonomia e l'inamovibilità dei giudici superiori (intesa però come inamovibilità di funzioni e non di sede). La giustizia veniva comunque esercitata in nome del Re dai giudici.
Accanto alla figura del Re, lo Statuto Albertino prevedeva una Assemblea composta dalla Camera dei Deputati (eletta con suffragio maschile) e il Senato del Regno (composto di membri nominati a vita dal re o dai principi della casa reale che avessero compiuto 21 anni). L'Assemblea esercitava funzioni rappresentative (ma nella realtà quelle del Senato erano piuttosto ridotte).
Il re provvedeva anche alla nomina dei Presidenti e dei vicepresidenti di Camera e Senato.
Tale sistema verrà gradualmente modificato nel tempo specie con l'avvento del fascismo. Il carattere flessibile dello Statuto Albertino favorì difatti l'affermarsi del regime totalitario fascista il quale, pur non abolendolo formalmente, ne modificò gli aspetti essenziali: vennero soppresse le libertà garantite, eliminati i partiti di opposizione, sostituita la Camera dei Deputati con la «Camera dei fasci e delle corporazioni», il diritto di voto fu cancellato, fu creato il Gran Consiglio del fascismo.
Nello Stato fascista vennero inoltre riallacciati e rinforzati, con

la sottoscrizione dei Patti Lateranensi nel 1929, i rapporti con la Chiesa per lungo tempo erano stati interrotti per via della Questione romana.
L'assetto delineato dallo Statuto Albertino, già profondamente minato alle basi, subirà ulteriori modifiche nel 1943 quando, successivamente alla caduta del fascismo e all'arresto di Mussolini, il Re nominò Pietro Badoglio capo provvisorio dello Stato.
A seguito dell'armistizio dell'8 settembre dello stesso anno l'Italia risulterà divisa in due: il nord occupato dai tedeschi che nel frattempo avevano liberato Mussolini (il quale costituì la Repubblica di Salò) e il sud occupato dalle forze alleate. I partiti antifascisti, costretti alla clandestinità, nel frattempo si erano riuniti nel Comitato di liberazione nazionale, decisi a modificare radicalmente le istituzioni per fondare uno Stato democratico.
Nel 1944 il Comitato centrale di liberazione nazionale designò il governo della Corona. Tale governo venne istituto il 25 giugno dello stesso anno con d.lgs.lt. n. 151 che istituì il governo Bonomi titolare, anche se provvisoriamente della funzione legislativa (andandosi a sostituire alle Camere). Con lo stesso decreto si rinviò alla fine della guerra la scelta tra Monarchia e Repubblica affidandola al popolo attraverso l'elezione di una assemblea costituente.
L'evolversi della situazione, con i partiti antifascisti che iniziavano ad entrare nel governo, non consentì al re di riproporre uno Statuto Albertino, eventualmente modificato; la stessa monarchia, compromessa con il precedente regime, venne messa in discussione e non venne ritenuta più credibile. La divergenza, in clima ancora bellico, trovò una soluzione temporanea nella «tregua istituzionale» sancita con il Patto di Salerno del 1944 con cui vennero vietati, fino all'elezione dell'Assemblea costituzionale, gli atti politici tali da compromettere la questione costituzionale.

Con la fine della guerra nel 1945 entrò in carica il governo Parri. L'anno successivo con il d.lgs.lt. n. 98 si rimise la scelta tra monarchia e repubblica al referendum istituzionale a suffragio universale (per la prima volta nella storia difatti si attribuì il voto alle donne).
Tale meccanismo risultò per un momento compromesso dal ritorno del Re, che in base al Patto di Salerno si era ritirato a vita privata, il quale abdicò a favore del figlio (incoronato re d'Italia con il nome di Umberto II). Il referendum istituzionale del 2 giugno 1946, attraverso la scelta della forma repubblicana sancì la fine della monarchia in Italia (con il conseguente esilio della famiglia reale che è durato fino al 2002).
Nonostante il susseguirsi degli eventi lo Statuto Albertino è rimasto in vigore per circa un secolo fino all'entrata in vigore della Costituzione della Repubblica il 1° gennaio 1948.

Le leggi Costituzionali e di revisione costituzionale

Immediatamente dopo il testo costituzionale si pongono difatti le leggi costituzionali e di revisione costituzionale per la cui disciplina si rinvia agli artt. 138 e 139 Cost.

Rientrano nella categoria delle **leggi costituzionali** quelle che la Costituzione qualifica tali, quelle che derogano una norma costituzionale senza abrogarla e, in generale, tutte quelle adottate con il procedimento di cui all'art. 138 Cost.

Sono **leggi di revisione costituzionale** quelle in grado di modificare in tutto o in parte il testo della costituzione.

Le leggi costituzionali e di revisione costituzionale non fanno quindi parte del testo materiale della Costituzione, pur avendo una forza pari a questa all'interno della gerarchia delle fonti.

L'art. 138 Cost. stabilisce che «Le leggi di revisione della Costituzione e le altre leggi costituzionali sono adottate da ciascuna Camera con due successive deliberazioni ad intervallo non minore di tre mesi, e sono approvate a maggioranza assoluta dei componenti di ciascuna Camera nella seconda votazione.

Le leggi stesse sono sottoposte a *referendum* popolare quando, entro tre mesi dalla loro pubblicazione, ne facciano domanda un quinto dei membri di una Camera o cinquecentomila elettori o cinque Consigli regionali. La legge sottoposta a referendum non è promulgata, se non è approvata a maggioranza dei voti validi.

Non si fa luogo a referendum se la legge è stata approvata nella seconda votazione da ciascuna delle Camere a maggioranza di due terzi dei suoi componenti».

La norma in questione pone un **procedimento c.d. aggravato** cioè un *iter* complesso che prevede l'adozione di due deliberazioni da parte dei due rami del Parlamento in un arco temporale ben delimitato (tre mesi), il ricorso a maggioranze qualificate e la possibilità del *referendum*.

La Costituzione pone al contempo un limite alla revisione della Costituzione con l'art. 139 a norma del quale «La forma repubblicana non può essere oggetto di revisione costituzionale».

Autorevole dottrina ha in proposito osservato: «La espressione forma repubblicana deve essere intesa secondo il senso storico-comune che la parola repubblica ha acquistato in contrapposizione a Monarchia: e infatti, nel referendum istituzionale del 2 giugno 1946, il popolo italiano fu chiamato a scegliere tra Repubblica e Monarchia, nella convinzione e col presupposto che fosse chiara a tutti la distinzione essenziale tra le due forme di governo. Non c'è dubbio che allora come oggi, a livello di linguaggio comune e generale, Monarchia è la forma di governo in cui esiste un capo dello Stato ereditario (il re appunto), Repubblica è la forma di governo in cui il capo dello Stato è elettivo».

Le ragione storiche di tale divieto possono pertanto essere ricollegate all'intenzione della Assemblea costituente di evitare il ritorno, attraverso una modifica del testo della Costituzione, della Monarchia. La norma, pur contenendo un limite espresso, può essere invocata anche per altri casi. È stato difatti rinvenuto nella stessa il fondamento testuale per estendere tale limite anche alla revisione delle norme costituzionali concernenti i diritti inviolabili (Corte cost. sent. 366 del 1991) ovvero al complesso di principi supremi e fondamentali – assolutamente immodificabili – contenuti nella Carta costituzionale (in tal senso Corte cost. sent n. 1146 del 1988, sent. n. 203 del 1989).

4.2. LE FONTI PRIMARIE

Le fonti primarie sono poste al secondo gradino della scala gerarchica. Tali fonti sono subordinate soltanto alla Costituzione ed alle fonti primarie.

Sono fonti primarie dell'ordinamento italiano: i regolamenti comunitari, il referendum abrogativo, le leggi, i decreti legge ed i decreti legislativi (vedi cap. 8 § 8.6.), i regolamenti parlamentari, gli Statuti regionali, provinciali e comunali, la legge regionale.

I REGOLAMENTI COMUNITARI

Con l'adesione ai trattati istitutivi delle comunità europee, l'Italia riconosce l'esistenza di un ordinamento sovranazionale caratterizzato da proprie fonti. Le fonti comunitarie, previste dall'art 249 del TCE, sono i **regolamenti** (di portata generale, obbligatori e direttamente applicabili in tutti gli Stati membri); le **direttive** (vincolanti per lo Stato membro cui sono rivolte relativamente al risultato da raggiungere, ma non per la forma e i mezzi con cui raggiungerlo e attuate in Italia con la legge comunitaria); le **decisioni** (obbligatorie e vincolanti per il destinatario che può essere uno Stato ma anche una persona fisica o giuridica); le **raccomandazioni** e i **pareri**.

Tra le fonti comunitarie una particolare attenzione meritano i **regolamenti comunitari**, atti normativi adottati, nelle materie previste dai trattati, mediante una procedura piuttosto complessa che coinvolge diversi organi comunitari (la Commissione europea, il Parlamento europeo ed il Consiglio dei ministri delle comunità).

I regolamenti sono pubblicati nella Gazzetta Ufficiale dell'Unione europea, entrano in vigore il ventesimo giorno successivo dalla pubblicazione e sono direttamente ed immediatamente applicabili (***self executing***) all'interno degli Stati e quindi obbligatori per tutti i soggetti all'interno della comunità statale.

Si pone pertanto il problema dei rapporti tra regolamenti e atti normativi del nostro ordinamento.

Difatti i regolamenti comunitari derogano alla Costituzione, riguardando materie attribuite alle comunità e non al Parlamento nazionale. Per lungo tempo, però, la dottrina e la giurisprudenza hanno sostenuto che una deroga alla Costituzione non fosse ammissibile poiché la legge di esecuzione dei trattati è legge ordinaria (quindi una fonte subordinata alla Costituzione). Un'eventuale deroga è quindi ammissibile solo ai sensi dell'art. 11 Cost., purché, come si è già visto, questa non comporti una compromissione dei principi e delle libertà fondamentali del nostro ordinamento.

Quindi oggi pacificamente si ritiene che i regolamenti, per le materie di loro competenza, prevalgono su gli atti degli Stati aderenti (ad eccezione della Costituzione). I rapporti tra legge italiana e legge comunitaria sono stati nel tempo però risolti in modi differenti.

Fino al 1984 la legge nazionale in contrasto con un regolamento comunitario doveva essere impugnata innanzi alla Corte costituzionale la quale ne avrebbe dichiarato l'incostituzionalità per violazione dell'art. 11 Cost. La sent. 170/84 ha poi segnato un punto di svolta: la Corte ha infatti attribuito il compito di accertare l'esistenza di un eventuale conflitto ai giudici comuni i quali, in caso positivo, si limitano a disapplicare la legge statale e ad applicare il regolamento comunitario.

Con due successive sentenza del 1994 e del 1995 la Corte costituzionale si è attribuita la competenza a giudicare della legittimità di leggi regionali, impugnate dallo Stato, sospettate di contrarietà ai regolamenti comunitari, e, viceversa, di leggi statali, impugnate dalle regioni, ritenute contrarie ai regolamenti.

Al di fuori di tali ipotesi, sarà il giudice comune a decidere l'applicabilità del regolamento in luogo della legge.

Il regolamento comunitario prevale quindi sulla legge italiana difforme, quando questa riguarda materie di competenza dei regolamenti. L'eventuale conflitto sarà pertanto risolto dal giudice comune.

Va infine precisato che nel caso di contrarietà del regolamento al trattato istitutivo, competente a giudicare sarà la Corte di Giustizia.

APPROFONDIMENTO: La legge comunitaria

È doveroso un accenno alla c.d. **legge comunitaria** con la quale vengono riunite le direttive comunitarie che devono essere attuate in Italia. La legge comunitaria non è quindi legge comunitaria ma legge dello Stato italiano.

Per lungo tempo il procedimento di recepimento delle direttive è stato disciplinato dalla L. 86/1989 (**Legge La Pergola**).

Tale legge è stata modificata dalla recente L. 11/2005 (**Legge Buttiglione**) che detta norme sulla partecipazione dell'Italia al processo normativo dell'Unione europea e sulle procedure di esecuzione degli obblighi comunitari.

In base alla nuova disciplina ogni anno deve essere adottata una legge, detta appunto comunitaria, con cui è possibile abrogare o modificare disposizioni statali in contrasto con gli obblighi che derivano dall'appartenenza alle Comunità e all'Unione europea ovvero attuare o applicare gli atti del Consiglio o della Commissione europea.

Con la legge comunitaria si può inoltre attribuire al governo una delega legislativa ovvero autorizzarlo ad attuare le direttive con regolamento (quando ciò sia consentito dalla Costituzione).

La legge comunitaria individua infine i criteri e i principi che le Regioni e le province dovranno utilizzare per dare attuazione alle direttive nelle materie di loro competenza.

La legge della Repubblica

Come sottolineato da autorevole dottrina, la parola legge viene utilizzata per designare specifici atti normativi (legge ordinaria, legge costituzionale e legge regionale). Tuttavia legge per antonomasia è la legge del Parlamento, che si distingue dagli altri atti giuridici per un tratto saliente dato dalla forma, la quale è tipica e solenne (RESCIGNO).

La legge ha rappresentato, fino alla entrata in vigore della Costituzione, la fonte suprema del diritto dello Stato. A seguito della entrata in vigore della Costituzione, ha assunto il rango di fonte primaria e pertanto:

1) è subordinata solo alla Costituzione e alle fonti di rango costituzionale;
2) è invece superiore alle altre fonti di rango inferiore, che può modificare o abrogare ma dalle quali non può essere modificata o abrogata.

Osserva in proposito autorevole dottrina: «La posizione eminente che la legge – prodotto delle Assemblee rappresentative – svolge nel sistema normativo consiste non soltanto nel subire limiti dalla sola Costituzione ma, anche e soprattutto, nel rappresentare il primo e fondamentale momento di integrazione della Costituzione. In altri termini, il rapporto Costituzione/legge non sta solo nel senso che la legge è subordinata alla Costituzione – dunque non può contrastare con essa – ma anche nel senso che la legislazione, svolgendo o sviluppando la Costituzione, ne rappresenta l'integrazione» (MODUGNO).

Le leggi modificano l'ordinamento giuridico dal momento che sono caratterizzate da una particolare efficacia (la forza di legge), la quale può essere *attiva* (in quanto prevale sulle fonti inferiori) e *passiva* (poiché resiste a queste ultime).

Il valore di legge invece si riferisce al particolare regime cui sono sottoposte le leggi in quanto esposte all'accertamento di legittimità da parte della Corte Costituzionale.

La dottrina tradizionale è solita operare una distinzione tra **leggi in senso formale** cioè quelle deliberate dal Parlamento o dagli organi cui viene attribuita la funzione legislativa e **leggi in senso sostanziale**, ossia qualsiasi atto a contenuto normativo posto in essere anche da soggetti cui non viene attribuita la funzione legislativa. A queste due tipologie se ne aggiunge una terza, quella delle **leggi meramente formali**, che hanno forma di legge ma sono sprovviste di contenuto normativo (ad es. la legge di approvazione del rendiconto consuntivo).

APPROFONDIMENTO: Leggi rinforzate e leggi atipiche

Un discorso a parte va fatto per le leggi rinforzate e per quelle atipiche.

Si definiscono **rinforzate** quelle leggi che presentano elementi ulteriori rispetto alle altre leggi che possono comportare una variante nel procedimento di adozione o nella forma. È legge rinforzata la legge di amnistia ed indulto, a norma dell'art. 79 Cost. deliberata a maggioranza dei due terzi dei componenti di ciascuna Camera, in ogni articolo e nella votazione finale, che parte della dottrina definisce addirittura **rinforzatissime** in

quanto viene utilizzata per le leggi costituzionali (dalle quali differiscono per la mancanza di doppia deliberazione).
Sono **atipiche** le leggi la cui forza attiva o passiva muta in relazione al tipo cui appartengono (ad es. le leggi di bilancio, le leggi relative alla condizione giuridica dello straniero).

La legge può rappresentare talora l'unica fonte regolatrice di una determinata materia: ciò avviene nei casi di *riserva di legge*, nei quali viene impedito l'intervento di fonti secondarie. L'istituto della riserva non risulta però «omogeneo». Si distinguono difatti:

1) **riserve assolute** quando la disciplina di una materia è affidata solo a leggi o ad atti aventi forza di legge;
2) **riserve relative** quando la legge disciplina gli aspetti generali della materia, essendo rimessa la definizione più compiuta alla fonte secondaria;
3) **riserve rinforzate** quando la materia è riservata alla legge ma la Costituzione pone alcuni limiti che possono riguardare il contenuto o il procedimento di adozione.

Un ulteriore limite all'utilizzo di fonti normative è rappresentato dalla **riserva costituzionale**, che circoscrive determinate materie alle leggi costituzionali, sottraendole pertanto alla legge.

Un altro limite è posto dal comma 1 dell'art. 117 (come modificato dalla L. cost. 3/2001), che prevede l'esercizio della potestà legislativa (dello Stato ma anche delle regioni) nel rispetto dei vincoli derivanti dagli ordinamenti comunitario ed internazionale. Il mancato rispetto di tali obblighi comporterebbe una violazione rendendo le leggi (statali e regionali) illegittime.

La legge è **irretroattiva** come previsto dall'art. 11 delle disp. prel. c.c. «La legge non dispone che per l'avvenire: essa non ha effetto retroattivo».

L'irretroattività (secondo l'antico brocardo latino *tempus regit actum*) deve essere intesa come impossibilità di applicare la norma a fatti o rapporti anteriori alla sua entrata in vigore.

Secondo la lettera della norma, le leggi non sono retroattive. Bisogna però segnalare che la norma è contenuta nel codice civile, approvato con decreto legislativo – e quindi con una fonte primaria – può pertanto essere anche derogata (in applicazione del principio cronologico) da una legge o atto avente forza di legge successivo.

La retroattività delle leggi è oggi ammessa, a seguito di alcune pronunce della Corte Costituzionale, solo in relazione alle leggi di interpretazione autentica con le quali il legislatore spiega il significato di disposizioni contenute in leggi precedenti.

L'irretroattività della legge è riconosciuta dalla Costituzione ma solo per la legge penale dall'art. 25 c.p. il cui secondo comma dispone: «Nessuno può essere punito se non in forza di legge che sia entrata in vigore prima del fatto commesso».

Tale norma va ricollegata all'art. 1 c.p. in base al quale «Nessuno può essere punito per un fatto che non sia preveduto come reato dalla legge, né con pene che siano da esse stabilite» (**principio di legalità dei reati e delle pene**).

La regola della irretroattività della legge penale viene intesa solo come irretroattività della legge sfavorevole all'imputato (mentre è ammessa la retroattività di quella favorevole).

La legge, fatte salve le eccezioni indicate, disciplina solo le situazioni verificatesi successivamente alla sua entrata in vigore. Tuttavia può ricorrere il caso di rapporti che al momento dell'entrata in vigore della legge non abbiano ancora esaurito i loro effetti.

In questi casi, come ha precisato la Corte costituzionale, ci si affiderà alla «prudente valutazione del legislatore» tesa ad assicurare la certezza del diritto «[...] intesa come uno dei cardini della tranquillità sociale e del vivere civile» (MARTINES).

Per espressa previsione dell'art. 23 Cost. «Nessuna prestazione personale o patrimoniale può essere imposta se non in base alla legge». Tale norma subordina le richieste da parte dei pubblici poteri all'esistenza di una legge. Tale principio, tipico dello Stato moderno, «[...] riassume il rapporto tra Stato e cittadini [...]» (RESCIGNO).

Le leggi della repubblica vengono adottate con un procedimento previsto dagli artt. 70-74 Cost. per la cui trattazione si rimanda al cap. 9 § 9.5.

I decreti legislativi e i decreti legge

I decreti legislativi e i decreti legge si configurano tradizionalmente

PAROLA CHIAVE: Legge
Parola che viene utilizzata generalmente per designare specifici atti normativi. La legge per eccellenza è la legge del Parlamento.

come atti normativi del governo. È stato in proposito osservato che «La parola decreto è il nome di quasi tutti gli atti autoritativi del potere esecutivo: essa in tal modo designa una forma (quella appunto del decreto) che può contenere i più svariati contenuti [...]. Il decreto è una forma astratta (un recipiente) che può ricoprire atti molto diversi per quanto riguarda sia il contenuto che la efficacia» (RESCIGNO).

I decreti legge e i decreti legislativi vengono definiti come atti aventi forza di legge in quanto la loro emanazione presuppone una delegazione da parte del Parlamento oppure una temporanea assunzione dei poteri da parte del governo la quale però deve scontare la successiva ratifica parlamentare.

Inoltre, essi vengono ricompresi a pieno titolo nella categoria degli atti aventi forza di legge suscettibili del sindacato di legittimità ad opera della Corte Costituzionale ex art. 134 Cost.

I decreti legislativi

I **decreti legislativi** (anche detti **leggi delegate**) sono previsti

PAROLA CHIAVE: Decreto
Termine utilizzato generalmente per indicare gli atti del governo a contenuto normativo.

dall'art. 76 Cost. a norma del quale «L'esercizio della funzione legislativa non può essere delegata al governo se non con determinazioni di principi e criteri direttivi e soltanto per tempo limitato e per oggetti definiti».

In proposito è opportuno precisare che a seguito della modifica dell'art. 117 Cost. ad opera della L. cost. 3/2001 il Parlamento non è più titolare di una competenza legislativa generale, bensì ha la competenza legislativa esclusiva nelle materie indicate al comma 1 della citata norma. La delega pertanto potrà avere ad oggetto solo le materie di competenza esclusiva del Parlamento.

Il ricorso alla delega legislativa avviene quando per la complessità tecnica della materia da trattare il Parlamento, anziché provvedere con legge ordinaria, preferisce delegare al governo che ha a disposizione tutto l'apparato amministrativo.

L'adozione di decreti legislativi da parte del governo è sempre subordinata all'esistenza di una legge di delegazione la quale deve esattamente individuare i principi e i criteri direttivi (cui il governo deve ispirarsi), il termine entro cui tale funzione delegata può essere esercitata (che può essere *certus an, certus quando*, cioè è certo che ci sarà ed è certo quando ovvero *certus an, incertus quando*, cioè è certo che ci sarà ma non è certo quando) e l'oggetto.

La legge di delegazione è del tutto simile (sia per la forma sia per quanto riguarda il procedimento di adozione) ad una legge normale del Parlamento. Tuttavia essa non è operativa nel senso che le regole in essa previste sono formulate in modo tale da non consentirne l'applicazione. Le regole applicabili saranno pertanto quelle contenute dal decreto legislativo.

Quanto al contenuto del decreto legislativo (che per previsione espressa dell'art. 14 della L. n. 400 del 1988 deve obbligatoriamente contenere la denominazione decreto-legislativo) questo viene deliberato dal governo, con ciò intendendosi solo il Consiglio dei ministri (e non il Presidente o i singoli ministri).

I decreti legislativi sono emanati dal Presidente della Repubblica nel termine fissato dalla legge di delegazione; a tal fine i testi dei decreti legislativi vengono trasmessi al Presidente della Repubblica almeno venti giorni prima della scadenza del termine fissato.

I decreti legislativi devono essere pubblicati nella Gazzetta Ufficiale ed entrano in vigore dopo 15 giorni dalla loro pubblicazione, salvo termine diverso stabilito nello stesso decreto.

I decreti legislativi hanno forza di legge, producendo gli effetti propri delle leggi.

I decreti legge

I **decreti legge** sono previsti dall'art. 77 Cost. il quale recita: «Quando, in casi straordinari di necessità ed urgenza il governo adotta, sotto la sua responsabilità, provvedimenti provvisori con forza di legge, deve il giorno stesso presentarli per la conversione alle Camere che, anche se sciolte sono appositamente convocate e si riuniscono entro cinque giorni.

«I decreti perdono efficacia sin dall'inizio, se non sono convertiti in legge entro sessanta giorni dalla loro pubblicazione. Le Camere possono tuttavia regolare con legge rapporti giuridici sorti sulla base dei decreti non convertiti».

Essi sono quindi provvedimenti aventi forza di legge, adottati quando gli argomenti esplicitati dal decreto sono di urgenza tale da non poter attendere i tempi di approvazione del Parlamento.

L'accertamento dell'esistenza dei casi di necessità ed urgenza fino al 1995 veniva effettuato dal Parlamento; con la sent. 29/1995 la Corte ha dichiarato la propria competenza ad accertare «il rispetto dei requisiti di validità costituzionale relativi alla pre-esistenza dei presupposti di necessità ed urgenza».

Il controllo di legittimità ad opera della Corte costituzionale va pertanto tenuto distinto da quello politico effettuato dal Parlamento in sede di conversione.

Val la pena ricordare che l'adozione di decreti legge (così come dei decreti legislativi) spetta al governo nel suo insieme e non ad un singolo ministro o al solo Presidente del Consiglio dei ministri.

I decreti legge vengono pubblicati nella Gazzetta Ufficiale ed entrano immediatamente in vigore.

La conversione in legge dei decreti-legge avviene mediante approvazione parlamentare di un disegno di legge di iniziativa governativa che deve aver luogo nel termine di sessanta giorni dalla pubblicazione, pena la perdita d'efficacia del decreto-legge retroattivamente (*ex tunc*, sin dall'inizio). In passato il termine di 60 giorni non veniva sempre rispettato. Per tale motivo si era instaurata una prassi secondo cui, alla scadenza, il governo adottava un nuovo decreto legge che riproduceva quello scaduto (c.d. reiterazione).

La reiterazione è stata per lungo tempo ritenuta ammissibile; sul punto è poi intervenuta la Corte costituzionale nel 1996 con due sentenze con le quali ha stabilito che la reiterazione è ammissibile purché, al momento della reiterazione stessa, sussistano i presupposti di necessità ed urgenza, risultando illegittima negli altri casi per violazione dell'art. 77 Cost.

Come si desume dalla lettera della norma la decretazione d'urgenza non può essere utilizzata in tutti i casi. Ulteriori limiti sono stati tra l'altro individuati dall'art. 15 della l. n. 400 del 1988 secondo il quale non è ammissibile con decreto legge:

1) conferire deleghe legislative;
2) provvedere nelle materie di cui all'art. 72, co. 4, Cost.;
3) rinnovare disposizioni di decreti legge ai quali sia stata negata la conversione in legge con il voto di una delle due Camere;
4) regolare rapporti giuridici sorti sulla base di decreti non convertiti;
5) ripristinare l'efficacia di disposizioni dichiarate illegittime dalla Corte Costituzionale per vizi non attinenti il procedimento.

Una questione importante da segnalare è quella relativa ad eventuali vizi del decreto-legge. La Corte costituzionale ha per lungo tempo sostenuto che gli eventuali vizi dei decreti legge venissero sanati dalla **legge di conversione**. La recente sent. 171/2007 ha ribaltato completamente tale orientamento, disponendo che se un decreto legge è incostituzionale per mancanza del requisito di necessità ed urgenza, tale sarà anche la legge di conversione.

Il nuovo riparto di competenze legislative tra Stato e Regioni ha infine posto il problema relativo al sorgere dei casi di straordinaria necessità ed urgenza che riguardano materie non più di competenza Statale. In tal caso, si ritiene unanimemente che spetterà al Consiglio regionale, convocato d'urgenza, provvedere adottando gli strumenti che gli consentono di intervenire in tempi brevi.

Va infine ricordato che i decreti legge (ma anche i decreti legislativi) sono oggi sottratti al controllo preventivo di legittimità della Corte dei conti a norma dell'art. 16 L. 400/1988.

I regolamenti parlamentari

Dispone l'art. 64, co. 1, «Ciascuna Camera adotta il proprio regolamento a maggioranza assoluta dei suoi componenti».

Con l'adozione dei regolamenti parlamentari ciascuna Camera detta le regole relative alla sua organizzazione interna ovvero alle procedure utilizzabili nello svolgimento dei propri compiti.

I **regolamenti parlamentari** sono fonti primarie del diritto, subordinate alla Costituzione. È opportuno sottolineare che la Costituzione non si limita a citare i predetti regolamenti; ma stabilisce regole imperative in ordine alle materie oggetto degli stessi (ad es. all'art. 72). Quindi i regolamenti parlamentari, oltre a provvedere nelle materie di competenza, sono altresì esecutivi di norme costituzionali (che integrano o precisano ma che non possono mai derogare).

All'interno della gerarchia delle fonti, essi si configurano (come anche gli Statuti regionali) come atti di competenza esclusiva (spettando difatti solo ai due rami del Parlamento). Quindi nell'ipotesi di antinomia o conflitto con fonte di pari grado troverà applicazione il criterio della competenza.

La Costituzione pone, rispetto ad essi, una riserva di regolamento: quindi, pur essendo posti sullo stesso piano della legge, questa non potrà mai intervenire nelle materie disciplinate con il regolamento.

Gli Statuti delle Regioni, delle Province e dei Comuni

Sono fonti primarie anche gli Statuti regionali, provinciali e comunali.

Gli **Statuti regionali** rappresentano il corrispettivo a livello regionale della Costituzione cui restano subordinati mentre sono sovraordinati alla legge regionale.

Come sottolineato da autorevole dottrina (RESCIGNO), gli Statuti possono essere ricollegati alla categoria degli statuti degli enti pubblici: le Regioni sono infatti enti pubblici e al pari di questi possono dotarsi di uno statuto che detta le regole relative alla organizzazione interna e allo svolgimento delle attività ad esse attribuite.

La Costituzione contempla gli Statuti delle Regioni speciali e delle Regioni ordinarie.

Gli Statuti delle Regioni speciali (Sicilia, Sardegna, Trentino Alto Adige, Valle d'Aosta e Friuli Venezia Giulia) vengono approvati, a norma dell'art. 116 Cost., con legge costituzionale. Ciò è conseguenza diretta della specialità delle predette Regioni titolari per ragioni di vario tipo (economiche, storiche, linguistiche) di autonomia e poteri più ampi di quelli delle Regioni ordinarie. Poiché l'ampliamento viene attuato attraverso una deroga o più in generale una modifica delle norme costituzionali relative alle Regioni, lo Statuto viene approvato con legge costituzionale (che è l'unico atto che legittima tale deroga).

Gli Statuti delle Regioni ordinarie, a seguito della novella dell'art. 123 Cost. ad opera della L. cost. 1/1999, sono, oggi, approvati e modificati dal Consiglio regionale con legge approvata a maggioranza assoluta dei componenti con due deliberazioni successive adottate ad un intervallo non inferiori a due mesi.

L'art. 123 Cost., nella sua precedente formulazione, prevede l'approvazione successiva dello Statuto con legge del Parlamento. Tale previsione è stata eliminata ma la venuta meno possibilità dello Stato di esercitare un controllo sugli statuti è stata, in un certo senso, controbilanciata dalla facoltà concessa al governo di sollevare, entro trenta giorni dalla pubblicazione dello Statuto, una questione di legittimità dinanzi alla Corte costituzionale.

L'art. 123 è rimasto invariato nella parte in cui prevede che «ciascuna Regione ha uno Statuto che, in armonia con la Costituzione, ne determina la forma di governo e i principi fondamentali di organizzazione è funzionamento. Lo statuto regola l'esercizio del diritto di iniziativa e di *referendum* su leggi e provvedimenti amministrativi della Regione e la pubblicazione delle leggi e dei regolamenti regionali».

L'art. 114 Cost. qualifica le **Province**, i **Comuni** e le **Città metropolitane** quali enti autonomi dotati di un proprio statuto.

La possibilità di dotarsi di un proprio statuto era stata già concessa alla Province ed ai Comuni dalla L. 142/1990 (**Testo Unico sugli enti locali**) mentre oggi, a seguito della modifica dell'art. 114 Cost. (il cui testo originario si limitava a prevedere la ripartizione della Repubblica in Regioni, Province e Comuni) ad opera della L. cost. 3/2001, è solennemente consacrata dalla Carta costituzionale.

Quanto infine alle Città metropolitane, anch'esse (al pari delle Regioni, delle Province e dei Comuni) sono enti autonomi con un proprio statuto, titolari di poteri e funzioni esercitabili con l'unico limite del rispetto delle norme costituzionali.

Per un'analisi più approfondita delle Regioni, Province, Comuni e delle Città metropolitane si rinvia al cap. 15.

Le leggi regionali

A seguito della modifica dell'art. 117 Cost., le Regioni sono oggi titolari di funzioni legislative più ampie rispetto a quelle originariamente previste.

Prima della riforma del 2001 le Regioni potevano adottare leggi solo nelle materie tassativamente previste dalla Costituzione mentre il Parlamento era titolare di una competenza generale, potendo invece adottare leggi relative a qualsiasi materia, ad eccezione di quelle spettanti alle Regioni.

Con la riforma dell'art. 117 ad opera della L. cost. 3/2001 (che ha modificato il titolo V, parte II Cost.) la potestà legislativa si configura come:

- **esclusiva:** che spetta unicamente allo Stato nelle materie indicate dal comma 2 dell'art. 117 Cost.;
- **residuale:** esercitata dalle Regioni nelle materie che, per espressa previsione del comma 4, non sono riservate alla legislazione dello Stato;
- **concorrente**: in specie, nelle materie individuate dal comma 3 rispetto alle quali lo Stato detta i principi generali mentre alle Regioni spetta il compito di dettarne la disciplina specifica.

Le leggi regionali incontrano i limiti fissati dalla Costituzione rappresentati, oltre che dalle materie per le quali esiste una riserva di legge statale, dal rispetto delle norme costituzionali e degli Statuti (cui sono subordinati) nonché i limiti che derivano dal rispetto dell'ordinamento comunitario ed internazionale. Un ulteriore limite è poi rappresentato dal territorio, nel senso che la legge regionale esaurisce la sua efficacia nell'ambito del territorio regionale.

Prima della riforma del 2001 lo Stato (attraverso l'apposizione ad opera del Commissario di governo del visto sulla legge regionale come previsto dal vecchio testo dell'art. 127) poteva esercitare un controllo preventivo di legittimità sulle leggi regionali. Tale forma di controllo è stata oggi soppressa e sostituita soltanto dalla possibilità di sollevare una questione di legittimità dinanzi alla Corte costituzionale, dopo la pubblicazione della legge regionale e solo nei casi di eccedenza di competenza delle Regioni.

Quanto al procedimento di adozione della legge regionale si rinvia al cap. 15

4.3. LE FONTI SECONDARIE

Sono fonti secondarie dell'ordinamento italiano i **regolamenti**, termine utilizzato non per indicare in senso tecnico un atto preciso ma più genericamente atti a contenuto normativo.

Più precisamente i regolamenti sono atti formalmente amministrativi (in quanto adottati dall'esecutivo) e sostanzialmente normativi (in quanto pongono norme).

Proprio in virtù del loro contenuto normativo, i regolamenti sono fonti del diritto e la loro violazione configura una violazione di legge.

Trattandosi di atti amministrativi a contenuto normativo viene escluso per i regolamenti l'obbligo di motivazione previsto per gli atti amministrativi.

La potestà regolamentare incontra alcuni limiti in quanto i regolamenti non possono: essere in contrasto con la Costituzione o la legge

PAROLA CHIAVE: Regolamento
Atto a contenuto normativo. All'interno della gerarchia delle fonti esistono vari tipi di regolamento.

(salvi i casi di delegificazione); disciplinare in linea generale (salve talune eccezioni) materie coperte da riserva di legge; violare il principio di irretroattività della legge ovvero disciplinare materie riservate alla legge; disciplinare materie riservate alla potestà legislativa residuale o concorrente delle Regioni; inoltre se emanati da autorità inferiore non possono porsi in contrasto con quelli dell'autorità superiore.

I regolamenti vengono oggi disciplinati dalla legge 400/988 che li classifica secondo tre criteri: i soggetti che li adottano, l'ambito di operatività e il contenuto.

In relazione ai soggetti si distingue tra:

- **regolamenti del Consiglio dei ministri**, emanati con decreto del Presidente della Repubblica. La legge non contempla i regolamenti del Presidente del Consiglio dei ministri i quali, tuttavia, risultano ammessi;
- **regolamenti ministeriali**: deliberati ed emananti dai singoli ministri;
- **regolamenti interministeriali** deliberati ed emanati da più ministri.

I regolamenti ministeriali ed interministeriali, prima dell'adozione, devono essere comunicati al Presidente del Consiglio dei ministri.

Quanto all'ambito di operatività del regolamento si avranno:

1) **esterni**: se si applicano a tutto il territorio dello Stato;
2) **interni**: quelli regolano l'organizzazione di un organo o un ufficio, con obblighi solo per coloro che ne fanno parte.

In ordine al contenuto i regolamenti vengono classificati in:

1) **regolamenti di attuazion**e ed **integrazione** finalizzati all'integrazione e all'attuazione dei principi posti da leggi o decreti legislativi. Con tali regolamenti non è possibile disciplinare le materie in cui vige la potestà legislativa concorrente delle Regioni (che vengono difatti regolate con legge regionale);
2) **regolamenti di esecuzione** che disciplinano in maniera specifica le norme contenute in una legge con norme di dettaglio;
3) **regolamenti indipendenti** che disciplinano materie per le quali non vi sono leggi o atti aventi forza di legge e non coperte da riserva assoluta di legge;
4) i **regolamenti di organizzazione** con cui si regolano l'organizzazione ed il funzionamento delle pubbliche amministrazioni;
5) i **regolamenti di delegificazione.** Il Parlamento autorizza il governo ad emanare regolamenti che disciplineranno una data materia in luogo della legge. Deve però trattarsi di materie non coperte da riserva di legge. Come sottolineato dalla dottrina, l'adozione dei regolamenti di delegificazione nasce dall'esigenza di porre un freno alla legislazione dello Stato. Attraverso i regolamenti di delegificazione determinate materie vengono sottratte al potere legislativo per essere regolamentate con atti del potere esecutivo. Il comma 4*bis* all'art. 17 della l. 400/1988 (introdotto dalla L. 57/97, **Legge Bassanini**) prevede oggi la delegificazione delle materie relative all'organizzazione e funzionamento degli Uffici dei Ministeri.

Accanto alle fattispecie previste dalla L. 400/1988 si pongono inoltre i **regolamenti delegati o autorizzati** (che regolano materie coperte da riserva o abrogano intere discipline legislative e rispetto ai quali la potestà legislativa del governo eccede i limiti a cui è soggetta) ed i **regolamenti di attuazione delle direttive comunitarie** introdotti dalla L. 11/2005.

Il procedimento di adozione dei regolamenti è disciplinato dall'art. 17 della L. 400/1988 il quale ne prevede l'adozione da parte del Presidente della Repubblica, previa delibera del Consiglio dei ministri e sentito il parere del consiglio di Stato (che deve intervenire entro 45 giorni dalla richiesta). I regolamenti sono sottoposti al visto ed alla registrazione della Corte dei Conti e vengono pubblicati sulla Gazzetta Ufficiale della Repubblica.

4.4. LA CONSUETUDINE

La **consuetudine** si concreta in un comportamento ripetuto nel tempo (c.d. *diuturnitas*) accompagnato dalla convinzione della obbligato-

APPROFONDIMENTO: Altri tipi di regolamento
Abbiamo fin qui analizzato i regolamenti presenti all'interno della gerarchia delle fonti (comunitari, parlamentari, e quelli dell'esecutivo). Tali tipologie non esauriscono però la categoria del regolamento. Esistono difatti altri tipi di regolamenti di cui è controversa la collocazione all'interno della gerarchia delle fonti.
Si possono ricordare i regolamenti delle Regioni (previsti dall'art. 123 Cost.) delle Province, dei Comuni e delle Città metropolitane che sono espressione della potestà regolamentare loro attribuita; i regolamenti con cui la Corte Costituzionale disciplina le proprie funzioni (tali regolamenti a norma dell'art. 137, co. 2, Cost. trovano il loro fondamento nella legge dello Stato cui pertanto sono subordinati). Parte della dottrina ritiene infine inquadrabili nella categoria delle fonti secondarie i regolamenti interni della Presidenza della Repubblica e del Consiglio dei ministri.

rietà del comportamento medesimo (c.d. *opinio juris ac necessitatis*).

Il rinvio alle consuetudini è previsto dall'art. 8 delle disp. prel. c.c. il quale recita: «Nelle materie regolate dalle leggi e dai regolamenti gli usi hanno efficacia solo in quanto sono da essi richiamati», ove per usi si intendono le consuetudini.

La consuetudine è quindi fonte fatto e fonte non scritta: le regole consuetudinarie non sono desumibili da atti scritti ma solo da fatti. La consuetudine diventa scritta nel senso che la regola consuetudinaria può essere tradotta in parole all'interno di un testo (ad es. quando un giudice richiama nella sentenza una regola consuetudinaria per motivare una decisione).

La consuetudine è stata la principale fonte del diritto degli ordinamenti del passato. Con l'avvento delle fonti scritte, la consuetudine si pone all'ultimo posto della scala gerarchica delle fonti (subordinata a tutte le altre) diventando, per usare un'espressione offerta da autorevole dottrina (RESCIGNO), «fonte cenerentola».

Secondo la tradizionale classificazione le consuetudini possono essere distinte in:

1) **consuetudini *praeter legem*** che regolano materie non disciplinate da leggi scritte;
2) **consuetudini *secundum legem*** richiamate da leggi scritte;
3) **consuetudini *contra legem*** cioè contrarie alle leggi.

Le consuetudini nella realtà rivestono ben poca importanza e risultano più che altro oggetto di attenzione da parte degli studiosi.

Alla consuetudine è possibile ricollegare alcune fattispecie: le consuetudini costituzionali e quelle internazionali.

Le c.d. **consuetudini costituzionali** sono relative a materie non dettagliatamente previste dalla Costituzione ma che nascono da prassi costituzionali: ad es. la formazione del governo.

Le consuetudini costituzionali devono essere distinte dalle c.d. **convenzioni costituzionali**, espressione utilizzata con riguardo all'esistenza di accordi taciti nei rapporti tra parti contrapposte che si formano in particolari circostanze.

Un cenno meritano infine le **consuetudini internazionali** che nascono da prassi consolidate nei rapporti fra gli Stati, rappresentando per lungo tempo la principale fonte regolatrice dei rapporti medesimi, e cui l'art. 10 della Costituzione espressamente rinvia.

RIEPILOGO

Il nostro ordinamento si caratterizza per la presenza di fonti fatto e fonti atto, fonti interne e fonti esterne.

Le fonti sono tradizionalmente ordinate secondo un criterio gerarchico che stabilisce la supremazia di una fonte rispetto alle altre. La **gerarchia delle fonti** risulta così strutturata da fonti costituzionali, fonti primarie, fonti secondarie, consuetudine.

Sono **fonti costituzionali** la Costituzione e le leggi costituzionali e di revisione costituzionale. Secondo parte della dottrina rientrano in tale categoria anche i trattati istitutivi delle comunità europee.

Sono **fonti primarie** dell'ordinamento italiano: le leggi, i decreti legge ed i decreti legislativi, i regolamenti comunitari, il referendum abrogativo, i regolamenti parlamentari, gli statuti regionali, provinciali e comunali, la legge regionale.

Sono fonti secondarie dell'ordinamento italiano i **regolamenti**, termine utilizzato non per indicare in senso tecnico un atto preciso ma più genericamente un atto a contenuto normativo. I regolamenti sono atti formalmente amministrativi (in quanto adottati dall'esecutivo) e sostanzialmente normativi (in quanto pongono norme). In virtù del loro contenuto normativo, i regolamenti sono fonti del diritto e la loro violazione configura una violazione di legge.

La **consuetudine** si concreta in un comportamento ripetuto nel tempo (c.d. *diuturnitas*) accompagnato dalla convinzione della obbligatorietà del comportamento medesimo (c.d. *opinio juris ac necessitatis*). La consuetudine è una fonte fatto e fonte non scritta. Secondo la tradizionale classificazione le consuetudini possono essere distinte in consuetudini *praeter legem* (che regolano materie non disciplinate da leggi scritte); consuetudini *secundum legem* (richiamate da leggi scritte); consuetudini *contra legem* (cioè contrarie alle leggi).

5. DIRITTI, DOVERI E LIBERTÀ FONDAMENTALI

La nostra Carta costituzionale, al pari di molte Costituzioni contemporanee, non si limita a porre i principi relativi all'organizzazione dello Stato ma riconosce l'esistenza dei diritti, dei doveri e delle libertà fondamentali degli individui.

Essi vengono riconosciuti agli individui considerati singolarmente o all'interno delle formazioni sociali. I diritti inviolabili, i doveri inderogabili ed alcuni diritti fondamentali dell'individuo vengono enunciati dalla Costituzione in apertura, in quanto principi fondamentali del nostro ordinamento. Ai diritti della personalità, a talune libertà e doveri sono invece dedicate, oltre le previsioni contenute nel Titolo I, Parte I, altre norme costituzionali.

5.1. DIRITTI E LIBERTÀ: CLASSIFICAZIONI

I diritti e le libertà esistenti e riconosciuti negli ordinamenti contemporanei sono molteplici e frutto di mutamenti storici e sociali.

Gli studiosi sono soliti usare un metodo di classificazione che si fonda sulla distinzione tra diritti e libertà di prima, seconda, terza e quarta generazione.

I diritti e le libertà di **prima generazione** hanno riguardo per lo più all'individuo singolarmente considerato. Rientrano in tale categoria le libertà civili e quelle politiche. Si definiscono pertanto diritti e libertà di prima generazione: il diritto alla vita e all'integrità fisica ovvero le libertà di pensiero, religione, stampa, associazione e partecipazione alla vita politica.

La **seconda generazione** ha invece riguardo agli aspetti sociali, economici e culturali della vita.

Sono diritti e libertà di seconda generazione il diritto al lavoro, il diritto alla salute e al benessere personale e della propria famiglia, il diritto alla scuola, la libertà della cultura. Tali diritti e libertà si differenziano da quelli di prima generazione in quanto sono di più difficile protezione e presuppongono un intervento dello Stato al fine di garantirne a tutti l'effettivo godimento.

I diritti e le libertà **di terza generazione** riguardano gli individui unitariamente considerati (la collettività) ed «[...] emersi in seguito all'evoluzione dei rapporti internazionali ed all'insorgere di nuovi valori inerenti alla salvaguardia della specie umana» (MARTINES). Tali diritti (anche detti diritti di solidarietà) sono il diritto all'autodeterminazione dei popoli; il diritto alla pace; il diritto allo sviluppo. In tale tipologia si fanno rientrare anche i diritti che riguardano le donne e i minori, trattandosi di soggetti più esposti alle violazioni e quindi meritevoli di adeguata tutela.

Sono infine diritti e libertà di **quarta** (o **ultima**) **generazione** quelli relativi al campo della bioetica, alle nuove tecnologie di comunicazione e agli animali. Tali diritti non sono ancora riconosciuti.

Ad eccezione di quelli di quarta generazione, tali diritti e libertà vengono accolti nel testo della Costituzione, che dedica loro singole norme.

Alcuni vengono addirittura elevati a livello di principi fondamentali dello Stato, mentre gli altri formano oggetto di specifiche parti del dettato costituzionale.

APPROFONDIMENTO: I nuovi diritti

Accanto alle tipologie sopraelencate se ne pone una ulteriore, i c.d. **nuovi diritti**.

Si tratta di una categoria complessa che è strettamente legata ai mutamenti sociali intervenuti negli ultimi anni.

I nuovi diritti ricomprendono diritti diversi. Di questi alcuni rappresentano l'esplicazione di diritti costituzionalmente previsti e garantiti (ad es. il diritto del malato che si ricollega al diritto alla salute, il diritto all'ambiente che si ricollega alla tutela del paesaggio); altri sono di nuova formazione (ad es. il diritto all'identità sessuale o il diritto alla casa).

Parte della dottrina ricomprende nella categoria dei nuovi diritti anche quelli di terza generazione o di solidarietà che derivano dall'evoluzione dei rapporti tra gli Stati e sono finalizzati alla protezione dell'umanità.

5.1. I DIRITTI INVIOLABILI ED I DOVERI INDEROGABILI

A norma dell'art. 2 Cost. «la Repubblica riconosce e garantisce i diritti inviolabili dell'uomo sia come singolo sia nelle formazioni sociali, ove si svolge la sua personalità, e richiede l'adempimento dei diritti e dei doveri inderogabili di solidarietà politica, economica e sociale».

La norma in questione prevede espressamente la tutela dei **diritti inviolabili** e dei **doveri inderogabili**.

I diritti inviolabili

Sono **diritti inviolabili** quelli che appartengono all'uomo (riconosciuti al singolo in quanto tale o in quanto membro di una formazione sociale) e non sono suscettibili di modificazioni.

La tutela dei diritti inviolabili è una delle colonne portanti del nostro ordinamento. Tali diritti non possono esser in nessun caso modificati (né da una legge ordinaria né da una legge costituzionale), pena lo stravolgimento dell'ordinamento stesso.

In quanto tali, i diritti inviolabili sono indisponibili ed intrasmissibili, appartengono a ciascun uomo e solo a lui e anche se non esercitati non possono mai cadere in prescrizione.

Tali diritti sono soltanto suscettibili di bilanciamento con altri diritti inviolabili o libertà fondamentali. Il **bilanciamento** si configura come **compressione**, **restrizione** o **limitazione** del contenuto di valore di questi diritti posto in essere per primarie esigenze di tutela di interessi costituzionalmente rilevanti.

La restrizione, compressione o limitazione del valore del diritto è ammissibile nella misura in cui sia fondamentale per la tutela di quell'interesse (Corte cost. sent. n. 366/1991).

Il bilanciamento viene effettuato dalla Corte costituzionale che, chiamata a risolvere questioni di costituzionalità in cui si registra un contrasto tra diritti o interessi diversi, dichiara quale è il diritto che deve essere limitato, ristretto o compresso. Ciò deve avvenire con il minor sacrificio possibile del diritto che viene sacrificato, il quale nei suoi elementi fondamentali rimane garantito.

I diritti inviolabili sono espressamente individuati da singole norme costituzionali e corrispondono:
1) al **diritto al lavoro** (art. 4 Cost.);
2) alla **libertà personale** (art. 13 Cost.);

3) al **domicilio** (art. 14 Cost.);
4) alla **libertà e segretezza della corrispondenza e delle comunicazioni** (art. 15 Cost.);
5) alla **libertà di pensiero, di opinione e alla libertà di stampa** (art. 21 Cost.);
6) al **diritto alla difesa** (art. 24 Cost.).

I DOVERI INDEROGABILI

La norma fa riferimento anche ai doveri inderogabili, cioè quelli dal cui adempimento il singolo non può sottrarsi. Sono **doveri inderogabili** sanciti da singole norme costituzionali:

1) il **dovere al lavoro** (art.4, c. 3): che per la sua importanza all'interno della società rappresenta non solo un diritto ma anche un dovere;
2) la **difesa della patria** (art. 52 Cost.): per lungo tempo si è ritenuto che il dovere di difesa coincidesse con il semplice obbligo di prestare il servizio militare, cui lo stesso art. 52 Cost. al comma 2 fa riferimento. La L. 331/2000 ha oggi sostituito il servizio militare di leva con quello professionale. Si ritiene che l'obbligo sancito dall'art. 52 si sostanzia nel dovere di ricorrere alle armi in difesa della Patria solo nel caso in cui sia stato proclamato dal Parlamento lo stato di guerra (e quindi solo quando l'Italia si trova coinvolta in un conflitto bellico);
3) l'**obbligo di contribuzione alle spese pubbliche** «[…] in ragione della [...] capacità contributiva» (e quindi in relazione al reddito), che l'art. 53 Cost. pone in capo ai cittadini e agli stranieri. È opportuno precisare che, in base al disposto dell'art. 23 Cost. le prestazioni patrimoniali possono essere richieste solo in base alla legge;
4) il **dovere di fedeltà alla Repubblica e di osservanza della Costituzione e delle leggi** (art. 54 Cost.).

Ai suddetti doveri va aggiunto anche il voto che l'art. 48 Cost. qualifica come diritto e dovere. Non si tratta però di un dovere inderogabile ma **civico** (affidato cioè alla coscienza dei cittadini), la cui violazione non comporta l'applicazione di sanzioni.

Seppur previsti da una medesima norma i diritti inviolabili ed i doveri inderogabili si differenziano tra di loro in quanto i primi sono in continua evoluzione in concomitanza con i mutamenti della società mentre i secondi non sono suscettibili di modifiche.

APPROFONDIMENTO: La tutela nazionale e internazionale dei diritti inviolabili.

Attesa la loro importanza, i diritti inviolabili sono destinatari di particolari forme di tutela a livello nazionale ed internazionale.

A livello nazionale l'essere contemplati dalla Carta costituzionale rappresenta una prima forma di garanzia. La nostra Costituzione è rigida e pertanto qualsiasi modifica delle sue disposizioni, comprese quelle relative ai diritti inviolabili, è sottoposta al procedimento aggravato di cui all'art. 138. La disciplina di tali diritti è rimessa alla legge dello Stato mentre il giudizio sulla loro applicazione spetta ai giudici. Esiste pertanto una riserva di legge e di giurisdizione.

Va inoltre ricordato che a norma dell'art. 24 Cost. è riconosciuto a tutti gli individui il diritto di agire in giudizio per la difesa dei propri diritti ed interessi legittimi.

A livello internazionale il primo passo verso il riconoscimento di forme di tutela è stato compiuto con la **Dichiarazione universale dei diritti dell'uomo**, adottata dall'ONU nel 1948. La dichiarazione è il più importante testo esistente in materia ed ha rappresentato il riferimento di testi e documenti successivi (per citarne qualcuno il Patto sui diritti civili e politici del 1966, la Convenzione sull'eliminazione di tutte le discriminazioni razziali del 1965, la Convenzione sui diritti del fanciullo del 1989).

Di particolare rilievo anche l'istituzione della **Corte penale internazionale**, creata nel 1989 e operante dal 2002, competente a conoscere e giudicare dei crimini di guerra e contro l'umanità.

A livello europeo va segnalata l'adozione da parte del Consiglio d'Europa della **Convenzione europea per la salvaguardia dei diritti dell'uomo e delle libertà fondamentali** (CEDU) del 1950 (ed entrata in vigore nel 1953) integrata successivamente da protocolli aggiuntivi per ulteriori forme di tutela non

previste nel testo originario. La Convenzione ha previsto l'istituzione della Corte europea dei diritti dell'uomo.
Il processo di integrazione europea è in generale stato caratterizzato dall'assenza di un testo relativo ai diritti inviolabili. Tale necessità era stata già avvertita dalla Corte di giustizia europea con la sentenza *Stauder*. La lacuna è stata nel tempo in parte colmata dai trattati di Maastricht (art. F attuale 6) e dal trattato di Amsterdam (art. 6, par. 1). Solo di recente si è giunti alla compilazione di un testo unico, la Carta dei diritti fondamentali dell'Unione europea, che nelle sei sezioni in cui è divisa (dignità, libertà, uguaglianza, solidarietà, cittadinanza e giustizia) elenca i diritti civili, politici, economici e sociali dell'Unione europea.
La **Carta dei diritti fondamentali dell'Unione europea** è stata proclamata a Nizza il 7 dicembre del 2000 e si applica alle istituzione ed organi dell'Unione europea e agli Stati.
Purtroppo, nonostante le dichiarazioni di intento iniziali, non va ad integrare i testi dei trattati e costituisce un documento privo di efficacia vincolante.

5.2. IL PRINCIPIO DI UGUAGLIANZA

Dispone l'art. 3 Cost. «Tutti i cittadini hanno pari dignità sociale e sono eguali davanti alla legge, senza distinzione di sesso, di razza, di lingua, di religione, di opinioni politiche, di condizioni personali e sociali.

È compito della Repubblica rimuovere gli ostacoli di ordine economico e sociale, che, limitando di fatto la libertà e l'uguaglianza dei cittadini, impediscono il pieno sviluppo della persona umana e l'effettiva partecipazione di tutti i lavoratori all'organizzazione politica, economica e sociale del Paese».

Per opinione concorde, l'uguaglianza sancita dalla norma costituzionale è:

1) **uguaglianza formale** (o **giuridica**) dei cittadini di fronte alle leggi, collegata al principio di ragionevolezza delle leggi in virtù del quale

le eventuali differenze di disciplina poste dal legislatore devono essere ragionevoli, ovvero adeguate e adatte al fine da perseguire;

2) **uguaglianza sostanziale** (o **di fatto**) che impone allo Stato la rimozione degli ostacoli di carattere economico-sociale alle libertà, ai diritti dei cittadini ed alla partecipazione alla vita pubblica dei lavoratori.

In ordine alla concreta applicazione del principio di uguaglianza, la Costituzione individua i casi di discriminazione che ne rappresentano la concreta violazione.

Sono difatti anzitutto vietate le discriminazioni fondate sul **sesso**. Il divieto di discriminazione fondata sul sesso ha avuto il suo primo riconoscimento con la concessione del voto alle donne. L'uguaglianza tra uomini e donne è oggi affermata da numerose leggi anche se il processo di riconoscimento è stato molto lungo. Ad es. l'uguaglianza morale e giuridica dei coniugi, seppur sancita dall'art. 29 Cost., ha trovato il suo formale riconoscimento con la riforma ad opera della L. 151/1975; l'uguaglianza tra lavoratori e lavoratrici, prevista dall'art. 37 Cost., frutto di numerose lotte sindacali, è stata gradualmente riconosciuta da numerose leggi.

Oggi a seguito della riforma costituzionale del 2003, viene favorito l'accesso delle donne alle cariche elettive (cfr. cap 8 § 8.2.).

Tutte le norme emanate nel corso del tempo sono oggi racchiuse nel **Codice delle pari opportunità tra uomo e donna** (d.lgs 198/2006).

Il divieto di discriminazioni fondate sulla **razza** sono storicamente spiegabili come reazione alla politica antisemita del nazismo e del fascismo e alle conseguenze che ne erano derivate (Olocausto).

La nostra società, a seguito delle numerose immigrazioni che hanno caratterizzato gli ultimi decenni, si configura sempre di più come società multirazziale. Di qui la necessità di regolare la posizione degli stranieri a cui si è provveduto con il d.lgs 286/1998 che vieta, tra l'altro, le discriminazioni in ragione della razza, del colore o dell'origine.

La Costituzione oltre a vietare le forme di discriminazione fondate sulla **lingua** prevede all'art. 6 anche la tutela delle minoranze linguistiche. Sono applicazioni concrete di tali previsioni costituzionali: la L. 482/1999 che tutela le minoranze linguistiche storiche e le numerose leggi regionali che provvedono in materia (soprattutto nelle regioni dove risiedono tali minoranze). La Corte Costituzionale inoltre, con la sent. 28/1982 ha riconosciuto alle popolazioni bilingue (o alloglotte) il diritto di utilizzare la propria lingua nella scuola, nelle pubbliche amministrazioni e nei processi.

Il divieto di discriminazioni fondate sulla **religione** si ricollega alla uguaglianza davanti alla legge di tutte le confessioni religiose sancita dall'art. 8, co. 1, Cost. Ciò è espressione del carattere laico dello Stato italiano, riconosciuto con il Concordato del 1984, che assicura la libertà di culto e l'uguaglianza di tutte le religioni.

In applicazione del divieto di discriminazione fondata sulla religione, la Corte costituzionale ha dichiarato con la sent. 168/2005 l'incostituzionalità degli artt. 403, commi 1 e 2, c.p. che prevedevano sanzioni più gravi nei casi di offesa al culto cattolico e meno gravi nei casi di offesa alle altre confessioni.

Al divieto di discriminazioni fondate sulla religione si ricollega anche l'art. 20 Cost. a norma del quale «il carattere ecclesiastico ed il fine di religione o di culto d'una associazione o di una istituzione non possono essere causa di speciali limitazioni legislative, né di speciali gravami fiscali, per la sua costituzione, capacità giuridica e ogni forma di attività».

Non sono infine ammissibili discriminazioni fondate sulle **opinioni politiche** o sulle **condizioni personali e sociali**.

Il primo divieto, che si ricollega alla previsione dell'art. 22 Cost., è frutto di una reazione alle attività persecutorie del regime fascista contro gli oppositori politici.

La discriminazione fondata sulle condizioni personali e sociali è intesa come disparità di trattamento nei confronti delle persone affette da disabilità cui la L. 167/2006 garantisce forme di tutela.

5.3. I DIRITTI DELLA PERSONALITÀ

Si definiscono **diritti della personalità** quelle situazioni giuridiche soggettive che appartengono all'uomo perché afferiscono alla sua persona e che vengono acquistate dal momento della nascita.

Stante la loro importanza, i diritti di personalità non sono solo costituzionalmente garantiti ma sono tutelati da leggi civili e penali.

Sono diritti della personalità:

1) il **diritto alla vita**: la sacralità di tale diritto viene costituzionalmente garantita attraverso il divieto della pena di morte sanci-

to dall'art. 27 Cost. Nel nostro ordinamento il diritto alla vita è riconosciuto tanto alla persona nata quanto al nascituro, fermo restando l'ammissibilità della interruzione di gravidanza – introdotta con la L. 194/1978 – nei casi previsti previsti dalla legge; il diritto all'integrità fisica: ogni uomo ha diritto a disporre del proprio corpo. Tale libertà incontra tuttavia i limiti posti dall'art. 5 del c.c. a norma del quale «gli atti di disposizione del proprio corpo sono vietati quando cagionino una diminuzione permanente della integrità fisica, o quando siano altrimenti contrari alla legge, all'ordine pubblico o al buon costume». L'importanza di tale diritto è oggi riconosciuta anche dalla Carta dei diritti fondamentali dell'Unione Europea. Nel nostro ordinamento sono oggi ammessi da numerose leggi i trapianti di organi. Numerose polemiche sono state invece suscitate dalle c.d. pratiche eugenetiche che mirano al miglioramento della specie umana attraverso la selezione dei caratteri genetici. In Italia tali pratiche sono state vietate con la L. 40/2004. Ricollegata al divieto di cui all'art. 5 c.c. è anche la legge 7/2006 che pone il divieto di mutilazioni dei genitali effettuate su donne e bambine in osservanza di credi religiosi;

2) il **diritto all'integrità morale**: garantito attraverso la previsione di pene e l'obbligo di risarcimento del danno (compreso quello morale) nei casi di ingiuria, diffamazione ed in generale in tutte le ipotesi di violazione del decoro, onore e reputazione della persona;
3) il **diritto all'immagine**: tutelato dall'art. 10 c.c. a norma che prevede il risarcimento del danno nei casi di pubblicazione di immagine senza il consenso dell'interessato (configurandosi un abuso). La pubblicazione delle immagini è difatti ammessa dalla legge in determinati casi: quando si tratta di persona che goda di notorietà in ragione dell'ufficio che ricopre (per es. il Presidente della Repubblica), quando la pubblicazione dell'immagine sia giustificata da fatti di interesse pubblico o da esigenze di giustizia e di polizia, quando non venga pregiudicato il decoro o l'onore della persona;
4) il **diritto al nome**: previsto dall'art. 22 Cost. a norma del quale «nessuno può essere privato, per motivi politici [...] del nome». Attesa l'importanza del diritto al nome, gli artt. 6 e 10 c.c. garantiscono l'uso esclusivo del proprio nome (ma anche dello pseudonimo o nome d'arte, quando rivestono la stessa importanza del nome).

5) il **diritto alla riservatezza**: a difesa della sfera privata e personale della persona. Tale diritto non è espressamente previsto dalla Costituzione ma è desumibile dalle norme costituzionali a tutela delle manifestazioni di tale diritto: l'inviolabilità del domicilio, la segretezza della corrispondenza.

È opportuno precisare che i diritti della personalità sono in continua evoluzione e pertanto accanto a quelli sopraelencati se ne possono porre di nuovi.

5.4. LE LIBERTÀ FONDAMENTALI

Il riconoscimento delle **libertà** degli individui rappresenta una delle più importanti conquiste degli Stati moderni.

Come sottolineato da autorevole dottrina (MARTINES) il «riconoscimento giuridico delle libertà (e la conseguente autolimitazione dello Stato) segna il passaggio dallo Stato assoluto allo Stato di diritto e la conquista della qualità di cittadino da parte di chi prima era considerato solo suddito».

Le libertà vengono tradizionalmente distinte in due categorie: libertà negative e libertà positive.

Le **libertà negative**, tipiche dello Stato di diritto, sono strettamente legate al concetto di autonomia ed indipendenza, si configurano come libertà *erga omnes* (verso tutti, non solo lo Stato).

Le **libertà positive** nascono col passaggio dallo Stato di diritto allo Stato sociale. Tali libertà non si limitano al riconoscimento di determinati diritti ma forniscono i mezzi per realizzarli, consentendo una effettiva partecipazione alla vita politica, economica e sociale del Paese.

Le libertà positive riconosciute dalla nostra Costituzione sono: la libertà personale, la libertà di domicilio, la libertà e segretezza della corrispondenza, la libertà di circolazione e soggiorno, la libertà di riunione, la libertà di associazione, la libertà di religione, la libertà di pensiero, la libertà di stampa.

PAROLA CHIAVE: Libertà
Legato al concetto di autonomia, si configura come assenza di

limitazioni e costrizioni (cioè liberi da qualcuno o da qualcosa). Il concetto di libertà ha assunto nel corso della Storia significati differenti. Le libertà costituzionalmente garantite sono quelle che garantiscono l'autonomia degli individui in relazione ai pubblici poteri.

La libertà personale

La **libertà personale** va intesa come assenza da forme di violenza che la limitino o la impediscano.

La dottrina dominante ricomprende nel concetto di libertà personale oltre alla libertà fisica anche la libertà morale «[...] vale a dire la pretesa dei singoli all'autodeterminazione ed alla integrità della propria coscienza, che non deve essere coartata [...]» (MARTINES).

La libertà personale è espressamente prevista dall'art. 13 Cost. che, oltre a sancirne l'inviolabilità al comma 1, stabilisce al comma 2 che «non è ammessa forma alcuna di detenzione, di ispezione e perquisizione personale, né qualsiasi altra restrizione della libertà personale, se non per atto motivato dell'autorità giudiziaria e nei soli casi e nei modi previsti dalla legge».

La norma individua innanzitutto alcuni modi tipici di limitazione della libertà personale (detenzione, ispezione e perquisizione) e con la formula «qualsiasi altra forma di restrizione» si riferisce agli altri modi di limitazione (ad es. l'arresto, il fermo di indiziati di delitto ecc.).

Tuttavia tali forme di limitazioni non possono essere mai arbitrarie e pertanto l'art. 13 pone a tutela della libertà personale una riserva di legge (la materia potrà pertanto essere disciplinata solo con legge che stabilirà le ipotesi e le modalità di limitazione della libertà personale) ed un riserva di autorità giudiziaria (che attribuisce solo ai giudici il potere di adottare i provvedimenti restrittivi che devono essere motivati).

Al comma 3 l'art. 13 attribuisce alle autorità di pubblica sicurezza (la polizia giudiziaria per intenderci) eccezionalmente nei soli casi di necessità ed urgenza la possibilità di adottare provvedimenti restrittivi della libertà personale che devono essere comunicati entro quarantotto ore all'autorità giudiziaria e da questa convalidati nelle 48 ore successive, pena la decadenza degli stessi.

Alla libertà personale possono inoltre collegarsi altre norme costituzionali quali l'art. 14 (libertà di domicilio); l'art. 23 Cost. a norma del quale «Nessuna prestazione personale o patrimoniale può essere imposta se non in base alla legge» (c.d. principio di legalità); l'art. 24 (il diritto alla difesa in giudizio, assicurato anche ai non abbienti con l'ammissione al gratuito patrocinio); l'art. 26 Cost. (l'estradizione del cittadino, che a norma può avvenire solo nei casi previsti dalle convenzioni internazionali e mai per motivi politici); l'art. 27 (il divieto della pena di morte).

La libertà di domicilio

La **libertà di domicilio** è riconosciuta dall'art. 14 Cost. a norma del quale «Il domicilio è inviolabile.

Non vi si possono eseguire perquisizioni o sequestri, se non nei casi e nei modi stabiliti dalla legge secondo le garanzie prescritte per la tutela della libertà personale.

Gli accertamenti e le ispezioni per motivi di sanità pubblica o a fini economici e fiscali sono regolati da leggi speciali».

La nozione di domicilio ci viene offerta dall'art. 43 c.c. che lo qualifica come il luogo in cui una persona ha stabilito la sede principale dei suoi affari e dei suoi interessi. Nel concetto di domicilio viene ricompreso da autorevole dottrina «[...] qualunque luogo in cui una persona riesca ad isolarsi dal mondo esterno ed a mettersi al riparo da ogni invasione (volontaria o involontaria) della sua sfera privata (ad esempio, oltre l'abitazione abituale, anche una dimora precaria, come una camera d'albergo, la cabina di una nave, una roulotte, una tenda, ecc)» (MARTINES). L'inviolabilità del domicilio espressamente sancita dal comma 1 dell'art. 14 incontra delle eccezioni previste dal comma 2 (non vi si possono eseguire ispezioni o perquisizioni o sequestri, se non nei casi e modi stabiliti dalla legge secondo le garanzie prescritte per la tutela delle libertà personali) e 3 (gli accertamenti e le ispezioni per motivi di sanità ed incolumità pubblica o a fini economici e fiscali sono regolati da leggi speciali).

I limiti alla libertà ed inviolabilità del domicilio sono ammissibili quindi nella misura in cui tendono a tutelare prioritari interessi, costituzionalmente garantiti.

La libertà e segretezza della corrispondenza

La **libertà e segretezza della corrispondenza** sono tutelate dall'art. 15 Cost. a norma del quale «La libertà e la segretezza della corrispondenza e di ogni altra forma di comunicazione sono inviolabili.

La loro limitazione può avvenire soltanto per atto motivato dell'autorità giudiziaria con le garanzie stabilite dalla legge».

Rientrano nel concetto di corrispondenza non solo le lettere scritte (c.d. corrispondenza epistolare) ma anche la corrispondenza telefonica e telegrafica.

Tale libertà spetta a tutti gli individui (cittadini e non) considerati singolarmente o all'interno delle formazioni sociali; non solo alle persone fisiche ma anche a quelle giuridiche.

La tutela di tali libertà è duplice nel senso che riguarda sia colui che effettua la comunicazione sia il destinatario della stessa.

La libertà e la segretezza della corrispondenza (e di ogni altra forma di comunicazione) possono essere limitate mediante sequestro ed intercettazione telefonica, solo atto motivato dell'autorità giudiziaria. Anche in questo caso, come per la libertà personale, la Costituzione pone una riserva di autorità giudiziaria attribuendo solo ai giudici il potere di adottare provvedimenti restrittivi, nel rispetto delle garanzie stabilite dalla legge.

La libertà di circolazione e soggiorno

La **libertà di circolazione e soggiorno** è prevista dall'art. 16 Cost. «Ogni cittadino può circolare e soggiornare liberamente in qualsiasi parte del territorio nazionale, salvo le limitazioni che la legge stabilisce in via generale per motivi di sanità o di sicurezza. Nessuna restrizione può essere determinata da ragioni politiche.

Ogni cittadino è libero di uscire dal territorio della repubblica e di rientrarvi, salvo gli obblighi di legge».

La libertà di circolazione e soggiorno si concreta in libertà di circolare nel territorio dello Stato e libertà di soggiorno all'interno di esso (fissando la propria residenza, il proprio domicilio o la propria dimora) che possono essere limitate solo per motivi di sanità o sicurezza e mai limitate per ragioni politiche e libertà di entrare ed uscire dal territorio dello Stato (salvo gli obblighi di legge).

La norma pone pertanto una riserva di legge attribuendo solo alla legge il potere di limitare la libertà di circolazione e soggiorno. Tuttavia si tratta di una riserva relativa in quanto tale libertà può essere limitata, per motivi di sanità e sicurezza pubblica, con provvedimento dell'autorità amministrativa (ad. es. nel caso di epidemia, al fine di evitare il diffondersi della stessa, è possibile vietare l'ingresso e l'uscita da un determinato luogo; c.d. cordone sanitario).

Quanto alle limitazioni poste dalla legge, esse possono concretarsi ad es. nel divieto di soggiorno in uno o più comuni diversi da quello di residenza; nell'obbligo di soggiorno nel comune di residenza per motivi di tutela della pubblica sicurezza.

L'art. 16 Cost. può altresì essere collegato alla previsione dell'art. 120 Cost. (che vieta alle Regioni l'adozione di provvedimenti che ostacolino la libera circolazione delle persone e delle cose tra le Regioni) e a quella dell'art. 35 Cost. (libertà di emigrazione che si richiama alla libertà di espatrio).

La libertà di riunione

La **libertà di riunione** prevista dall'art. 17 Cost. il cui comma 1 stabilisce «I cittadini hanno diritto di riunirsi pacificamente e senza armi».

Per riunione si intende «[...] qualunque raggruppamento di persone non stabile e non occasionale». Le riunioni vanno distinte dagli **assembramenti** (raggruppamenti di persone occasionali determinati da circostante improvvise ed impreviste), dalle **dimostrazioni** (ovvero raggruppamenti di persone che manifestano per motivi civili o politici) e dalle **assemblee** (raggruppamenti stabili di persone).

A seconda del luogo le riunioni possono essere private (se si svolgono in luogo privato), aperte al pubblico (se si svolgono in luoghi privati ma l'accesso è garantito a tutti), pubbliche (se si svolgono in luoghi pubblici. Di tali riunioni deve essere dato preavviso almeno tre giorni prima alle autorità che le possono vietare per motivi di sicurezza o incolumità pubblica).

Il diritto di riunione spetta a tutti gli individui (singolarmente considerati); esso è sottoposto a due limiti relativi alla forma (che deve essere pacifica e senza armi) ovvero all'obbligo di comunicazione (nel caso di riunioni pubbliche).

La dottrina ricollega alla libertà di riunione anche il diritto di riunirsi in assemblea (riconosciuto ai lavoratori ma anche agli studenti all'interno della scuola) e il diritto di corteo che viene definito «riunione in movimento».

La libertà di associazione

La **libertà di associazione,** tutelata dall'art. 18 Cost., si configura come libertà di costituire o aderire ad una associazione (ma anche libertà di recedervi).

Le associazioni sono quindi delle formazioni sociali organizzate e caratterizzate dai comuni interessi dei membri.

La Costituzione vieta le associazioni segrete e quelle che perseguono, anche indirettamente, scopi politici mediante organizzazioni aventi carattere militare. L'art. 1 della L. 17/1982 definisce segrete le associazioni che «anche all'interno di associazioni palesi, occultando la loro esistenza ovvero tenendo segrete congiuntamente finalità ed attività sociali ovvero rendendo sconosciuti, in tutto o in parte ed anche reciprocamente, i soci, svolgono attività diretta ad interferire sull'esercizio delle funzioni di organi costituzionali, di amministrazioni pubbliche, anche ad ordinamento autonomo, di enti pubblici anche economici, nonché di servizi pubblici essenziali all'interesse nazionale». Se una sentenza ne accerta la costituzione tali associazioni vengono sciolte dal Presidente del Consiglio dei ministri (previa deliberazione del Consiglio dei ministri). Sono militari le associazioni che presentano al loro interno una struttura di tipo gerarchico-militare. Per espressa previsione dell'art. 3, co. 3, L. 654/1975 (come modificato dalla legge 205/1993) sono vietate anche le associazioni la cui finalità sia l'incitamento alla discriminazione o alla violenza per motivi razziali, etnici, nazionali o religiosi.

Il riconoscimento della libertà di associazione deriva dal rilievo che le formazioni sociali (ad es. la famiglia, la scuola, i partiti) acquistano all'interno del nostro ordinamento.

Collegata alla libertà di associazione è anche la libertà di religione prevista dall'art. 19 Cost. (che può essere esercitata in forma associata) e la possibilità concessa alle religioni non cattoliche di organizzarsi secondo un proprio statuto (purché questo non contrasti con l'ordinamento giuridico italiano).

LA LIBERTÀ DI RELIGIONE

La religione ha assunto nei secoli un'importanza notevole all'interno della compagine sociale al punto di essere stata spesso causa, come la Storia ci insegna, di sanguinose guerre.

La libertà di religione e la tolleranza religiosa costituiscono quindi una enorme conquista dei nostri tempi. La **libertà di religione** è prevista dall'art. 19 Cost. «Tutti hanno diritto di professare la propria fede religiosa in qualsiasi forma, individuale o associata, di farne propaganda e di esercitarne in privato o in pubblico il culto, purché non si tratti di riti contrari al buon costume».

La libertà di religione è libertà di professione e di esercizio della propria fede, in qualsiasi luogo o forma, e di divulgazione della stessa. Ma essa è anche libertà a non essere costretti alla professione di un credo e a non avere un credo (libertà di ateismo).

Tale libertà viene limitata solo in caso di culti e riti contrari al buon costume, da intendere come contrarietà alla morale sessuale comune.

Per espressa previsione dell'art. 8, co. 1, Cost. «Tutte le religioni sono egualmente libere davanti alla legge». Va però precisato che se ciò è vero, è altrettanto corretto affermare che nel nostro Paese diversi sono i modi di regolazione dei rapporti tra Stato e Chiesa cattolica, ovvero Stato e altre confessioni religiose.

APPROFONDIMENTO: Lo Stato, la Chiesa e le altre confessioni religiose

I rapporti tra lo Stato italiano e la Chiesa cattolica ovvero tra lo Stato e le altre confessioni religiose sono regolati in maniera differente.

Quanto ai primi, a norma dell'art. 7 Cost. «Lo Stato e la Chiesa cattolica sono, ciascuno nel proprio ordine, indipendenti e sovrani.

I loro rapporti sono regolati dai Patti lateranensi. Le modificazioni dei Patti, accettate dalle due parti, non richiedono procedimento di revisione costituzionale».

I trattati stipulati tra Stato e Chiesa sono veri e propri trattati internazionali (essendo lo Stato Vaticano uno Stato indipendente e sovrano) e prendono tradizionalmente il nome di **Concordati**.

I rapporti tra Stato e Chiesa sono regolati con i **Patti Lateranensi** stipulati l'11 febbraio 1929 tra Mussolini e Pio XI, con cui si pose fine alla questione romana (relativa all'indipendenza dallo Stato della Chiesa e del Papa sorta a seguito dell'annessione di Roma all'Italia nel 1870, che aveva sancito la fine dello Stato della Chiesa). Per espressa previsione della norma costituzionale i Patti possono essere modificati solo con legge ordinaria, previo accordo tra le parti. Quindi né lo Stato né la Chiesa possono apportare unilateralmente modificazioni agli stessi.

Autorevole dottrina ha in proposito osservato che l'art. 7 «[…] non può essere interpretato nel senso che lo Stato Italiano si è impegnato irrevocabilmente al regime concordatario con la Chiesa cattolica. A stretto diritto una legge di revisione costituzionale (per quanto la cosa appaia oggi del tutto improbabile) potrebbe ben *abolire* l'art. 7 ed eliminare la situazione di privilegio della Chiesa cattolica, che automaticamente verrebbe ricompresa tra le confessioni religiose previste dal successivo art. 8 e dagli articoli 19-20» (RESCIGNO).

I Patti Lateranensi sono stati sostituiti dal concordato del 1984 (**Concordato di Villa Madama**), frutto di un lungo lavoro diplomatico, che presenta alcune novità quali abrogazione del principio della religione di Stato e l'introduzione del matrimonio concordatario (cioè degli effetti civili del matrimonio celebrato secondo rito cattolico).

Quanto ai rapporti dello Stato con le altre confessioni religiose, l'art. 8 Cost., oltre a sancire la libertà di tutte le confessioni religiose diverse da quella cattolica, riconosce alle stesse il dirit-

to di organizzarsi secondo propri statuti, che non devono però essere in contrasto con l'ordinamento giuridico. La possibilità concessa alle confessioni non cattoliche di dotarsi di propri statuti implica la loro autonomia e indipendenza.
La norme precisa che i rapporti tra queste e lo Stato devono essere regolati con legge, previa intesa con le rispettive rappresentanze. Tali intese vengono qualificate dalla dottrina come convenzioni di diritto pubblico interno.
In proposito è stato osservato che la Costituzione riserva un diverso trattamento alle confessioni non cattoliche rispetto a quello previsto per la Chiesa cattolica. Ciò è stato spiegato da un lato con la lentezza con cui lo Stato ha proceduto alle intese, dall'altro con il ritardo con cui si è addivenuti alla modifica dei Patti Lateranensi.

La libertà di pensiero

La **libertà di pensiero** si configura come libertà di manifestare le proprie idee ed i propri pensieri in relazione a qualsiasi argomento o materia. Tale libertà è tipica di tutti i regimi democratici.

A norma del co. 1 dell'art. 21 Cost. può essere manifestata in forma orale, scritta o con altri mezzi di diffusione (ad es. una fotografia, un dipinto, un disegno).

Tale libertà incontra limiti che derivano dalla tutela della riservatezza e onorabilità altrui (il pensiero espresso non deve comportare una lesione della dignità, onore o privacy) e dal buon costume (nel caso di offesa del comune senso del pudore o della pubblica decenza). La manifestazione del pensiero è vietata quando comporta la violazione del segreto giudiziario, del segreto di Stato (la cui divulgazione potrebbe cagionare un danno alla sicurezza dello Stato) e nell'ipotesi di apologia di reato (che non costituisce una manifestazione di pensiero ma un comportamento idoneo a provocare delitti e per tal motivo inammissibile, Corte Cost. sent. 65/1970).

LA LIBERTÀ DI INFORMAZIONE E DI STAMPA

Anche tali libertà sono previste dall'art. 21 Cost.

La **libertà di informazione** costituisce una esplicazione della manifestazione del pensiero e si realizza con il diritto ad informare, ad informarsi e ad essere informati. La libertà di informazione si realizza per mezzo della stampa e di ogni altro mezzo di informazione (la radio, la televisione, gli spettacoli etc.).

Collegata alla libertà di pensiero e di informazione è la **libertà di stampa** che seppur tutelata dallo Stato (al fine di garantire l'indipendenza dei giornalisti) e dalla Costituzione laddove prevede che non può essere soggetta ad autorizzazioni o censura, incontra numerosi limiti previsti dalla Costituzione (col divieto di pubblicazioni stampate contrarie al buon costume) e anche dalle leggi penali; queste ultime fanno sorgere in capo del direttore responsabile una particolare responsabilità che deriva dall'obbligo di vigilare sui contenuti dei testi da stampare. Sono collegati alla libertà di stampa il diritto di cronaca (ovvero la diffusione di fatti ed avvenimenti e il commento degli stessi) nei limiti della verità e della oggettività ed il diritto di informazione (cioè il diritto ad informare e ad essere informati).

5.5. LA CONDIZIONE GIURIDICA DELLO STRANIERO

A norma dell'art. 10, co. 2, Cost. «La condizione giuridica dello straniero è regolata dalla legge in conformità delle norme e dei trattati internazionali».

Gli stranieri vengono divisi in due categorie in relazione alle quali diversa è la disciplina giuridica:

1) i **cittadini extracomunitari** (cui sono equiparati gli **apolidi**);
2) i **cittadini comunitari**.

Per i primi la disciplina è dettata dal d.lgs 286/1998 (**Testo Unico delle diposizioni in materia di immigrazione e condizione giuridica dello straniero**) e successive integrazioni.

L'ingresso in Italia dei cittadini extracomunitari è consentito solo per motivi di turismo, studio, lavoro, cure familiari e culto. L'ingresso è subordinato al possesso del passaporto (o documento equivalente) e del visto di ingresso (rilasciato in relazione alla finalità del viaggio dalle autorità diplomatiche e consolari competenti).

Il cittadino extracomunitario viene respinto (ed accompagnato alla frontiera) in tre casi:

1) assenza di uno dei requisiti previsti dal testo unico (motivo del viaggio o mancanza della regolare documentazione);
2) quando eludendo i controlli alla frontiera sia fermato all'ingresso;
3) quando sia stato ammesso temporaneamente sul territorio dello Stato per necessità di pubblico soccorso.

Il respingimento è disposto dal questore.

La permanenza nel territorio dello Stato è invece subordinata al possesso del permesso o della carta di soggiorno.

I casi di **espulsione** sono individuati dagli artt. 13-16 d.lgs 286/1998. L'espulsione può essere disposta per motivi di sicurezza o ordine pubblico (c.d. espulsione amministrativa) ovvero ordinata da un giudice nei casi di condanna per delitti di cui agli artt. 380 e 381 c.p. (per i quali è a seconda della gravità previsto l'arresto obbligatorio o facoltativo in flagranza) o come misura sostitutiva alla detenzione.

È ammessa inoltre l'espulsione anche degli stranieri la cui permanenza possa in qualsiasi modo favorire organizzazioni o attività terroristiche (D.L. 144/2005 convertito nella L. 155/2005).

A differenza dei cittadini extracomunitari, quelli comunitari godono del diritto di circolare e soggiornare nel territorio degli Stati membri. Tale diritto viene espressamente riconosciuto dall'art. 18, paragrafo 1, del Trattato di Maastricht, che ha introdotto nuove disposizione in materia di cittadinanza.

Occorre ricordare che i Paesi che hanno aderito all'accordo di Schengen del 1985 hanno abolito gli obblighi del controllo alle frontiere (che vengono posti in essere solo per motivi di ordine pubblico e sicurezza nazionale). Tuttavia per espresse disposizioni comunitarie all'atto di attraversamento dei confini è necessario esibire un valido documento di identità.

Nel nostro ordinamento i principi comunitari in tema di libertà di circolazione e soggiorno sono stati recepiti con numerosi atti e da ultimo con il d.lgs 30/2007 (come modificato dal d.lgs 32/2008).

Tale decreto ha dato attuazione della direttiva 2004/38/CE che individua i titolari dei diritti di circolazione e soggiorno e le modalità del loro esercizio.

RIEPILOGO

I diritti e le libertà esistenti e riconosciuti negli ordinamenti contemporanei sono molteplici e frutto di mutamenti storici e sociali.

Gli studiosi sono soliti usare un metodo di classificazione che si fonda sulla distinzione tra diritti e libertà di prima, seconda, terza e quarta generazione.

Sono **diritti inviolabili** quelli che appartengono all'uomo e sono riconosciuti al singolo in quanto tale o in quanto membro di una formazione sociale e non sono suscettibili di modificazioni. La tutela dei diritti inviolabili è una delle colonne portanti del nostro ordinamento.

Sono **doveri inderogabili** sanciti da singole norme costituzionali la difesa della patria, l'obbligo di contribuzione alle spese pubbliche, il dovere di fedeltà alla Repubblica e di osservanza della Costituzione e delle leggi.

Si definiscono **diritti della personalità** quelle situazioni giuridiche soggettive che appartengono all'uomo perché afferiscono alla sua persona e che vengono acquistate dal momento della nascita.

Stante la loro importanza i diritti di personalità non sono solo costituzionalmente garantiti ma sono tutelati da leggi civili e penali.

Il riconoscimento delle **libertà** degli individui rappresenta una delle più importanti conquiste degli Stati moderni. Le libertà costituzionalmente garantite sono in generale quelle che garantiscono l'autonomia degli individui in relazione ai pubblici poteri. Le libertà vengono tradizionalmente distinte in due categorie: libertà **negative** e **libertà positive**.

A norma dell'art. 10, co. 2, Cost. «La condizione giuridica dello straniero è regolata dalla legge in conformità delle norme e dei trattati internazionali».

6. I RAPPORTI ETICO-SOCIALI

In accoglimento dei principi propri della solidarietà sociale, la Costituzione disciplina anche le formazioni sociali in cui si manifesta e sviluppa la personalità umana. Tali formazioni sono la famiglia, la scuola, ma anche i partiti, i sindacati e le associazioni religiose o di altro tipo.

Alla disciplina della famiglia e della scuola è dedicata la **Parte II** del **Titolo I** (Rapporti etico sociali) della Costituzione, mentre le restanti formazioni sono oggetto di disciplina in sezioni differenti.

Accanto alla famiglia e alla scuola, viene prevista anche la tutela del diritto della salute che non è solo individuale ma interesse della collettività. La sua qualificazione alla stregua di diritto sociale ne spiega la trattazione nella parte relativa ai rapporti etico-sociali.

Connesso a questo è il diritto all'ambiente che non è espressamente previsto dalla Parte II ma ad essa si ricollega per le necessarie conseguenze che la sua tutela ha, oltre per il singolo, anche per la collettività.

6.1. LA FAMIGLIA

La Costituzione riconosce l'importanza della **famiglia** in quanto rappresenta la prima formazione sociale in cui si sviluppa la personalità dell'uomo.

Recita l'art. 29 Cost. «La Repubblica riconosce i diritti della famiglia come società naturale fondata sul matrimonio».

Il dettato della norma eleva la famiglia a formazione che non deriva direttamente dallo Stato ma risulta basata su una scelta libera ed autonoma dei coniugi di cui viene stabilita l'uguaglianza morale e giuridica. Tale uguaglianza, seppur espressamente sancita dal comma 2 dell'art. 29 incontra, per espressa previsione della stessa norma, «[...] i limiti posti dalla legge a garanzia dell'unità familiare».

L'uguaglianza morale e giuridica dei coniugi è stata realizzata solo nel tempo. Al momento dell'entrata in vigore della Costituzione vigeva difatti il codice civile del 1942 il quale prevedeva un tipo di famiglia patriarcale (che implicava la completa sottomissione della donna alla c.d. potestà maritale). Tale scenario è mutato radicalmente a seguito della novella del 1975 che ha eliminato ogni forma di discriminazione tra uomo e donna sancendone la perfetta parità di condizione (sia nei loro rapporti, sia nell'educazione e gestione dei figli) introducendo nuovi obblighi per entrambi i coniugi, oltre quelli previsti dall'art. 30 Cost.

APPROFONDIMENTO: La riforma del diritto di famiglia

Le novità introdotte dalla L. 19 maggio 1975, n. 151 sono state rispetto al **rapporto tra i coniugi**:

- l'abolizione della potestà maritale e di ogni forma di prevalenza (morale e giuridica) del marito sulla moglie: i coniugi hanno oggi pari dignità e le decisioni più importanti che riguardano la famiglia devono essere assunte congiuntamente, in base alle esigenze personali di entrambi ma soprattutto quelle prioritarie della famiglia. In caso di mancato raggiungimento di un accordo è previsto l'intervento del giudice;
- la previsione dell'obbligo di collaborazione alla vita familiare cui entrambi i coniugi devono contribuire in relazione alle proprie sostanze e alle proprie capacità di lavoro (quindi sia con il lavoro professionale sia con quello casalingo di cui viene riconosciuta l'importanza);
- l'istituzione della comunione legale volontaria dei beni fra coniugi;
- la soppressione dell'istituto della dote.

In ordine al **rapporto tra genitori-figli** la legge prevede:

- l'abolizione della patria potestà, ovvero la soggezione dei figli al solo padre, prevista dal codice prima della riforma e oggi sostituita dalla **potestà parentale** che spetta ad entrambi i coniugi;
- l'obbligo dei genitori di mantenimento, istruzione ed educazione dei figli (in considerazione delle loro capacità, inclinazioni ed aspirazioni);
- l'eliminazione dell'espressione «figlio illegittimo» con

cui un tempo venivano designati i figli nati fuori dal matrimonio sostituita con quella di «figlio naturale» e il riconoscimento di uguali diritti per i figli legittimi e per quelli naturali.

La recente L. 54/2006 riconosce, in caso di separazione tra coniugi, l'affidamento condiviso dei figli.

Quanto all'istituto del matrimonio è opportuno ricordare che il nostro ordinamento riconosce effetti civili sia al matrimonio civile che a quello concordatario (cioè celebrato dinanzi ad un ministro di culto) e che la legge 898 del 1970 ha introdotto l'istituto del divorzio.

A tutela di tale formazione sociale la Costituzione prevede all'art. 31 l'intervento dello Stato attraverso aiuti economici alle famiglie, soprattutto quelle numerose, e la protezione della maternità e della gioventù anche attraverso appositi istituti (i consultori).

In ordine alla protezione della maternità va segnalato che la L. 194/1978 garantisce il diritto alla procreazione cosciente e responsabile. Tuttavia poiché la maternità può essere in contrasto con esigenze, specie di salute, delle donne oggi è ammessa la pratica dell'interruzione di gravidanza sia per le donne adulte sia per le minorenni (con l'assenso dei genitori, di chi esercita la potestà parentale, o con autorizzazione del giudice tutelare). Tale legge, ammettendo l'interruzione di gravidanza, ha contribuito a rivalutare i diritti e la posizione delle donne, nella famiglia e nella società.

Un cenno merita la più recente L. 40/2004 in materia di procreazione assistita il cui art. 7 prevede che il Ministro della Salute (oggi Ministro del Lavoro, della salute e delle Politiche sociali), con l'ausilio dell'Istituto Superiore della Sanità e sentito il parere del Consiglio di Stato, stabilisca con proprio decreto le tecniche e le modalità della procreazione assistita.

La famiglia in quanto formazione sociale è in continua evoluzione col mutare della società. Oggigiorno difatti accanto alle famiglie in senso tradizionale si affiancano le famiglie di fatto, ovvero unioni tra persone non legate da vincolo di matrimonio.

Il riconoscimento delle **coppie di fatto** è oggetto di vivaci dibattiti nell'ambito dell'opinione pubblica. Pur non essendo postE ancora sullo stesso piano, le famiglie di fatto sono connotate dagli stessi tratti salienti delle famiglie tradizionali (ad es. l'uguaglianza della coppia nei loro rapporti e nella educazione e mantenimento dei figli) mentre altri aspetti necessitano di un intervento normativo.

PAROLA CHIAVE: Novella
Termine utilizzato nel linguaggio giuridico per indicare la sostituzione o la riforma di una materia contenuta in una norma o in una legge con una norma o legge successiva.

6.2. LA SALUTE

La **salute** è diritto riconosciuto dalla Costituzione e tutelato dallo Stato in quanto «[…] fondamentale diritto dell'individuo e interesse della collettività» (art. 32 Cost.).

Il diritto alla salute è riconosciuto ad ogni uomo e si sostanzia nel rispetto dell'integrità psico-fisica che non deve essere minacciata e compromessa né dagli altri individui né dallo Stato stesso.

In applicazione dei principi della solidarietà sociale, il diritto alla salute si configura inoltre come interesse della collettività, pertanto degno di protezione. Il diritto alla salute quale interesse della collettività implica il dovere per il singolo di non danneggiare o ledere, con i propri comportamenti, la salute altrui.

Il diritto alla salute è inoltre diritto soggettivo, cioè un diritto riconosciuto al soggetto dall'ordinamento che ne garantisce la tutela. Per tale motivo non solo deve essere preservato e difeso dalle altrui aggressioni o violazioni ma è altresì meritevole di una tutela risarcitoria. Per tali casi si configura il c.d. danno biologico.

Il diritto alla salute è stato garantito a livello statale con l'introduzione, ad opera della legge 23 dicembre 1978, n. 833, del Servizio sanitario nazionale che assicura l'assistenza medica.

In quanto diritto imprescindibile dell'uomo, il diritto alla salute va assicurato, per espressa previsione costituzionale, anche agli indigenti (che non sono in grado di pagarsi materialmente le cure mediche). Il Servizio sanitario nazionale in tali casi erogherà le prestazioni gratuitamente.

A norma del comma 2 dell'art. 34 «Nessuno può essere obbligato a un determinato trattamento sanitario se non per disposizione di legge. La legge non può in nessun caso violare i limiti imposti dal rispetto della persona umana».

Come si evince dalla lettura della norma, se esiste il diritto alla salute costituzionalmente garantito non esiste invece un obbligo di curarsi. Il ricevimento delle cure mediche e la sottoposizione ai trattamenti sanitari rimane pertanto una libera scelta dell'individuo che incontra solo i limiti posti dalla tutela della salute dei terzi e della collettività.

Va però precisato che i trattamenti, che siano obbligatori o scelti volontariamente dall'individuo, non devono essere tali da lederne la dignità (ad es. il c.d. accanimento terapeutico).

Va infine ricordato che la Corte di cassazione con la sent. 5172/1979 ricollega al diritto alla salute anche il diritto alla salubrità dell'ambiente.

6.3. LA CULTURA E L'INSEGNAMENTO

Lo Stato riconosce i valori fondamentali della **cultura** e dell'**istruzione** quali strumenti in grado di contribuire allo sviluppo della personalità umana nell'ambito della collettività.

L'art. 9 Cost. attribuisce alla Repubblica i compiti di promozione della cultura e della ricerca tecnico scientifica e della tutela del patrimonio storico ed artistico della Nazione.

Tali compiti si sostanziano nella promozione e nell'attività di ricerca scientifica e tecnica, nella promozione delle attività culturali (cinema, teatro, musica etc.) e nella tutela e valorizzazione del patrimonio artistico dello Stato del quale deve essere assicurata a tutti la fruibilità.

Essi vengono attuati dallo Stato sia a livello centrale sia attraverso l'affidamento delle relative attività alle diverse articolazioni di cui lo Stato si compone, in ossequio al riparto di competenze previsto dall'art. 117 Cost.

La tutela della cultura da parte dello Stato non può in alcun modo legittimare comportamenti che impongono determinati orientamenti o prospettive, consentendo l'affermarsi della c.d. cultura di regime.

Alla libertà della cultura si ricollega la previsione del comma 1 dell'art. 33 Cost. secondo cui «L'arte e la scienza sono libere e libero ne è l'insegnamento».

Tali libertà sono direttamente connesse alla libertà di pensiero e quindi vengono svolte in assenza di vincoli di ogni ordine o tipo (morali, religiosi, politici o ideologici).

Autorevole dottrina ha osservato al riguardo che «La libertà di insegnamento artistico e scientifico consiste nel garantire il docente contro ogni costrizione o condizionamento da parte dei pubblici poteri. Nell'ambito, cioè, delle *norme generali sull'istruzione* dettate dalla Repubblica [...] deve essere assicurata al docente un'assoluta autonomia circa gli indirizzi e gli orientamenti culturali da elaborare o da seguire. Il docente ha, pertanto, il diritto di comunicare le proprie idee e di esporre le proprie teorie ed in genere, il proprio modo di intendere e risolvere i problemi scientifici, morali ed artistici, religiosi ecc, a coloro ai quali impartisce l'insegnamento, purché rispetti a sua volta la libertà del discente e ne stimoli il senso critico facendo conoscere per debita obiettività anche le tesi diverse dalle sue» (MARTINES).

L'uomo come è libero nell'esercizio delle predette attività così è libero di diffondere i risultati dei propri studi e delle proprie ricerche ovvero di qualsiasi teoria che ritenga accettabile: tale è l'**insegnamento** che non deve incontrare limiti ma il cui compito primario rimane sempre la promozione e la diffusione della cultura.

La libertà di insegnamento comunque potrà incontrare dei limiti allorché l'insegnamento venga prestato in istituti nei quali appaiono prevalenti alcune tematiche di natura religiosa od altro. In tali casi il docente dovrà attenersi, nell'esercizio delle sue funzioni, ai valori ed ai temi che la scuola ha indicato.

6.4. LA SCUOLA

L'importanza della **scuola**, quale mezzo di diffusione della cultura, è riconosciuta dalla Costituzione agli artt. 33 e 34. Come sottolineato da autorevole dottrina, la scuola «[...] assolve il compito di preparare culturalmente l'individuo, in modo che questo possa, superato lo stadio scolare, inserirsi con una idonea preparazione di base nel mondo del lavoro» (MARTINES).

Per espressa previsione dell'art. 34, co. 1, Cost. «La scuola è aperta a tutti». La scolarizzazione rappresenta non solo un diritto ma anche un dovere e per tal motivo la norma introduce la c.d. scuola dell'obbligo, con durata fissata in 8 anni e gratuita.

Sul presupposto che le capacità ed i meriti dell'individuo vadano premiati, la norma prevede l'accesso ai più alti gradi di studio (le scuole secondarie superiori) per tutti anche da parte di chi versi in condizioni economiche disagiate attraverso l'erogazione di borse di studio, assegni alle famiglie o altre provvidenze assegnate per concorso.

La previsione di forme di aiuti economici statali a favore degli indigenti non costituisce una violazione del principio di uguaglianza ma una sua applicazione specifica in quanto si creano le condizioni di perfetta parità tra chi può pagarsi autonomamente gli studi e chi versi nella difficoltà di farlo.

Quanto alla struttura, il sistema scolastico italiano si caratterizza per la presenza di istituti statali e di istituti paritari privati e degli enti locali. Tali istituti vengono istituti con legge che ne fissa diritti e obblighi e devono assicurare ai propri scolari secondo il dettato dell'art. 33, co. 4, Cost., un trattamento scolastico equipollente a quello impartito nelle scuole statali.

Secondo la definizione offertaci da autorevole dottrina la struttura interna della scuola ha «[…] natura pluralistica. La Costituzione, cioè, ha prefigurato un sistema in cui non sia mortificata la personalità *in fieri* dello scolaro con un unico *tipo* o *modello* pedagogico […]» (MARTINES).

Alla luce di siffatte considerazioni è possibile sostenere che l'attuale sistema scolastico non solo garantisce la pluralità dei metodi di insegnamento ma evita ogni forma di monopolio da parte dello Stato (che andrebbe pertanto a cozzare con la libertà di insegnamento).

Sia per gli istituti statali che per quelli paritari è previsto, al termine del ciclo di studi di ogni grado o ordine, lo svolgimento di un esame di Stato (previsto dalla norma altresì per l'abilitazione all'esercizio delle professioni).

È importante sottolineare che se la libertà di istituire scuole private o di enti è costituzionalmente garantita dall'art. 3, co. 3, Cost. la parificazione con gli istituti statali non è automatica ma vincolata a precise valutazioni e all'esistenza di determinati requisiti. In materia oggi provvede la legge 62/2000 che reca norme in materia di parità scolastica e disposizioni sul diritto allo studio e all'istruzione.

Un discorso a parte va fatto per le Università che vengono qualificate alla stregua di persone giuridiche (art. 6 L. 189/1968) ed incluse tra le amministrazioni pubbliche non statali (art. 1 d.lgs 165/2001).

Le **Università** vengono considerate i luoghi deputati alla formazione culturale dell'individuo e dove si effettua la parte più rilevante dell'attività di ricerca.

A norma dell'ultimo comma dell'art. 33 «Le istituzioni di alta cultura, università ed accademie, hanno il diritto di darsi ordinamenti autonomi nei limiti stabiliti dalla legge dello Stato».

Le Università godono di autonomia non solo didattica e scientifica ma anche organizzativa (potendo adottare dei propri Statuti), finanziaria e contabile. I limiti stabiliti dalla legge dello Stato, cui la norma fa riferimento, implicano però un controllo dello Stato soprattutto dal punto di vista economico (in quanto è lo Stato che stanzia i fondi da destinare alla attività di ricerca).

6.5. L'AMBIENTE

Il Titolo II della Parte I della Cost. non detta norme in materia di **ambiente**. Tuttavia tale tematica viene trattata insieme ai rapporti etico sociali, per le sue connessioni con il diritto alla salute e con gli interessi della collettività.

L'ambiente è oggi sempre di più oggetto di attenzione da parte degli studiosi e dell'opinione pubblica, fatto in parte spiegabile con le conseguenze che derivano dall'inquinamento. La qualità dell'ambiente è connessa con la qualità della vita umana,. ogni danno all'ambiente impedisce infatti agli individui il godimento dei diritti essenziali (ad es. il diritto alla salute, il diritto ad un ambiente salubre).

Il concetto di ambiente è piuttosto ampio: ad esso si possono ricollegare tutte quelle attività (ad esempio, la salvaguardia di piante e animali, dei ghiacciai, dei fiumi, dei monti) connesse alla conservazione dell'ecosistema e volte alla salvaguardia dell'ambiente nel suo complesso.

La Costituzione non parla di ambiente ma di tutela del paesaggio (da intendersi come bellezza dei luoghi) e di patrimonio storico-artistico (in cui vanno ricomprese non solo le opere d'arte o le testimonianze storiche segno delle passate generazioni ma anche i luoghi in cui esse materialmente si trovano) la cui tutela è affidata dall'art. 9 alla Repubblica.

Il concetto di ambiente non è quindi espresso ma solo desumibile, oltre che dall'art. 9, anche da altre norme costituzionali quali l'art. 32 (diritto alla salute), l'art. 42 (che vieta l'iniziativa economica in contrasto con l'utilità sociale) e l'art. 44 (sullo sfruttamento del suolo).

L'importanza dell'ambiente è oggi riconosciuta anche a seguito della sentenza della Corte Costituzionale 641/1987 che lo eleva al rango di diritto fondamentale dell'individuo e di interesse della collettività; la Corte ha difatti precisato che la tutela dell'ambiente ha lo scopo primario di creare «[...] un *habitat* naturale nel quale l'uomo agisce e che è necessario alla collettività e, per essa, ai cittadini».

L'ambiente è un bene giuridico che viene pertanto tutelato attraverso l'applicazione di norme penali, civili ed amministrative.

In materia di tutela ambientale è mancata per lungo tempo una disciplina organica.

Un primo passo importante verso il riconoscimento dell'ambiente è stato fatto con l'istituzione nel 1986 del Ministero dell'ambiente e con l'adozione delle prime leggi in materia.

Attualmente la disciplina in materia ambientale è dettata dal d.lgs.152/2006 (modificato dal recente d.lgs. 4/2008) recante **norme in materia ambientale**. La disciplina dettata mira al miglioramento della qualità della vita umana, da realizzarsi attraverso la salvaguardia dell'ambiente ed una razionale utilizzazione delle risorse naturali.

La legge 152/2006 prevede tra l'altro incentivi per le fonti di energia rinnovabile (con la finalità di raggiungere gli obiettivi fissati con il Trattato di Kyoto); l'utilizzazione della Valutazione di impatto ambientale (V.I.A.), un'indagine sulle possibili conseguenze che un progetto può avere sull'ambiente; l'adeguamento della disciplina nazionale a quella comunitaria.

APPROFONDIMENTO: Il protocollo di Kyoto

Il **protocollo di Kyoto** è un trattato internazionale in materia ambientale (riguardante il riscaldamento globale) sottoscritto nella città giapponese di Kyoto l'11 dicembre 1997 da più di

160 Paesi in occasione della Conferenza COP3 della Convenzione quadro delle Nazioni Unite sui cambiamenti climatici.
Con l'adesione al trattato i Paesi industrializzati si sono impegnati a ridurre le emissioni di elementi inquinanti in una misura non inferiore al 5% rispetto alle emissioni registrate nel 1990 (preso come anno di riferimento) per il periodo 2008-2012.
Il protocollo di Kyoto prevede la possibilità di utilizzare i c.d. Meccanismi Flessibili che sono dei meccanismi di mercato con cui diminuire le emissioni al minor costo possibile. Il principale meccanismo flessibile previsto è il Meccanismo di Sviluppo Pulito.
Per l'entrata in vigore del trattato era stata richiesta la ratifica di almeno 55 nazioni. Ciò è avvenuto solo il 16 febbraio 2005, dopo la ratifica anche da parte della Russia.

RIEPILOGO

La Costituzione riconosce l'importanza della **famiglia** in quanto rappresenta la prima formazione sociale in cui si sviluppa la personalità dell'uomo.

L'art. 29 Cost. eleva la famiglia a formazione che non deriva direttamente dallo Stato ma risulta basata su una scelta libera ed autonoma dei coniugi di cui viene stabilita l'uguaglianza morale e giuridica.

La **salute** è diritto riconosciuto dalla Costituzione e tutelato dallo Stato in quanto «[…] fondamentale diritto dell'individuo e interesse della collettività» (art. 32 Cost.).

Lo Stato riconosce i valori fondamentali della **cultura** e dell'**istruzione** quali strumenti in grado di contribuire allo sviluppo della personalità umana nell'ambito della collettività. Alla libertà della cultura si ricollega la previsione del comma 1 dell'art. 33 Cost. secondo cui «L'arte e la scienza sono libere e libero ne è l'insegnamento».

L'importanza della **scuola**, quale mezzo di diffusione della cultura, è riconosciuta dalla Costituzione agli artt. 33 e 34.

Le **Università** vengono considerate i luoghi deputati alla formazione culturale dell'individuo e dove si effettua la parte più rilevante dell'attività di ricerca. Esse godono di autonomia non solo didattica e scientifica ma anche organizzativa (potendo adottare dei propri Statuti), finanziaria e contabile.

Il Titolo II della Parte I della Cost. non detta norme in materia di **ambiente**. Tuttavia la tale tematica viene trattata insieme ai rapporti etico sociali per le sue connessioni con il diritto alla salute e con gli interessi della collettività.

7. I RAPPORTI ECONOMICI

Il **Titolo III**, **Parte I**, della Costituzione è relativo ai **rapporti economici**: tale sezione comprende le norme costituzionali relative al lavoro, alle organizzazioni sindacali, all'iniziativa economica, alla proprietà, alla tutela dell'artigianato, al risparmio e al credito.

La scelta di ricomprendere all'interno dello stesso titolo tematiche così differenti è stato frutto di un compromesso tra le differenti forze politiche (liberali, comuniste, cattoliche, socialiste) presenti in seno all'Assemblea Costituente che attribuivano diversa rilevanza a ciascun aspetto e nasce dall'esigenza di soddisfare aspettative diverse.

Il Titolo III inerisce al modo in cui si atteggiano i rapporti tra Stato ed economia.

7.1. IL LAVORO

L'importanza del **lavoro** e la sua funzione all'interno dello Stato viene espressamente riconosciuta dalla Costituzione che in apertura all'art. 1 solennemente proclama «L'Italia è una repubblica democratica fondata sul lavoro».

Il lavoro è il primo diritto sociale riconosciuto all'uomo: attraverso il lavoro l'individuo può affermare la propria autonomia, indipendenza e dignità sociale; come tale è sia fonte di sostentamento sia presupposto per l'esercizio di altri diritti.

Il lavoro all'interno del nostro ordinamento si configura come diritto (ad esercitarlo), come libertà (perché ogni individuo è libero di scegliere, secondo le proprie capacità e attitudini, il lavoro o la professione che predilige) e come dovere inderogabile (come previsto dall'art. 4, co. 2).

Il diritto al lavoro è espressamente sancito dall'art. 4, co. 1, Cost. che non si limita al mero riconoscimento ma pone in capo alla Repubblica il compito di promuovere le condizioni che ne rendano effettivo l'esercizio. La dottrina ha al riguardo sottolineato che l'obiettivo dell'Assemblea Costituente era quello di garantire la piena occupazione di tutti i cittadini. Nell'ipotesi che ciò non potesse accadere (come in effetti non è accaduto) la Costituzione prevede, all'art. 38 comma 1, il mantenimento e l'assistenza sociale in favore dei cittadini inabili al lavoro o indigenti, per garantire loro i mezzi necessari di sostentamento ed una vita dignitosa.

Il titolo III detta numerose norme in materia di lavoro.

All'art. 41 attribuisce allo Stato la tutela del lavoro «in tutte le sue forme ed applicazioni»; la cura della formazione e della crescita professionale dei lavoratori e la promozione di accordi od organizzazioni internazionali «[...] intesi ad affermare e regolare i diritti di lavoro».

Stante l'importanza di tale diritto, la Costituzione riconosce e tutela il diritto di emigrazione dei cittadini per motivi di lavoro, che può essere limitato solo dagli obblighi previsti dalla legge.

Il lavoratore ha diritto a percepire, ex art. 42 Cost., una giusta retribuzione, cioè proporzionata alla quantità ed alla qualità del lavoro ed in ogni caso tale da consentire il sostentamento del lavoratore (che attraverso la retribuzione potrà assicurare a se stesso ed alla propria famiglia una esistenza dignitosa).

Autorevole dottrina ha osservato in proposito che «[...] la Costituzione italiana correttamente si preoccupa di garantire quella che è la condizione minima per la riproduzione della forza lavoro, e cioè quel minimo salariale [...] che permette al lavoratore di vivere e prolificare [...]» (RESCIGNO).

La Costituzione assicura, in applicazione del principio di uguaglianza, la parità di trattamento tra uomini e donne cui sono assicurati – a parità di lavoro – le stesse condizioni e la stessa retribuzione. A tale disposizione si è data attuazione dapprima con la L. 903/1977 e poi con la L. 125/1991, entrambe confluite nel Codice delle pari opportunità tra uomini e donne del 2006.

La Costituzione riserva alla legge la determinazione della durata della giornata lavorativa e dell'ètà minima del lavoro salariato.

La Costituzione assicura inoltre l'assistenza e la previdenza sociale a tutti i lavoratori. Tale garanzia assume un significato particolare rispetto ai lavoratori subordinati che sono così tutelati nell'ipotesi in cui, un incidente sul posto di lavoro, possa compromettere la propria capacità lavorativa, comportando conseguenze economiche gravi per loro stessi e per la loro famiglia.

La tutela del lavoratore oggi è stata ulteriormente rafforzata con l'introduzione dello **Statuto dei lavoratori** con la L. 20 maggio 1970, n. 300 che attribuisce in capo ai lavoratori ed ai datori di lavoro diritti e doveri. Lo Statuto dei lavoratori, in particolare, riconosce ai lavoratori la libertà di manifestare le proprie opinioni sul luogo di lavoro; il diritto ad essere adibiti alle mansioni per cui sono stati assunti; il diritto di associarsi in sindacati e di esercitare attività sindacale. Ai datori di lavoro è fatto divieto di sorvegliare il personale dipendente con mezzi occulti (telecamere), personale esterno al luogo di lavoro, di discriminare i lavoratori, di adibire i lavoratori a mansioni inferiori etc.

Le previsioni costituzionali in materia di lavoro si esauriscono con l'art. 46 Cost. che attribuisce a tutti i lavoratori il diritto di collaborare alla gestione dell'azienda, secondo le modalità e nei limiti stabiliti dalle leggi. L'attribuzione di tale diritto assume una particolare importanza sul piano economico sociale: attraverso la partecipazione dei lavoratori, l'azienda potrà elevarsi e soddisfare le esigenze di produzione.

7.2. LE ORGANIZZAZIONI SINDACALI E IL DIRITTO DI SCIOPERO

I sindacati e il diritto di sciopero possono configurasi come *forme di autotutela* concesse ai lavoratori.

A livello costituzionale esse sono previste dagli artt. 39 e 40.

APPROFONDIMENTO: Le organizzazioni sindacali

La libertà di organizzarsi in sindacati è il risultato di lunghe battaglie e il suo riconoscimento rappresenta una fondamentale conquista di civiltà.

Storicamente le prime forme di associazioni di lavoratori si formano in Inghilterra verso la fine del Settecento. Esse si diffonderanno nel corso del XIX secolo in Europa ma saranno fortemente osteggiate (ad es. in Francia nel 1791, nel mezzo della rivoluzione, fu adottata la **Legge Chapelier** che puniva aspramente le associazioni operarie).

A livello internazionale la più grande organizzazione sindacale è stata L'Internazionale Sindacale sorta nel 1901 e a cui aderirono i sindacati inglesi, francesi e statunitensi. L'Internazionale arrivò addirittura a contare nel 1921 ben venticinque milioni

di adesioni.
In Italia la prima forma di unione di lavoratori si rinviene nel 1870 con la costituzione della Società di Mutuo Soccorso. L'aumento dei movimenti sindacali andrà di pari passo con lo sviluppo delle industrie.
I movimenti sindacali saranno fortemente osteggiati dallo Stato fascista che ne decretò lo scioglimento e la loro sostituzione con le corporazioni.
Soltanto la resistenza ed i movimenti di Liberazione daranno nuova linfa al sindacalismo libero permettendone la rinascita fino alla sua consacrazione a libertà nella Carta costituzionale.

LE ORGANIZZAZIONI SINDACALI

I **sindacati** sono associazioni tra più persone. Nella realtà odierna si hanno singoli sindacati o confederazioni o federazioni sindacali che nascono dalla unione di più associazioni sindacali. Le più importanti presenti in Italia sono la C.G.I.L. (Confederazione generale italiana dei lavoratori), la C.I.S.L. (Confederazione sindacati lavoratori) e la U.I.L. (Unione Italiana del lavoro).

È importante sottolineare che non solo i lavoratori, ma anche i datori di lavoro, possono associasi in sindacati. Tra questi si possono ricordare la Confindustria (Confederazione generale dell'industria italiana), la Confcommercio (Confederazione generale del commercio), la Confagricoltura (Confederazione generale dell'agricoltura). Non è possibile invece costituire sindacati misti (di lavoratori e datori di lavoro) che come sottolineato da autorevole dottrina «[...] possono esistere, e sono infatti esistiti, solo dove e quando lo Stato ha vietato la libertà di organizzazioni sindacale [...]. Tale la situazione durante il fascismo, in cui le corporazioni [...] rappresentavano legalmente (e quindi non volontariamente) sia i datori di lavoro che lavoratori dipendenti di uno stesso settore» (RESCIGNO).

La possibilità di associarsi in sindacati è prevista dall'art. 39 Cost. che la qualifica come libertà. Essa è riconducibile alla più generale libertà di associazione prevista dall'art. 18 Cost. e va intesa in più accezioni: libertà di costituirsi in sindacati, libertà di associarsi o non associarsi a sindacati già esistenti, libertà di esercizio dei diritti sindacali. La libertà di associarsi in sindacati è pertanto una libertà negativa. Ma la libertà sindacale è, nel rispetto dell'ordinamento, anche libertà rispetto al fine da raggiungere, all'organizzazione da adottare e ai mezzi con cui svolgere le attività sindacali.

I sindacati sono dotati di uno Statuto che, in base a quanto previsto dal comma 3 dell'art. 39, deve sancirne l'ordinamento interno a base democratica. Tale disposizione impedisce qualsiasi intervento dello Stato in ordine all'organizzazione interna (oltre che alle attività sindacali).

L'esistenza di uno statuto che stabilisca l'organizzazione interna è presupposto per la registrazione, secondo le norme di legge, dei sindacati presso gli uffici centrali o locali. Tale registrazione è l'unico obbligo (anche se la dottrina più che di obbligo parla di onere) che in base alla Costituzione può essere imposto ai sindacati. Con la registrazione i sindacati acquistano personalità giuridica: potranno pertanto assumere la rappresentanza degli iscritti e stipulare contratti collettivi nazionali.

Attualmente non è stata ancora adottata la c.d. **legge sindacale** che dovrebbe disciplinare le procedure di registrazione dei sindacati; per tale motivo non è ancora possibile parlare di sindacati-persone giuridiche.

APPROFONDIMENTO: La contrattazione collettiva

Si definiscono contratti **collettivi di lavoro** quelli stipulati dai sindacati.

La contrattazione collettiva può essere nazionale di categoria o integrativa locale. I sindacati hanno il compito di vigilare sull'esecuzione del contratto assumendo, se necessario, tutte le iniziative consentite per garantirne il rispetto.

I contratti collettivi sono oggi considerati contratti collettivi di diritto pubblico e di conseguenza fonte primaria del diritto pur trattandosi di «[...] fonti del diritto non statali, la cui formazione è riservata dalla Costituzione alla determinazione autonoma delle associazioni contrapposte dei lavoratori e dei datori di

lavoro […]» (MARTINES).
In linea teorica tali contratti, non esistendo ancora sindacati registrati, soggiacciono alla disciplina codicistica dei contratti (artt. 1321 e ss. c.c.) e dovrebbero valere solo tra le parti. Ciò è smentito nella realtà dal disposto dell'art. 39 Cost. a norma del quale essi hanno «[…] efficacia obbligatoria per tutti gli appartenenti alle categorie alle quali il contratto si riferisce».

Lo sciopero

Oltre ai contratti collettivi di lavoro (che sono veri e propri contratti normativi cui si uniformeranno i singoli contratti individuali), l'altro strumento utilizzato dai sindacati è lo **sciopero** ovvero l'astensione collettiva dal lavoro promossa dai sindacati quale forma di protesta contro le decisioni che vanno ad incidere sul lavoratore.

Lo sciopero è un diritto costituzionalmente garantito ed anch'esso risultato di lunghi anni di rivendicazioni e lotte operaie.

L'art. 40 Cost. dispone «Il diritto di sciopero si esercita nell'ambito delle leggi che lo regolano».

Attualmente provvede la L. 146/1990 la quale rappresenta la prima legge organica adottata in materia dall'entrata in vigore della Costituzione.

Prima dell'entrata in vigore della **legge sullo sciopero**, questo incontrava i limiti posti dagli artt. 330 e 331 c.p. (che punivano lo sciopero nei servizi essenziali). La L. 146/1990 ha mutato tale scenario.

Innanzitutto ha abrogato le norme del codice penale; la legge poi regola le modalità di esercizio dello sciopero nei servizi pubblici essenziali (che è ammissibile e può essere esercitato con preavviso di almeno 10 giorni, indicazione della durata e a condizione che siano assicurati i servizi pubblici essenziali). Il mancato rispetto di tali disposizioni comporterà sanzioni a carico del lavoratore che si sia ingiustificatamente assentato. La legge prevede altresì che i ministri competenti ed i prefetti possano, in casi di urgenza o grave necessità pubblica, precettare i lavoratori obbligandoli a non interrompere il lavoro.

Ulteriori limiti al diritto di sciopero sono stati previsti da altre leggi per talune categorie: ad es. la L. 382/1978 vieta lo sciopero ai militari (i quali non possono altresì associarsi in sindacati o aderire a quelli esistenti) e agli appartenenti alla Polizia di Stato (perché se effettuato, soprattutto durante il servizio, potrebbe compromettere la sicurezza e l'ordine pubblico).

7.3. LA LIBERTÀ DI INIZIATIVA ECONOMICA

La **libertà di iniziativa economica** viene consacrata dalla Costituzione. Essa si concreta nella libertà degli individui di intraprendere attività economiche, con organizzazione delle risorse.

Al pari delle altre libertà incontra dei limiti che, nel caso di specie, vengono fissati dall'art. 41 Cost. a norma del quale tale libertà non può essere esercitata in contrasto con la collettività sociale (che ne sarebbe danneggiata) o in modo da cagionare danni alla sicurezza, libertà e dignità umana.

Per espressa previsione della norma, sarà la legge a stabilire i programmi e i controlli opportuni affinché tale libertà (pubblica o privata) sia indirizzata e coordinata ai fini sociali.

La libertà di iniziativa economica è concessa indistintamente a tutti gli individui: in tal modo si escludono posizioni di vantaggio a favore di chi abbia assunto per primo l'iniziativa economica di una attività.

Tale libertà è tutelata dallo Stato solo se viene esercitata secondo le regole della leale concorrenza.

Sono pertanto vietate le pratiche o i comportamenti da cui possa discendere un danno per il mercato e per i consumatori (ad es. un accordo tra imprese).

La disciplina viene oggi dettata dalla L. 287/1990 contenente norme per la tutela della concorrenza e del mercato con la quale è stata istituita **l'Autorità garante della concorrenza e del mercato** (composta da un Presidente e da 4 membri nominati d'intesa dai Presidenti di Camera e Senato) con compiti di vigilanza sul rispetto della normativa antitrust e dotata di poteri istruttori, decisionali e consultivi.

L'ingresso del nostro Paese nel Mercato Unico europeo ha aperto il mercato favorendo l'ingresso in Italia di imprese straniere

Posto che la libertà economica spetta a tutti a prescindere dalla Nazione di provenienza, l'iniziativa economica viene oggi esercitata da imprese straniere non soggette agli stessi controlli o vincoli posti a quelle nazionali. Per tali motivi sta prendendo sempre più piede il sistema delle liberalizzazioni.

L'attuale aspetto del mercato e dell'economia potrebbe oggi rendere necessaria una rivisitazione dell'art. 41 che appare in parte superato.

7.3. LA PROPRIETÀ

Nella parte relativa ai rapporti economici viene ricompresa anche la **proprietà** cui vengono dedicati tre articoli della Costituzione.

L'art. 42 innanzitutto individua l'oggetto della proprietà che può essere pubblica o privata.

Rientrano nel concetto di **proprietà pubblica** i beni pubblici, cioè quelli che appartengono allo Stato, alle Regioni, alle Province, ai Comuni o agli altri enti pubblici. La tutela di tali beni è prevista dall'art. 9 Cost. laddove attribuisce alla Stato la tutela del paesaggio e del patrimonio storico artistico della Nazione.

Si definisce proprietà privata quella che appartiene al privato.

APPROFONDIMENTO: I beni pubblici

I beni pubblici differiscono per il diverso regime giuridico cui sono sottoposti. I beni pubblici si distinguono in demaniali e patrimoniali.

Si definiscono **beni pubblici demaniali** quelli che soddisfano un interesse o un bisogno pubblico. Essi possono appartenere allo Stato (c.d. demanio necessario; ad es. una spiaggia) o ad un ente territoriale (c.d. demanio accidentale; ad es. le strade). Tali beni sono inalienabili. Possono formare oggetto di diritti dei terzi, solo nei casi e con i limiti stabiliti dalle leggi in materia.

I **beni pubblici patrimoniali** si differenziano a loro volta in beni indisponibili (che cioè non possono essere sottratti alla loro destinazione se non nei casi e nei modi stabiliti dalla legge; ad es. una miniera) e beni disponibili (cioè i beni di proprietà pubblica che non sono indisponibili; possono essere beni mobili o immobili e sono sottoposti alla stessa disciplina prevista per la proprietà privata).

A norma dell'art. 42 Cost. la **proprietà privata** viene garantita dalla legge, che ne determina i modi di acquisto, di godimento ed i limiti. Ciò allo scopo di assicurare la funzione sociale della proprietà privata e renderla accessibile a tutti.

La dottrina ha in proposito sottolineato che la norma contemporaneamente riconosce un diritto (alla proprietà), individua una funzione sociale (utilità per la collettività) e utilizza il criterio dell'accessibilità (da parte di tutti in quanto il diritto alla proprietà spetta a tutti).

La proprietà privata, nei casi previsti dalla legge, può essere espropriata per interessi di motivo generale.

L'espropriazione consiste nella sottrazione al suo titolare di un bene per motivo di pubblico interesse. L'espropriazione di un bene privato da parte dello Stato è quindi ammessa nei casi previsti dalla legge e deve essere sottesa alla sussistenza di un interesse pubblico generale (quindi una pubblica utilità) che la giustifica.

In proposito è stato osservato che «L'istituto dell'espropriazione [...] mentre sembra essere il limite maggiore e più incisivo della proprietà, si rivela una garanzia fondamentale della sua esistenza» (RESCIGNO).

A fronte della perdita del bene, il titolare dello stesso riceve un indennizzo che, come ha precisato la Corte costituzionale, non va inteso come indennità per la perdita del bene ma bensì «un ristoro serio e tale da non ledere il principio costituzionale di uguaglianza». I criteri di determinazione dell'indennizzo, che deve essere congruo ed adeguato in relazione al danno subito dal privato, sono stati fissati dapprima con la L. 359/1992 e oggi con la L. 244/2007.

A ben vedere l'art. 42 Cost. pone contemporaneamente una riserva di legge (in quanto l'espropriazione può essere disposta solo con legge) e l'obbligo di corresponsione dell'indennizzo.

L'art. 43 Cost. prevede che si possa con legge «[...] riservare originariamente o trasferire, mediante espropriazione e salvo indennizzo, allo Stato, ad enti pubblici o comunità di lavoratori o di utenti determinate imprese o categorie di imprese [...]».

Il trasferimento a favore dello Stato, di enti pubblici o comunità di lavoratori o di utenti (individuate nelle società cooperative) riguarda solo le imprese e le categorie di imprese che si riferiscano a servizi pubblici essenziali o a fonti di energia o a situazioni di monopolio ed abbiano carattere di interesse generale. Presupposto per il trasferimento è l'esistenza di una pubblica utilità.

L'art. 44 Cost. pone invece dei limiti alla proprietà terriera al fine sia di garantire il razionale sfruttamento del suolo sia di stabilire equi rapporti sociali. Lo scopo della norma è quindi quello di garantire la funzione sociale della proprietà.

I limiti, disposti con legge, possono riguardare l'estensione della proprietà terriera. Con legge possono inoltre essere promosse o imposte opere di bonifica, la trasformazione del latifondo e la ricostituzione delle attività produttive.

La legge può infine prevedere aiuti per le piccole e medie proprietà ovvero provvedimenti in favore delle zone montane.

PAROLA CHIAVE: Proprietà
Secondo la definizione dell'art. 832 c.c. è il diritto di godere e disporre delle cose in modo pieno ed esclusivo.
PAROLA CHIAVE: Espropriazione
È un istituto che consente alla pubblica amministrazione il sacrificio di un diritto reale altrui, dietro pagamento di un indennizzo.

7.5. LA TUTELA DEL RISPARMIO E DEL CREDITO

La tutela del risparmio

Dispone l'art. 47 al comma 1 «La Repubblica incoraggia e tutela il risparmio in tutte le sue forme [...]».

La norma tutela il c.d. **risparmio popolare**: a tal fine il secondo comma attribuisce allo Stato il compito di favorire «[...] l'accesso del risparmio popolare alla proprietà dell'abitazione, alla proprietà diretta coltivatrice e al diretto o indiretto investimento azionario nei grandi complessivi produttivi del Paese».

L'art. 47 Cost. prevede l'incoraggiamento dell'azionariato popolare che viene attuato in diversi modi.

Innanzitutto è stata creata la Consob che è un organo di garanzia con poteri di controllo (per es. sulla trasparenza delle informazioni fornite dalle società aperte al pubblico risparmio o sull'attività degli intermediari finanziari).

Le operazioni di investimento vengono inoltre incoraggiate attraverso maggiori tutele offerte ai risparmiatori.

Infine sono state vietate le pratiche speculative che favorivano i grandi investitori a danno dei singoli azionisti.

La tutela del credito

L'art. 47 attribuisce alla Repubblica il compito di disciplinare, controllare e coordinare l'esercizio del **credito**.

La disciplina relativa al credito ha subito negli ultimi anni profondi cambiamenti: da un lato è stata difatti adeguata alla disciplina comunitaria in materia, dall'altro perché il d.lgs. 385/1993, attualmente vigente, ha novellato la precedente disciplina.

Con la nuova legge è stata introdotta l'espressione **ente creditizio** per designare i soggetti esercenti attività bancaria.

Gli enti creditizi possono assumere soltanto la forma giuridica di società per azioni o società a responsabilità limitata per azioni. Tale tipologia di ente creditizio è stata introdotta per regolare in maniera unitaria tutti i soggetti bancari che nel tempo avevano assunto forme diverse (ad es. le casse rurali, le banche popolari).

Gli enti creditizi sono oggi soggetti al controllo della Banca d'Italia (che ne autorizza altresì la costituzione). La Banca d'Italia è il più importante organo italiano di politica economica, soggetto solo alla Banca centrale europea e al Sistema europeo delle banche centrali, al Cicr (Comitato interministeriale per il credito) e al Ministro del Tesoro.

RIEPILOGO

L'importanza del **lavoro** e la sua funzione all'interno dello Stato viene espressamente riconosciuta dalla Costituzione.

La libertà di associarsi in **sindacati** è prevista dall'art. 39 Cost. I sindacati sono dotati di uno statuto che deve sancirne l'ordinamento interno a base democratica.

Con il termine **sciopero** si intende comunemente l'astensione collettiva dal lavoro promossa dai sindacati quale forma di protesta contro le decisioni che vanno ad incidere sul lavoratore. L'art. 40 Cost. dispone «Il diritto di sciopero si esercita nell'ambito delle leggi che lo regolano».

La **proprietà** si configura come il diritto di godere e disporre delle cose in modo pieno ed esclusivo.

L'**espropriazione** consiste nella sottrazione al suo titolare di un bene in ragione di un pubblico interesse. L'espropriazione di un bene privato da parte dello Stato è quindi ammessa nei casi previsti dalla legge e deve essere sottesa alla sussistenza di un interesse pubblico generale (quindi una pubblica utilità) che la giustifica.

L'art. 47 Cost. attribuisce alla Repubblica il compito di incoraggiare il **risparmio popolare** e l'**azionariato popolare**.

L'art. 47 conferisce alla Repubblica il compito di disciplinare, controllare e coordinare l'esercizio del credito.

8. I RAPPORTI POLITICI: DEMOCRAZIA RAPPRESENTATIVA E DEMOCRAZIA DIRETTA

L'esercizio della sovranità da parte del popolo, prevista dall'art. 1 della nostra Costituzione, è alla base del concetto di **democrazia**, la cui etimologia può essere fatta risalire al greco δήμος (démos) popolo e κράτος (cràtos) governo, cioè **governo del popolo**.

A seconda della modalità in cui la sovranità viene esercitata si distingue tra **democrazia diretta** (esercitata direttamente dal popolo) e **democrazia rappresentativa** (in cui il potere è esercitato dai rappresentanti del popolo, attraverso l'esercizio del voto).

La scelta dei rappresentanti avviene mediante degli organismi ovvero i partiti che possono essere configurati come organismi a metà tra il popolo e le istituzioni.

La democrazia rappresentativa connota il nostro Stato e rappresenta la formula adottata dalla maggior parte degli Stati democratici attualmente esistenti. Tuttavia nel nostro ordinamento esistono degli istituti tipici di democrazia diretta che sono il referendum, il diritto di iniziativa legislativa popolare, la petizione popolare e le azioni popolari. Ai diritti connessi con l'esercizio delle forme della democrazia diretta e rappresentativa sono dedicate le previsioni contenute nel Titolo IV, Parte I (**Rapporti Politici**).

APPROFONDIMENTO: Sul concetto di democrazia

Il concetto di **democrazia** quale forma di governo del popolo risale all'antica Grecia. Nel secolo V a.C. Erodoto utilizzava il termine democrazia per indicare il governo del popolo. La prima forma di governo popolare fu sperimentata nell'Atene di Pericle (V sec. a.C.). Aristotele poi, nel secolo IV a.C., formulerà la prima grande teorizzazione politica relativa alla distinzione tra monarchia (governo di uno), aristocrazia (governo dei migliori, da non intendersi riferito ai nobili), democrazia (governo del popolo).

Rari esempi di democrazia si possono rinvenire anche nella

Roma repubblicana ovvero nei Comuni sorti tra il XII ed il XIV secolo. Tali forme di partecipazioni popolari si spiegano con l'ambito territoriale ristretto in cui venivano esercitate.
Ma il concetto di democrazia si è evoluto nel tempo assumendo connotazioni differenti. In Italia il concetto di demócrazia viene ripreso nel 1500 per contrapporlo a quello di monarchia e aristocrazia.
Sicuramente sul moderno concetto di democrazia grossa influenza hanno esercitato prima le idee illuministe poi le Rivoluzioni Americana (1775-1783) e Francese (1789-1799), in quanto ritenuto direttamente connesso ai principi di uguaglianza, libertà e fraternità (che devono essere posti alla base della vita politica dello Stato).
Le democrazie moderne si sono affermate a seguito delle lotte contro gli Stati totalitari che hanno avuto luogo nel corso della prima metà del XX secolo. Oggi infatti la forma democratica connota la maggior parte degli Stati contemporanei.

8.1 I PARTITI POLITICI

Con il termine **partito politico** si designa un'associazione libera tra persone di una stessa parte politica, con una visione comune degli aspetti salienti della vita e le medesime finalità.

PAROLA CHIAVE: Partito
Associazione libera tra persone appartenenti ad una stessa parte e corrente politica.

La possibilità di associarsi liberamente nella forma di partito è del resto prevista dalla stessa Costituzione agli artt. 18, co. 1, («I cittadini hanno diritto di associarsi liberamente, senza autorizzazione [...]») e all'art. 49 («Tutti i cittadini hanno diritto di associarsi liberamente in partiti per concorrere con metodo democratico a determinare la politica nazionale»).

Tale libertà associativa incontra tuttavia dei limiti che riguardano le finalità che si intendono perseguire attraverso l'associazione in partito o determinate categorie.

L'art. 18 al primo comma precisa che i fini da perseguire attraverso le forme associative (e quindi anche i partiti) non devono essere vietati ai singoli da legge penale.

Il comma 2 vieta espressamente la costituzione di associazioni segrete e di quelle che presentano un'organizzazione di carattere militare per il perseguimento di fini politici.

L'art. 98 Cost. vieta inoltre, in considerazione della delicatezza del ruolo rivestito e delle funzioni svolte, la possibilità di iscriversi ad un partito a determinate categorie: i magistrati, i militari di carriera in servizio attivo, i funzionari ed agenti di polizia, i rappresentanti diplomatici e consolari all'estero.

Tali divieti vengono posti, per espressa previsione della norma costituzionale, dalle leggi dello Stato per tutte le suddette categorie ad eccezione del corpo diplomatico (per il quale non è stata ancora emanata una legge in materia).

L'art. XII disp. trans. vieta inoltre la riorganizzazione, sotto qualsiasi forma, del partito fascista. Tale previsione, che può essere collegata a quella dell'art. 139 Cost. secondo il quale la forma repubblicana non può essere mai oggetto di revisione costituzionale, ha ragioni storicamente comprensibili. La Costituzione, come si è visto nel cap. 4 § 4.1., nasce all'indomani della II guerra mondiale e fu adottata a seguito delle disastrose esperienze dello Stato fascista e della II guerra mondiale. Con tali previsioni, per espressa volontà dell'Assemblea Costituente, si voleva vietare la formazione non solo del partito fascista ma di tutte le forme associative che presentavano caratteri analoghi e che mettessero in discussione ed in pericolo i principi fondamentali e le istituzioni della neonata Repubblica.

L'art. 49 Cost. prevede inoltre che attraverso l'associazione in partito i cittadini possano concorrere con metodo democratico a determinare la politica nazionale. Il metodo democratico cui fa riferimento la norma va inteso come libertà di scelta e quindi impossibilità di imporre, anche con metodi violenti, scelte o idee partitiche. La Costituzione non prevede poi l'organizzazione o la struttura interna dei partiti. In proposito si segnala che alcuni partiti si sono, nel corso degli anni, contraddistinti per la presenza di ampi organi assembleari e ristretti gruppi dirigenziali. Spesso i vertici del partito non venivano scelti direttamente dagli iscritti o dalle assemblee congressuali, ma dagli uffici di presidenza.

Negli ultimi i partiti si è però consolidata una prassi più «democratica» volta a favorire il coinvolgimento e le scelte della «base» (cioè degli iscritti) nelle decisioni dei vertici di partito. Ciò è avvenuto con il ricorso allo strumento delle **elezioni primarie** (mutuate dall'esperienza statunitense) attraverso le quali i cittadini eleggono direttamente i candidati da presentare alle elezioni. La primarie si dicono chiuse se coinvolgono i soli iscritti al partito (che indìce le primarie) e aperte se vi invece vi possono partecipare tutti i cittadini.

L'esercizio dell'azione di partito necessita ovviamente di fondi economici per far fronte alle spese che si rendono necessarie. Il **finanziamento pubblico ai partiti** è stato previsto in Italia con la L. 2 maggio 1974, n. 195 (c.d. **Legge Piccoli**). Tali finanziamenti sono stati la causa di ripetuti e gravi episodi di corruzione e delle relative inchieste giudiziarie. Tale legge è stata quindi abrogata con il *referendum* del 18 aprile 1993.

Oggi la materia è regolata dalla L. 57/1997 (come modificata dalla L. 51/2006) che prevede non dei finanziamenti ma dei **rimborsi** per le spese sostenute durante la campagna elettorale. La legge prevede l'istituzione di 4 fondi, uno per ogni organo da rinnovare (Camera, Senato, Consigli Regionali e Parlamento europeo); l'ammontare dei fondi viene determinato moltiplicando per un euro il numero dei cittadini iscritti nelle liste elettorali della Camera dei deputati.

Per le elezioni politiche i rimborsi vengono erogati, in quote annuali, entro il 31 luglio di ciascun anno; ciò viene assicurato anche nel caso di scioglimento anticipato delle Camere. Il 5% dei rimborsi ottenuti deve essere utilizzato, per espressa previsione di legge, dai partiti in ordine per attività destinate a favorire la partecipazione delle donne in politica.

Per le elezioni regionali i rimborsi vengono erogati proporzionalmente alla popolazione della Regione.

I rimborsi per le elezioni al Parlamento europeo sono ripartiti, in proporzione ai voti ottenuti, tra i partiti con almeno un rappresentante uscito vincitore dalla competizione elettorale.

È previsto infine un rimborso anche per i comitati promotori di *referendum*.

Nonostante la disciplina dettata in merito ai finanziamenti ai partiti ovvero quella contenuta nelle leggi elettorali, questi rappresentano ad oggi associazioni non riconosciute. Autorevole dottrina ha osservato in proposito «le norme sul finanziamento [...] non gli attribuiscono la soggettività giuridica ma hanno il partito come loro diretto destinatario. Per cui, persistendo una certa resistenza al riconoscimento dei partiti come associazioni di diritto privato, la loro posizione giuridica appare *sui generis* e non del tutto assoggettata alle regole di diritto comune» (MARTINES).

APPROFONDIMENTO: I partiti politici: brevi cenni storici

Il partito è una formazione sociale relativamente recente. Le prime formazioni partitiche sorsero in Inghilterra (i *whigs* e i *tories*) con la rivoluzione inglese. In seguito alla Rivoluzione industriale si diffusero in Europa.

La scena politica europea soprattutto nel periodo a cavallo tra la fine dell'Ottocento e l'inizio del Novecento è caratterizzata dalla presenza dei partiti di stampo c.d. liberale, espressione del ceto borghese medio-alto, interessato alle vicende politiche.

La crescita del proletariato, accompagnata da nuova presa di coscienza politica da parte delle masse, favorirà successivamente lo sviluppo dei grandi partiti di massa (ad es. il partito socialista italiano o il partito social democratico tedesco). I partiti politici saranno fortemente contrastati dai regimi totalitari che ne decreteranno lo scioglimento e la sostituzione con il partito unico. I partiti tuttavia continueranno segretamente le loro attività trovando formale riconoscimento solo alla fine della II guerra mondiale.

In Italia la prima formazione partitica risale al 1892 (il Partito Socialista). Dopo la loro soppressione nel ventennio fascista, nel secondo dopoguerra i partiti italiani si riorganizzarono rap-

idamente, rivestendo ruoli sempre più importanti. L'Italia, paese di tradizione cattolica, si è per lungo tempo caratterizzata per la presenza, accanto ai partiti liberale, socialista e comunista, di formazioni politiche variamente denominate (cristiano-democratico, cristiano-sociale, popolare), che si ispirano alla dottrina della Chiesa cattolica. Tali partiti, soprattutto nella seconda metà del XX secolo, sono stati, spesso, al governo (non solo in Italia ma anche in Francia, Belgio, Lussemburgo, Germania, Olanda, Austria) perseguendo una politica conservatrice.
L'assetto dei partiti è mutato dopo il 1992. Anzitutto i grandi partiti che sino a quel momento avevano dominato la scena politica (ad es. la Democrazia Cristiana, il PCI, il PSI) sono scomparsi e sostituiti da nuovi partiti. Negli ultimi anni è stata registrata la tendenza di tali partiti ad unirsi in coalizioni.

8.2. IL CORPO ELETTORALE

Con la locuzione **corpo elettorale** si intende l'insieme dei cittadini che mediante il loro voto concorrono ad eleggere i membri degli organi rappresentativi dello Stato a livello nazionale, regionale e locale. Il Parlamento ma anche i Consigli regionali, provinciali e comunali, sono organi rappresentativi perché eletti direttamente dal popolo.

IL VOTO

Il compito del corpo elettorale è quello di votare. Il **voto**, secondo il dettato della nostra Costituzione, è un **diritto** ed un **dovere civico**. Per espressa previsione dell'art. 48 Cost. il voto è:

1) **personale**: appartiene ad ogni singola persona e pertanto non è delegabile;

2) **eguale**: tutti i voti sono uguali; il voto è unico e non possono essere attribuiti voti plurimi o multipli;

3) **libero**, in quanto espressione della volontà della persona. Ogni forma di coartazione del voto è infatti punita dalla legge penale e le eventuali promesse di voto non vincolano l'elettore (che è libero di cambiare idea);

4) **segreto**: la segretezza è posta a tutela della libertà di voto. La segretezza del voto impedisce ogni forma di controllo sul voto stesso. Sulle schede elettorali possono difatti essere apposte solo le preferenze ma non i nomi degli elettori o eventuali segni di riconoscimento, pena l'annullamento delle schede stesse.

Sul diritto di voto è stato osservato che esso «[...] riconferma [...] le caratteristiche del corpo elettorale: si tratta di un atto compiuto simultaneamente da milioni di individui isolati gli uni dagli altri, e non è il risultato di una attività svolta in comune. Se questa c'è, essa viene presupposta, e comunque non spetta al corpo elettorale come tale, ma ai partiti e alle loro iniziative libere» (RESCIGNO).

L'affluenza alle urne è stata negli anni sempre molto numerosa. Tuttavia le esperienze recenti dimostrano che la partecipazione alle elezioni è in percentuale molto calata, dando vita al fenomeno dell'**astensionismo**.

L'ELETTORATO ATTIVO

La capacità di votare, denominata **elettorato attivo**, appartiene a tutti i cittadini (uomini e donne) e presuppone a norma dell'art. 48 Cost. l'esistenza di due requisiti: la cittadinanza e la maggiore età.

L'ultimo comma dell'art. 48 pone alcuni limiti all'esercizio del diritto di voto prevedendone l'esclusione nei casi di:

1) **incapacità civile**;
2) **sentenza penale irrevocabile**: l'art. 2 del D.P.R. 20 marzo 1967, n. 223 prevede la perdita dell'elettorato attivo per i condannati ad una pena che comporti l'interdizione perpetua o l'interdizione temporanea (per il solo periodo di durata) dai pubblici uffici;
3) **esistenza di cause di indegnità morale**: l'art. 2 del D.P.R. 223/1967 prevede la perdita del diritto di voto per i soggetti sottoposti, in forza di provvedimenti definitivi, a misure di prevenzione (quali la sorveglianza speciale ad opera degli organi di pubblica sicurezza e perdita del diritto di soggiorno in uno o più comuni diversi da quelli di residenza o di dimora abituale, obbligo di soggiorno nel comune di residenza o di dimora abituale; v. anche art. 3 L. 1423/1956 modificata dall'art. 4 L. 327/1988) o a misure di sicurezza detentive, libertà vigilata o divieto di soggiorno. La XII disp. trans. prevede limitazioni temporanee al diritto di voto e alla eleggibilità anche per

i capi responsabili del regime fascista. Le limitazioni previste dalla XIII disp. trans. per i membri ed i discendenti di Casa Savoia sono state eliminate ad opera della L. cost. 1/2002.

Per quanto riguarda l'esercizio del voto all'estero, il comma 3 dell'art. 48 Cost., inserito dalla L. cost. 1/2000, prevede «La legge stabilisce requisiti e modalità per l'esercizio del diritto di voto dei cittadini residenti all'estero e ne assicura l'effettività. A tal fine è istituita una **Circoscrizione Estero** per l'elezione delle Camere, alle quali sono assegnati seggi nel numero stabilito da norma costituzionale e secondo criteri determinati dalla legge». La successiva L. cost. 1/2001, che ha modificato gli artt. 56 e 57 Cost., ha individuato il numero dei deputati (12) e senatori (6) che appartengono alla circoscrizione estero.

L'ELETTORATO PASSIVO

Diverso dall'elettorato attivo è l'**elettorato passivo** che si configura come capacità di ricoprire cariche elettive, garantita a tutti, senza discriminazioni fondate sul sesso.

In linea di principio chi è elettore è anche eleggibile. Ma l'eleggibilità è innanzitutto subordinata a dei limiti di età (in particolare al compimento del 25° anno di età per l'elezione alla Camera dei Deputati, del 40° anno di età per l'elezione al Senato).

L'elettorato passivo incontra inoltre dei limiti derivanti dall'esistenza di cause di ineleggibilità ed incompatibilità.

L'ineleggibilità si configura come «[...] mancanza di elettorato passivo» (RESCIGNO). Essa si ricollega all'impossibilità per un soggetto di essere eletto in relazione ad un tipo di elezioni. In base alle disposizioni del T.U. 361/1957 le ipotesi di ineleggibilità possono riguardare:

- i soggetti che, in ragione dell'ufficio ricoperto potrebbero esercitare pressioni sul corpo elettorale, indirizzandone i voti a proprio favore (ad es. i sindaci);
- i soggetti al servizio di governi esteri (al fine di evitare possibili interferenze della politica estera nelle elezioni italiane);
- coloro che intrattengono con lo Stato rapporti economici (ad es. i concessionari di pubblici servizi). L'ineleggibilità in tali casi mira ad evitare interferenze tra interessi personali e le funzioni che si andrebbero a svolgere in relazione alla carica ricoperta.

L'ineleggibilità è prevista anche per i giudici della Corte Costituzionale e per i magistrati (salvo alcune eccezioni).

Nell'ipotesi in cui un soggetto ineleggibile venga ugualmente eletto, la sua elezione verrà dichiarata nulla. È opportuno specificare che l'ineleggibilità non comporta la perdita dell'elettorato attivo per tutti i tipi di elezioni. Ciò vuol dire che, venendo meno la causa impeditiva, il soggetto potrà validamente presentare la propria candidatura in altro tipo di elezioni.

L'**incompatibilità** è invece l'impossibilità di ricoprire contemporaneamente due cariche (ad es. due cariche pubbliche o una carica pubblica e altra funzione). In caso di incompatibilità il soggetto può rinunziare alla carica elettiva ovvero scegliere di rimanere in carica, con rinunzia della carica ricoperta (o della funzione esercitata) incompatibile.

La L. 16/1992 ha posto inoltre in determinati casi il divieto di presentare la propria candidatura.

La Corte costituzionale con la sent. 141/1996 ha stabilito che tale divieto oggi si applica a tutti coloro che siano stati condannati con sentenza passata in giudicato per associazione mafiosa, traffico di stupefacenti o di armi, abuso di poteri o violazioni di doveri inerenti la funzione pubblica (ovvero condannato per lo stesso reato non colposo a pena non inferiore a due anni), ovvero sottoposto a misura definitiva di detenzione per reati di tipo mafioso.

Infine un ulteriore limite all'elettorato passivo è stato introdotto con l'art. 8 della L. 495/2001 (che disciplina il voto degli italiani all'estero) che consente di presentare la candidatura nelle circoscrizioni estero ai soli cittadini residenti ed elettori all'estero.

APPROFONDIMENTO: La parità di accesso alle cariche elettive

La parità di accesso alle cariche elettive è sancita a livello costituzionale. Recita infatti l'art. 51, co. 1, Cost. «Tutti i cittadini dell'uno o dell'altro sesso possono accedere agli uffici pubblici e alle cariche elettive in condizioni di eguaglianza, secondo i requisiti stabiliti dalla legge. A tal fine la Repubblica promuove con appositi provvedimenti le pari opportunità tra

donne e uomini». L'ultimo inciso della norma è stato introdotto dalla L. cost. 1/2003.
L'art. 117, co. 7, Cost., prevede inoltre che «Le leggi regionali rimuovono ogni ostacolo che impedisce la piena parità degli uomini e delle donne nella vita sociale, culturale ed economica e promuovono la parità di accesso tra donne e uomini alle cariche elettive».
Il riconoscimento delle pari opportunità tra uomini e donne è, per opinione comune, in parte conseguenza della partecipazione dell'Italia all'Unione europea.
La presenza femminile negli organi elettivi europei è stata già assicurata ed incentivata con la L. 90/2004. Inoltre l'art. 56 delle L. 198/2006 (**Codice delle pari opportunità tra uomo e donna**) prevede che, per l'accesso alla carica di parlamentare europeo, nelle liste elettorali nessuno dei due sessi può essere rappresentato in misura superiore ai due terzi dei candidati (pena la riduzione del rimborso per le spese elettorali).
A livello nazionale, la presenza delle donne negli organi di vertice dell'ordinamento è tutt'oggi molto bassa.

8.3. I SISTEMI ELETTORALI

L'espressione **sistema elettorale** viene utilizzata generalmente per indicare l'insieme di regole adottate in una democrazia rappresentativa per disciplinare le modalità di esercizio del voto da parte del corpo elettorale ai fini delle elezioni dei propri rappresentanti.

In realtà per sistema elettorale si intende l'insieme delle regole che disciplinano le procedure di svolgimento delle elezioni (ad es. le modalità di svolgimento della propaganda elettorale, la disciplina del finanziamento delle campagne elettorali, la presentazione delle candidature, l'elettorato attivo e passivo etc.) mentre il meccanismo di conversione dei voti in seggi viene denominato **formula elettorale**.

Un sistema elettorale consta quindi di due elementi fondamentali: il metodo di votazione e la ripartizione di seggi.

È opportuno precisare che in ogni sistema elettorale il corpo elettorale viene suddiviso in **collegi**. Tale suddivisone risponde ad una duplice finalità:

1) assicurare l'elezione di soggetti a conoscenza delle realtà e dei bisogni della circoscrizione;
2) la garanzia della rappresentanza di tutte le realtà esistenti all'interno dello stesso.

Per ogni circoscrizione esistono un numero di seggi che vengono ripartiti tra i candidati. In proposito occorre distinguere tra:

1) collegi **uninominali**: nei quali viene eletto un solo candidato;
2) collegi **plurinominali**: nei quali vengono eletti più candidati, essendoci più seggi da ripartire.

Poste queste fondamentali premesse è possibile procedere all'analisi dei diversi sistemi elettorali.

I sistemi elettorali maggiormente utilizzati sono di tre tipi: il sistema uninominale con formula a maggioranza assoluta; il sistema uninominale con formula a maggioranza relativa; il sistema proporzionale.

Il sistema uninominale con formula a maggioranza assoluta

Il **sistema uninominale con formula a maggioranza assoluta** (c.d. **sistema a doppio turno** o **majority**) è utilizzato nelle circoscrizioni uninominali. In tale sistema viene eletto il candidato che ottiene la **maggioranza assoluta** dei voti (la metà più uno). Nella pratica nessun candidato riesce ad ottenere tale *quorum*. Per tale ragione si ricorre al ballottaggio tra i due candidati più votati. Tale sistema, attualmente utilizzato in Francia, non garantisce la rappresentanza di tutte le forze politiche.

PAROLA CHIAVE: Ballottaggio
Consiste in una seconda votazione tra i due candidati che al primo turno (cioè alla prima votazione) abbiano avuto più voti degli altri ma non la maggioranza necessaria per essere eletti.

Il sistema uninominale con formula a maggioranza relativa

Il sistema uninominale con formula a maggioranza relativa (c.d.

sistema a turno o **plurality**), adottato nelle circoscrizioni uninominali, comporta la vittoria del candidato che abbia ottenuto la **maggioranza relativa** dei voti (cioè il maggior numero dei voti validamente espressi). Tale sistema, adottato con alcune varianti per le elezioni della Camera e del Senato del Parlamento Italiano, oltre a non garantire la rappresentanza di tutte le forza politiche può determinare come conseguenza che la maggioranza dei seggi venga affidata al partito che abbia ottenuto, complessivamente, il minor numero di voti.

Il sistema proporzionale

Il **sistema proporzionale** è adottato nelle circoscrizioni plurinominali e garantisce rappresentanza di tutte le forze politiche del Paese attraverso una ripartizione dei seggi in proporzione ai voti ricevuti. Come si vedrà nel cap. 10 § 10.2., tale sistema può determinare forte instabilità politica degli organi di governo per la presenza di forze politiche differenti.

Alcune varianti dei sistemi elettorali

Esistono infine delle varianti o dei correttivi dei sistemi appena esaminati. Ad esempio il sistema proporzionale con **voto di preferenza** che consente agli elettori di esprimere una o più preferenze per un candidato all'interno di una lista; in tal caso verranno eletti coloro che hanno ottenuto il maggior numero di preferenze.

Si parla di **lista bloccata** quando è esclusa la possibilità di esprimere la preferenza: verranno pertanto eletti secondo l'ordine in cui compaiono nella lista.

È prevista la possibilità di ricorrere a **sistemi paralleli** in cui una parte dei seggi viene attribuita con formula proporzionale ed un'altra con formula maggioritaria. Tale è stato il sistema elettorale utilizzato in Italia fino alla riforma del 2005 che prevedeva il 75% dei seggi attribuiti con il sistema maggioritario e il restante 25% con il sistema proporzionale attraverso il meccanismo dello scorporo.

8.4. IL SISTEMA ELETTORALE ITALIANO: LA RIFORMA DEL 2005

La nostra Costituzione non individua il sistema elettorale da utilizzare ma demanda tale compito alla legge dello Stato. In Italia è attualmente utilizzato pur con qualche variante il sistema proporzionale introdotto con la L. 21 dicembre 205, n. 270 (che ha eliminato il sistema maggioritario introdotto nel 1993).

Anzitutto sono stati aboliti i collegi uninominali (all'interno dei quali venivano eletti i 3/4 dei parlamentari) sostituiti dalle **circoscrizioni** (27 per l'elezione alla Camera e 20 per quella al Senato). I seggi vengono ripartiti in proporzione ai voti ottenuti su base nazionale alla Camera, su base regionale al Senato. La legge ha introdotto:

1) il **premio di maggioranza** alla Camera che garantisce alla lista o alla coalizione uscita vittoriosa dalla competizione elettorale almeno 340 seggi. Di conseguenza, posto che alla circoscrizione estero spettano 12 seggi, residueranno 278 seggi all'opposizione;
2) il **premio di coalizione regionale** al Senato che garantisce alla lista o alla coalizione che ha ottenuto il maggior numero di voti all'interno delle Regioni il 55% dei seggi spettanti a ciascuna Regione.

L'attribuzione dei seggi è subordinata al raggiungimento della c.d. **soglia di sbarramento**, la soglia percentuale di voti validamente dati da ottenere. Tale soglia è determinata:

1) alla Camera nella misura del 10% per le coalizioni, il 2% per i partiti all'interno di una coalizione, il 4% per i partiti non collegati ad una coalizione;
2) al Senato nella misura del 20% per le coalizioni, il 3% per i partiti all'interno di una coalizione, l'8% per i partiti non collegati ad una coalizione.

La legge prevede la presentazione di liste bloccate. In tal modo si esclude l'espressione del voto di preferenza ed i candidati saranno eletti secondo l'ordine in cui compaiono nella lista.

Le liste presentate, salvo alcune eccezioni, devono essere sottoscritte.

Le coalizioni o i partiti che partecipano alla competizione devono depositare il contrassegno (cioè il simbolo identificativo). I contrassegni devono possedere elementi grafici tali da non creare confusione. Contestualmente al deposito del contrassegno devono essere presentati i programmi elettorali con l'indicazione del soggetto prescelto all'interno della coalizione o del partito in qualità di *leader* e che andrà a rivestire il ruolo di presidente del consiglio dei ministri.

8.5. IL PROCEDIMENTO ELETTORALE ITALIANO

Il **procedimento elettorale** si configura come quell'insieme di attività poste in essere in occasione delle elezioni che vanno dalla convocazione dei comizi sino al voto finale.

La convocazione dei comizi elettorali è un atto dovuto del presidente della Repubblica che vi provvede con decreto. Dispone l'art. 61, co. 1, Cost. «Le elezioni delle nuove Camere hanno luogo entro settanta giorni dalla fine delle precedenti [...]».

I partiti politici provvedono a depositare presso il Ministero dell'Interno i contrassegni e le denominazioni delle liste e la sottoscrizione delle candidature (di cui deve essere provata la regolarità) da parte degli elettori. Al momento del deposito i partiti possono scegliere di collegarsi tra loro in **coalizioni**.

A questo punto si apre la campagna elettorale, la cui durata è stata fissata dalla L. 136/1976 in 45 giorni, che si deve svolgere nel rispetto delle regole fissate dalla L. 22 febbraio 2000, n. 28 (c.d. **legge sulla *par condicio***).

La legge 28/2000 mira ad assicurare la parità di accesso ai mezzi di informazione a tutti i partiti politici che si presentano alle elezioni. Per tal ragione anzitutto fissa le modalità di svolgimento dei programmi televisivi e radiofonici a contenuto politico (dibattiti, tribune, interviste etc.). Le radio e le televisioni nazionali hanno inoltre l'obbligo di prevedere all'interno della propria programmazione contenitori politici cui è assicurata la partecipazione gratuita.

Quanto alle forme di partecipazione ai programmi radio televisivi la legge prevede che:

1) nel periodo compreso dalla data di convocazione dei comizi elettorali sino alla presentazione delle candidature possono parteciparvi tutti i soggetti politici degli organi da rinnovare;
2) con la presentazione delle liste elettorali si apre la campagna elettorale, nel corso della quale è garantita la partecipazione (con spazi e tempi equamente ripartiti) alle trasmissioni politiche di coloro che sono candidati in circoscrizioni (o collegi) che raccolgono almeno il 25% degli elettori ovvero dei soggetti che rappresentano e minoranze linguistiche riconosciute.

Nel corso della campagna elettorale le emittenti nazionali possono trasmettere messaggi autogestiti gratuiti, mentre le emittenti locali possono trasmettere messaggi politici a pagamento.

Dalla data di convocazione dei comizi fino alla conclusione delle operazioni di voto i soggetti politici possono altresì partecipare a programmi di informazione ma al solo scopo di garantire la completezza della stessa.

Per tutta la durata della campagna elettorale e fino alla conclusione delle operazioni elettorali è fatto espresso divieto di fornire, attraverso programmi radio-televisivi, indicazioni di voto. È infine vietata la diffusione di sondaggi demoscopici nei 15 giorni precedenti le elezioni.

In ogni Comune è istituito l'Albo delle persone idonee all'ufficio di scrutatore di seggio elettorale. Il personale dei seggi elettorali viene nominato dalle commissioni elettorali comunali. Per i presidenti di seggio è istituto l'Albo delle persone idonee all'ufficio di presidente di seggio elettorale.

A tutti gli elettori viene recapitata la scheda elettorale, necessaria per il voto. In caso di mancato recapito l'elettore può recarsi a ritirarla presso un apposito ufficio comunale.

A norma dell'art. 1 L. 62/2002 le votazioni si svolgono in due giorni: la domenica ed il lunedì fino alle ore 15. Alla chiusura dei seggi si procede allo scrutinio, che prosegue sino alla conclusione delle operazioni. Le schede vengono trasmesse all'ufficio elettorale competente per le necessarie operazioni di verifica dei calcoli.

8.6. ALTRI PROCEDIMENTI ELETTORALI

Il sistema ed il procedimento relativo alla elezione dei membri del Parlamento si differenziano da quelli utilizzati per le elezioni degli organi territoriali minori.

Le elezioni regionali

A livello **regionale** la materia è stata per lungo tempo regolata con la L. 108/1968. A seguito della riforma elettorale nazionale del 1993 si rese necessaria una modifica del sistema elettorale regionale. Tale modifica è stata effettuate con la L. 43/1995 che prevede:

1) l'elezione dei 4/5 dei consiglieri con sistema proporzionale e il raggiungimento della soglia di sbarramento del 3%, salvo che non si tratti di liste collegate ad una lista regionale che ha ottenuto più del 5% dei voti;

2) l'elezione del restante quinto con sistema maggioritario;
3) l'espressione di un solo voto, sia per la quota proporzionale che per quella maggioritaria;
4) l'applicabilità del premio di maggioranza per la lista che ha ottenuto il maggior numero di voti.

L'elezione del Presidente della Regione, avviene a norma dell'art. 122, ult. co., (come modificato dalla L. cost. 1/1999) a suffragio universale, salvo che lo Statuto regionale non disponga diversamente. Risulterà eletto il candidato alla presidenza che abbia ottenuto il maggior numero di voti.

Tali sistemi elettorali tutt'ora vigenti sono destinati ad essere superati per espressa previsione costituzionale. La nuova formulazione dell'art. 122 Cost. demanda infatti alla legge regionale il compito di individuare il proprio sistema elettorale nel rispetto dei principi fondamentali della repubblica.

Le elezioni comunali

Quanto alle **elezioni comunali** occorre operare un distinzione tra Comuni con meno o più di 15.000 abitanti.

Nei **Comuni con meno di 15.000 abitanti** ogni candidato alla carica di sindaco è collegato ad una sola lista elettorale. L'elettore dispone di un solo voto: la preferenza espressa per un candidato sindaco comporta il voto per la lista collegata. È eletto sindaco chi ottiene la maggioranza relativa dei voti. La lista collegata al sindaco eletto, a prescindere dai voti ottenuti, ottiene i 2/3 dei seggi del consiglio (premio di maggioranza) mentre il restante terzo viene ripartito tra le altre liste in proporzione ai voti ottenuti.

Nei **Comuni con più di 15.000 abitanti** ogni candidato sindaco è collegato a più liste. Gli elettori esprimono due preferenze (una per il sindaco e una per la lista, che può essere anche una lista che non è collegata al sindaco). È eletto sindaco chi ottiene la maggioranza assoluta dei voti. Se non viene raggiunto tale *quorum* si procede al ballottaggio al termine del quale sarà eletto chi ottiene la maggioranza dei voti. Le liste che sostengono il sindaco eletto hanno diritto al 60% del Consiglio, mentre la parte che residua viene ripartita tra le altre liste.

8.7. GLI ISTITUTI DI DEMOCRAZIA DIRETTA

Nel nostro Paese, che ha accolto la formula della democrazia rappresentativa, esistono taluni istituti c.d. di **democrazia diretta**, cioè direttamente utilizzabili dai cittadini.

Essi sono: il *referendum*, l'iniziativa popolare, la petizione, le azioni popolari.

IL REFERENDUM

Il tipico e più importante istituto di democrazia diretta è il ***referendum*** attraverso il quale il corpo elettorale è chiamato a pronunciarsi su norme emanate o da emanare.

A seconda della finalità i *referendum* si distinguono in **consultivi** (quando si sente il parere popolare, non vincolante, circa una determinata questione), **confermativi** (con cui si richiede il consenso popolare perché una legge possa entrare in vigore) e **abrogativi** (per abrogare una legge già esistente).

A secondo dell'oggetto si possono distinguere in **costituzionali**, previsti per le leggi costituzionali e di revisione costituzionale (art. 138 Cost.), e **ordinari**, aventi ad oggetto una legge statale (art. 75 Cost.) o regionale (art. 123 Cost.).

PAROLA CHIAVE: Referendum
Istituto di democrazia diretta mediante il quale glie elettori sono chiamati a pronunciarsi su norme o su leggi emanate o da emanare.

Il referendum abrogativo

Tra i predetti il più utilizzato è il ***referendum* abrogativo** che è altresì una fonte primaria del diritto. A norma dell'art. 75 Cost. può essere indetto per deliberare l'abrogazione totale o parziale di una legge o atto avente forza di legge quando ne facciano richiesta 500.000 elettori o 5 consigli regionali. Il referendum abrogativo non è invece ammesso per le leggi tributarie e di bilancio, di amnistia e di indulto, di autorizzazione a ratificare i trattati internazionali (art. 75, co. 2, Cost.).

Hanno diritto di partecipare al *referendum* tutti i cittadini chiamati ad eleggere i componenti della Camera di deputati (e quindi i maggiori d'età). La proposta soggetta a *referendum* si intende approvata se alla votazione hanno partecipato la maggior parte degli aventi diritto e se sia stata raggiunta la maggioranza dei voti validamente espressi (co. 4).

Come autorevolmente osservato «L'istituto del referendum è rimasto a lungo inapplicato a causa dell'inerzia del Parlamento che non approvava la legge necessaria per la pratica operatività dell'istituto [...]» (RESCIGNO).

Oggi le modalità di attuazione e svolgimento del referendum abrogativo sono fissate dagli artt. 27-40 della L. 352/1970 che tra l'altro:

1) prevede il deposito presso la cancelleria della Corte di cassazione delle richieste di *referendum* nel periodo che intercorre tra il 1° gennaio ed il 30 settembre di ciascun anno (le richieste di *referendum* non possono inoltre essere depositate un anno prima della scadenza delle Camere o nei sei mesi successivi alla convocazione dei comizi elettorali per l'elezione di ciascuna Camera);
2) affida il controllo sulla regolarità delle richieste di *referendum* all'Ufficio centrale per il *referendum* costituito presso la Corte di cassazione. Quanto invece al controllo della ammissibilità delle richieste (intesa non solo come rispetto dei limiti posti espressamente dall'art. 75 cost. ma anche di quelli che implicitamente derivano dall'istituto) a seguito della sent. 16/1978 della Corte costituzionale esso viene esercitato in via preventiva dalla Corte costituzionale (che decide con sentenza da pubblicarsi entro il 10 febbraio);
3) ne prevede, con decreto del Presidente della Repubblica, su deliberazione del Consiglio dei ministri, l'indizione e la fissazione della data in una domenica compresa tra il 15 aprile ed il 15 giugno.

Nell'ipotesi di scioglimento anticipato delle Camere, si determinerà la sospensione automatica di un *referendum* già indetto all'atto di pubblicazione in Gazzetta ufficiale del decreto del Presidente della Repubblica di indizione dei comizi elettorali (i termini ricominceranno a decorrere dal 365° giorno successivo alla data delle elezioni).

Se il risultato del *referendum* è favorevole all'abrogazione, il Capo dello Stato dichiara l'abrogazione della legge oggetto del *referendum* con decreto, con effetto dal giorno successivo a quello di pubblicazione del decreto sulla Gazzetta Ufficiale. L'abrogazione può tuttavia essere ritardata dal Presidente della Repubblica di 60 giorni per consentire al Parlamento di adottare una legge che sostituisce quella abrogata (così evitando vuoti normativi).

Se l'esito del *referendum* è stato contrario all'abrogazione ne viene data semplicemente notizia sulla Gazzetta Ufficiale. Il *referendum* non potrà essere proposto sulla stessa legge prima di 5 anni.

A norma dell'art. 39 L. 352/1970 «se prima della data di svolgimento del referendum, la legge o l'atto avente forza di legge o le singole disposizioni di esse cui il referendum si riferisce, siano stati abrogati, l'Ufficio centrale per il referendum dichiara che le operazioni relative non hanno più corso».

Prima della data di svolgimento del *referendum* può altresì verificarsi che sia adottata una legge che risponde allo scopo dei promotori ovvero che venga adottata una legge che riproduce nella sostanza quella oggetto della richiesta di referendum. Nel primo caso il *referendum* non avrà più luogo; nel secondo caso, come ha precisato la Corte Costituzionale con sentenza 68/1978, se la nuova legge non modifica i principi ispiratori ed i contenuti della precedente, il *referendum* avrà per oggetto le disposizioni della nuova legge.

Il referendum costituzionale

Il ***referendum* costituzionale** ha ad oggetto leggi costituzionali e di revisione costituzionale ed è uno strumento utilizzato per testare la volontà dei cittadini.

Il procedimento di attuazione è disciplinato dalla L. 352/1970 e non è dissimile da quello previsto per il *referendum* abrogativo. Le uniche differenze sono rappresentate:

1) dall'assenza di limiti temporali per la presentazione delle richieste di *referendum* o della previsione di ipotesi di sospensione;
2) dall'affidamento del controllo di legittimità all'Ufficio centrale per il *referendum*;
3) dalla data di svolgimento, fissata in una domenica compresa tra il 50° e il 60° giorno successivo alla pubblicazione del decreto di indizione;
4) dal *quorum*, essendo sufficiente il raggiungimento della maggioranza dei voti espressi (e non di quelli degli aventi diritto).

Se l'esito del *referendum* è favorevole al quesito referendario (ma anche nel caso in cui l'Ufficio centrale per il referendum dichiari l'illegittimità della richiesta) la legge è promulgata; in caso contrario ne viene data notizia sulla Gazzetta Ufficiale e la legge si considera come mai emanata.

Nel nostro Paese si è fatto ricorso al *referendum* costituzionale solo in due casi: nel 2001 e nel 2006.

Altri tipi di referendum

L'utilizzo del referendum è previsto altresì per l'approvazione degli Statuti regionali (art. 123, co. 3, Cost.) ovvero per le modificazioni del territorio di regioni, province e comuni (art. 132, co. 2, e 133 Cost.).

L'iniziativa popolare

L'**iniziativa popolare** di una legge è prevista espressamente dall'art. 71, co. 2, Cost. a norma del quale «Il popolo esercita l'iniziativa delle leggi, mediante la proposta, da parte di almeno cinquantamila elettori, di un progetto redatto in articoli».

Gli art. 48 e 49 della legge 25 maggio 1970, n. 352, definiscono le modalità di esercizio dell'iniziativa popolare: il progetto di legge, accompagnato dalle firme degli elettori proponenti, deve essere presentato ad uno dei Presidenti delle due Camere che a sua volta lo presenta alla Camera di competenza (la quale provvede al computo delle firme e all'accertamento della regolarità della richiesta).

Tali progetti di legge devono obbligatoriamente essere esaminati e valutati dal Parlamento.

Quanto al contenuto dei progetti di legge ad iniziativa popolare, la dottrina prevalente è concorde nel ritenere che possano riguardare tutte le materie tranne quelle c.d. ad iniziativa riservata, ovvero quelle rispetto alle quali, per espressa previsione costituzionale, l'iniziativa spetta a determinati soggetti.

La petizione

La **petizione** (dal latino *petere*, chiedo per ottenere) si configura come lo strumento che i cittadini possono utilizzare per veicolare l'attenzione del Parlamento su questioni di particolare importanza, in ordine alle quali si richiede di provvedere mediante lo strumento della legge.

Il diritto di ricorrere alle petizioni è espressamente previsto dall'art. 50 Cost. «Tutti i cittadini possono rivolgere petizioni alle Camere per chiedere provvedimenti legislativi o esporre comuni necessità». Le petizioni vengono inoltrate alle commissioni parlamentari competenti (per la materia oggetto della petizione) che possono proporne il passaggio all'ordine del giorno, inoltrarle al Ministro competente, ovvero chiederne l'archiviazione.

L'importanza di tale strumento è oggi riconosciuta anche dalla Carta dei diritti fondamentali dell'Unione europea il cui art. 44 recita «Qualsiasi cittadino, o qualsiasi persona giuridica che risieda o abbia la sede sociale in uno Stato membro dell'Unione Europea ha il diritto di presentare una petizione al Parlamento europeo».

Nel nostro ordinamento sono ammissibili anche le petizioni rivolte dal singolo cittadino rispetto alle quali non sussiste in capo al Parlamento l'obbligo di esaminarle.

Le azioni popolari

Ricordiamo infine che una parte della dottrina ricomprende tra gli strumenti di democrazia diretta anche le azioni popolari.

Si definiscono **azioni popolari** quelle azioni con cui il cittadino si costituisce in giudizio in luogo della pubblica amministrazione per far valere in nome proprio un interesse della stessa (**azione suppletiva**) o contro una pubblica amministrazione per correggere una illegittimità causata dall'amministrazione stessa (**azione correttiva**).

RIEPILOGO

A seconda della modalità in cui la sovranità viene esercitata si distingue tra **democrazia diretta** (esercitata direttamente dal popolo) e **democrazia rappresentativa** (in cui il potere è esercitato dai rappresentanti del popolo, attraverso l'esercizio del voto).

Con il termine **partito politico** si designa un'associazione libera tra persone di una stessa parte politica, con una visione comune degli aspetti salienti della vita e le medesime finalità.

Il **voto** è un diritto ed un dovere civico. Per espressa previsione dell'art. 48 Cost. il voto è personale, eguale, libero, segreto.

La capacità di votare, denominata **elettorato attivo**, appartiene a tutti i cittadini (uomini e donne). Sono causa di perdita dell'elettorato attivo: l'esistenza di una sentenza penale irrevocabile, l'esistenza di cause di indegnità morale.

Diverso dall'elettorato attivo è l'**elettorato passivo** che si configura come capacità di ricoprire cariche elettive, garantita a tutti, senza discriminazioni fondate sul sesso. L'elettorato passivo incontra dei limiti di età o dovuti alla presenza di cause di ineleggibilità (mancanza di elettorato passivo) o di incompatibilità (impossibilità di ricoprire contemporaneamente due cariche).

L'espressione **sistema elettorale** viene utilizzata generalmente per indicare l'insieme di regole adottate in una democrazia rappresentativa per disciplinare le modalità di esercizio del voto da parte del corpo elettorale ai fini delle elezioni dei propri rappresentanti.

I sistemi elettorali maggiormente utilizzati sono di tre tipi: il **sistema uninominale con formula a maggioranza assoluta**; il **sistema uninominale con formula a maggioranza relativa**; il **sistema proporzionale**.

TEST DI VERIFICA: LO STATO E LA COSTITUZIONE

1) La sovranità è uno degli elementi costitutivi dello Stato. Per sovranità si intende:

a) il complesso dei cittadini ovvero l'insieme degli individui a cui viene conferito lo *status* di cittadini dall'ordinamento giuridico
b) lo "spazio fisico" in cui risiede la comunità statale
c) la potestà di governo di cui ogni Stato gode, in via assoluta, esclusiva ed originaria
d) i fini generali che lo Stato persegue

2) Quale forma di governo è caratterizzata dalla presenza del Consiglio Federale?

a) Il governo parlamentare
b) Il governo semipresidenziale
c) Il governo presidenziale
d) Il governo direttoriale

3) Per forma di Stato si intende:

a) il modo in cui risulta strutturato lo Stato nel suo complesso con particolare riguardo in particolare alle relazioni intercorrenti tra governanti e governati
b) il modo in cui il potere politico viene suddiviso tra gli organi dello Stato
c) l'insieme di tutti gli individui (cittadini e non) che in un dato momento si trovano all'interno del territorio dello Stato
d) un'entità etnico-sociale caratterizzata dalla comunione di razza, di lingua, di cultura, di costumi, di tradizioni, di religione fra coloro che la compongono

4) La funzione legislativa

a) afferisce alla realizzazione dei fini istituzionali stabiliti dall'ordinamento e all'organizzazione dello Stato
b) è finalizzata alla protezione dell'ordinamento giuridico attraverso l'applicazione giudiziaria delle norme
c) è attuata attraverso la distribuzione dei compiti tra organi statali

autonomi
d) corrisponde all'attività relativa alla creazione ed emanazione delle norme dello Stato

5) I rapporti tra gli Stati sono regolati
a) dal diritto costituzionale
b) dal diritto internazionale
c) dal diritto civile
d) dal diritto penale

6) In quale anno fu stipulato il Trattato di Maastricht?
a) 1995
b) 1990
c) 1992
d) 1999

7) Quale dei seguenti è un organo dell'ONU?
a) La NATO
b) Il Consiglio d'Europa
c) L'EURATOM
d) Il Consiglio economico e sociale

8) Il Trattato di Parigi del 18 gennaio 1951 ha istituito
a) il Fondo Monetario Internazionale
b) l'UNICEF
c) la CECA
d) la CEE

9) La Gazzetta Ufficiale della Repubblica è
a) una fonte di produzione
b) una fonte di cognizione
c) una fonte esterna
d) una fonte rinforzata

10) Il criterio cronologico
a) ha riguardo alla successione nel tempo di fonti prevedendo, per la soluzione di possibili conflitti tra norme, tutte ugualmente

valide, disciplinanti una medesima materia, l'applicabilità della norma successiva che abroga la precedente
b) è utilizzato per la risoluzione di conflitti tra norme poste da fonti diverse ed in forza del quale una fonte di grado superiore condiziona quello di grado inferiore
c) si utilizza quando la disciplina di una determinata materia spetta ad una specifica fonte
d) è una fonte del diritto

11) Con l'interpretazione analogica
a) il significato della norma va desunto dal significato grammaticale delle parole e dalla loro connessione sintattica e dalla intenzione del legislatore (intesa come volontà dello stesso)
b) si attribuisce un senso diverso da quello fatto proprio dalle parole nella loro connessione
c) il significato della norma viene adeguato, in casi di mutamenti storici e sociali fisiologici dell'evolversi dei tempi, al nuovo contesto
d) l'interprete ricaverà la norma desumendola da disposizioni che disciplinano casi simili o materie analoghe; ove ciò non sia possibile, ricorrerà ai principi che regolano l'ordinamento, quindi a quelli sanciti dalla Costituzione o ricavabili dalle leggi

12) Quale delle seguenti non è una fonte del diritto?
a) Le leggi
b) I regolamenti
c) Le norme corporative
d) I regolamenti comunitari

13) La Costituzione della Repubblica Italiana è
a) ottriata
b) votata
c) flessibile
d) breve

14) Si ha una riserva assoluta di legge quando
a) la disciplina di una materia è affidata solo a leggi o ad atti aventi

forza di legge
b) la legge disciplina gli aspetti generali della materia ma è rimessa la definizione più compiuta alla fonte secondaria
c) la materia è riservata alla legge ma la Costituzione pone alcuni limiti che possono riguardare il contenuto o il procedimento di adozione
d) si tratta di riserva costituzionale

15) I regolamenti comunitari
a) hanno portata generale e sono obbligatori e direttamente applicabili in tutti gli Stati membri
b) sono vincolanti per lo Stato membro cui sono rivolti relativamente al risultato da raggiungere, ma non per la forma e i mezzi con cui raggiungerlo
c) sono obbligatori e vincolanti per il destinatario che può essere uno Stato ma anche una persona fisica o giuridica
d) consistono in un parere

16) I regolamenti indipendenti
a) regolano l'organizzazione ed il funzionamento delle pubbliche amministrazioni
b) disciplinano in maniera specifica le norme contenute in una legge con norme di dettaglio
c) sono finalizzati all'integrazione ed all'attuazione dei principi posti da leggi o da decreti legislativi
d) disciplinano materie per le quali non vi sono leggi o atti aventi forza di legge e non coperte da riserva assoluta di legge

17) Quale norma costituzionale pone il principio di uguaglianza?
a) L'art. 1
b) L'art. 3
c) L'art. 20
d) L'art. 113

18) La libertà di riunione è prevista
a) dall'art. 3

b) dall'art. 13
c) dall'art. 15
d) dall'art. 17

19) L'art. 15 Cost. tutela
a) la libertà di circolazione e di soggiorno
b) la libertà e la segretezza della corrispondenza
c) la libertà di circolazione e soggiorno
d) la libertà di religione

20) La libertà di religione
a) è prevista dall'art. 19 Cost.
b) è vietata
c) è ammessa solo per la religione cattolica
d) non è riconosciuta dalla Costituzione

21) La riforma del diritto di famiglia del 1975 ha
a) introdotto la potestà maritale
b) mantenuto l'istituto della dote
c) eliminato la definizione di figlio illegittimo sostituendola con quella di figlio naturale
d) vietato la collaborazione tra i coniugi

22) Il diritto alla salute è
a) solo un diritto dell'individuo
b) solo un interesse della collettività
c) un diritto dell'individuo ed un interesse della collettività
d) un dovere inderogabile

23) Il sistema scolastico italiano si caratterizza per la presenza
a) di soli istituti statali
b) di soli istituti paritari
c) di istituti statali e di istituti paritari privati e degli enti locali
d) di soli istituti scolastici religiosi

24) Quale delle seguenti affermazioni in materia di ambiente è corretta?

a) La Costituzione non detta norme specifiche tuttavia tale tematica viene trattata insieme ai rapporti etico-sociali per le sue connessioni con il diritto alla salute e con gli interessi della collettività.
b) Il nostro ordinamento ne vieta assolutamente la tutela
c) La Corte costituzionale ha escluso l'esistenza del diritto alla salubrità dell'ambiente
d) L'ambiente è un bene giuridico tutelato da sole norme civili

25) La L. 20 maggio, 1970, n. 300 ha introdotto
a) la Costituzione
b) il codice civile
c) il codice penale
d) lo Statuto dei lavoratori

26) La C.G.I.L. è
a) un'associazione sindacale
b) un partito
c) una riunione di persone
d) una confessione religiosa

27) Quale dei seguenti organi ha il compito di vigilare sul rispetto della normativa antitrust?
a) Il governo
b) L'Autorità garante della concorrenza e del mercato
c) La Banca d'Italia
d) La Corte di Cassazione

28) L'espropriazione consiste nella sottrazione di un bene al suo titolare. Nel nostro ordinamento è ammessa
a) sempre
b) mai
c) solo su richiesta del titolare del bene privato
d) nei soli casi previsti dalla legge e deve essere sottesa alla sussistenza di un interesse pubblico generale

29) Quale dei seguenti è un istituto tipico di democrazia diretta?

a) La *prorogatio*
b) La petizione
c) La legge
d) La convocazione dei comizi elettorali

30) La L. 21 dicembre 205, n. 270 ha riformato il sistema elettorale italiano. Essa ha tra l'altro
a) introdotto il sistema maggioritario
b) abolito le circoscrizioni sostituendole con i collegi uninominali
c) eliminato sia il premio di maggioranza alla Camera che quello di coalizione regionale al Senato
d) prevede la presentazione di liste bloccate

31) Il voto è un diritto e un dovere civico. Secondo il disposto dell'art. 48 Cost. il voto è
a) multiplo
b) vincolato
c) segreto
d) disuguale

32) A norma dell'art. 75 Cost. è indetto *referendum* popolare per deliberare l'abrogazione totale o parziale di una legge o atto avente forza di legge quando ne facciano richiesta
a) 500.000 elettori o 5 consigli regionali
b) 300.000 elettori o 3 consigli regionali
c) 500.000 elettori o 3 consigli regionali
d) 300.000 elettori o 5 consigli regionali

SOLUZIONE E COMMENTI AI TEST

1) Risposta corretta: **c**

2) Risposta corretta: **d.** Nel governo direttoriale le Camere riunite in assemblea federale ad inizio legislatura nominano un organo collegiale (che prende per l'appunto il nome di Direttorio o Consiglio federale) composto da 7 membri che durano in carica 4 anni.

3) Risposta corretta: **a**.

4) Risposta corretta: **d**.

5) Risposta corretta: **b**. Il diritto internazionale (c.d. *ius gentium*) può essere configurato come l'insieme di norme ed istituti finalizzati alla disciplina dei rapporti intercorrenti tra i suoi componenti.

6) Risposta corretta: **c**.

7) Risposta corretta: **d**. Il Consiglio economico e sociale è l'organo di coordinamento delle attività economico-sociali delle Nazioni Unite e delle organizzazioni collegate.

8) Risposta corretta: **c**.

9) Risposta corretta: **b**. La Gazzetta Ufficiale della Repubblica è una fonte di cognizione, cioè una fonte che permette di conoscere le fonti di produzione.

10) Risposta corretta: **a**. Il criterio cronologico, quello gerarchico e quello di competenza sono utilizzati per la risoluzione dei conflitti o antinomie tra norme.

11) Risposta corretta: **d**.

12) Risposta corretta: **c**. Le norme corporative difatti sono state abrogate.

13) Risposta corretta: **b**. La Costituzione è stata difatti approvata dall'Assemblea Costituente i cui membri furono eletti a suffragio universale.

14) Risposta corretta: **a**.

15) Risposta corretta: **a**.

16) Risposta corretta: **d**.

17) Risposta corretta: **c.**

18) Risposta corretta: **d**. Per riunione si intende «[…] qualunque raggruppamento di persone non stabile e non occasionale». A norma dell'art. 17, co.1, Cost. «I cittadini hanno diritto di riunirsi pacificamente e senza armi».

19) Risposta corretta: **b**.

20) Risposta corretta: **a**.

21) Risposta corretta: **c**.

22) Risposta corretta: **c**. Recita infatti l'art. 32 Cost. «La Repubblica tutela la salute come fondamentale diritto dell'individuo e interesse della collettività […]».

23) Risposta corretta: **c**.

24) Risposta corretta: **a**.

25) Risposta corretta: **d**. Con l'introduzione dello Statuto dei lavoratori è stata ulteriormente rafforzata la tutela degli stessi.

26) Risposta corretta: **b**.

27) Risposta corretta: **b**

28) Risposta corretta: **d**. L'espropriazione di un bene privato da parte dello Stato è difatti ammessa nei casi previsti dalla legge e deve essere sottesa alla sussistenza di un interesse pubblico generale (quindi una pubblica utilità) che la giustifica.

29) Risposta corretta: **b**. I cittadini possono utilizzare lo strumento per portare all'attenzione del Parlamento questioni di particolare importanza.

30) Risposta corretta: **d**.

31) Risposta corretta: **c**. La segretezza, posta a tutela della libertà di voto, impedisce ogni forma di controllo sul voto stesso.

32) Risposta corretta: **a**.

9. IL PARLAMENTO

La **Parte II** della Costituzione delinea gli aspetti dell'ordinamento statale, relativi cioè all'individuazione degli organi cui sono affidate le funzioni principali dello Stato. Gli organi dello Stato vengono generalmente distinti in **organi costituzionali** (previsti dalla Costituzione che ne disciplina gli aspetti fondamentali. Tali organi partecipano all'esercizio della sovranità attraverso lo svolgimento delle funzioni precipue loro affidate) e **organi di rilievo costituzionale** (previsti espressamente dalla Carta costituzionale la cui organizzazione e il cui funzionamento sono disciplinati con legge ordinaria). Gli organi dello Stato possono inoltre essere **individuali** (se composti da un unico soggetto) o **collegiali** (se formati da una pluralità di persone).

Tali organi differiscono per le funzioni e per la composizione, oltre che per altri aspetti.

Il primo organo previsto dalla Costituzione, agli artt. 55-82 è il **Parlamento**.

9.1. CARATTERISTISCHE E STRUTTURA

Caratteristiche

Il **Parlamento** è un organo complesso in quanto il suo funzionamento avviene attraverso organi collegiali di tipo assembleare (le Camere) e la cui funzione principale, sebbene non unica, è quella di approvare le leggi.

Il Parlamento (la cui etimologia sembra risalire alla parola francese *parlement*) presenta determinate caratteristiche. Ai requisiti della costituzionalità e della complessità vanno difatti collegati anche la collegialità (il Parlamento è difatti composto da individui che operano collegialmente e non individualmente) e la rappresentatività (il Parlamento è eletto direttamente dal popolo della cui volontà è quindi espressione).

Il sistema parlamentare italiano è caratterizzato dal **bicameralismo perfetto (o pieno)** previsto dall'art. 55, co. 1, Cost. Il nostro Parlamento è composto da due Camere che operano in una situazione di perfetta parità con identiche competenze, partecipando in modo analogo alle funzioni legislativa e politica. Il bicameralismo rappresenta oggi il sistema più utilizzato dagli Stati democratici.

Le differenze tra le due Camere riguardano difatti solo alcuni aspetti quali il numero dei componenti, l'elettorato attivo (18 anni per eleggere i membri della Camera dei deputati e 25 per eleggere quelli del Senato) e quello passivo (25 anni per essere eletti alla Camera, 40 al Senato), la presenza o meno di membri non elettivi.

Entrambe le Camere godono inoltre di particolari prerogative e privilegi vale a dire:

1) **l'autonomia regolamentare**: l'art. 64, co. 1, Cost. dispone che «ciascuna Camera adotta il proprio regolamento a maggioranza assoluta dei suoi membri». Ogni Camera ha un proprio regolamento in cui vengono stabilite le modalità di funzionamento e l'organizzazione interna. Si ricorda che tali regolamenti sono fonti primarie del diritto;
2) **l'autonomia finanziaria**: le Camere decidono in via autonoma l'ammontare delle risorse necessarie allo svolgimento delle proprie funzioni, deliberano il proprio bilancio ed il proprio consuntivo. Tali spese gravano su un fondo speciale gestito da ciascuna Camera, pur essendo direttamente erogato dal Ministero delle Finanze;
3) l'**autonomia amministrativa**: gli uffici interni di ciascun ramo del Parlamento sono composti da personale assunto direttamente dalle Camere mediante sottoscrizione di contratti di lavoro;
4) l'**inviolabilità della sede**: le decisioni relative all'ammissione di persone all'interno degli edifici in cui si svolgono le sedute spetta al Presidente di ciascuna Camera;
5) la **giustizia domestica (autodichia)**: con la devoluzione delle controversie, sottratte al giudice comune, relative allo *status*, giuridico ed economico, dei dipendenti degli organi interni del Parlamento.

La struttura

Quanto alla sua struttura, il Parlamento italiano risulta composto da:

1) la **Camera dei Deputati** formata da 630 componenti;
2) il **Senato della Repubblica** formato da 315 componenti, cui vanno ad aggiungersi i **Senatori a vita**. Questi si distinguono in **senatori a vita di diritto**, cioè gli ex Presidenti della Repubblica (art. 59, co. 1 Cost.) e **senatori a vita di nomina presidenziale** (che a norma dell'art. 59, co. 2; Cost. vengono scelti tra i cittadini che «[…] han-

no illustrato la Patria per altissimi meriti nel campo sociale, scientifico, artistico e letterario»).

La disciplina relativa all'organizzazione interna è rimessa oltre che alla Costituzione anche ai regolamenti parlamentari attraverso la previsione di determinati organi.

A norma dell'art. 63, co. 1, ciascuna Camera elegge fra i suoi componenti il suo **Presidente** e l'**Ufficio di presidenza** composto dal Presidente, da 4 vice-presidenti, 3 questori (con compiti inerenti il cerimoniale o relativi ai servizi di polizia) e dai segretari (11 alla camera e 8 al Senato) che assistono il Presidente nelle attività relative ai lavori dell'Assemblea.

Come sottolineato da autorevole dottrina «Il Presidente rappresenta e simboleggia unitariamente la Camera, cosicché, ogni volta che ciascuna Camera si esprime e decide in quanto soggetto unitario, per essa parla e dichiara la volontà del collegio il suo Presidente; in secondo luogo dirige i lavori dell'assemblea, usando allo scopo i numerosi ed incisivi poteri previsti dal regolamento interno di ciascuna Camera; in terzo luogo sovrintende a tutta la organizzazione interna della Camera, assicurando il buon funzionamento degli uffici e il rispetto delle regole» (RESCIGNO).

Il Presidente e l'ufficio di presidenza sono organi necessari così come sono organi necessari le **Commissioni parlamentari** composte da membri designati dai gruppi politici in proporzione alla consistenza numerica. Tale composizione riproduce, in piccolo, la composizione politica delle assemblee. I compiti delle commissioni, secondo quanto previsto dall'art. 22 del reg. della Camera sono quelli di riunirsi:

1) in sede referente per esaminare le questioni da riferire alle assemblee;
2) in sede consultiva per esprimere pareri;
3) in sede legislativa per esaminare ed approvare i progetti di legge;
4) in sede redigente per redigere gli articoli dei progetti di legge.

Le Commissioni parlamentari sono permanenti (con competenza esclusiva in determinate materie, ad es. giustizia, affari esteri, bilancio, etc.) o speciali (costituite *ad hoc* per lo svolgimento di determinati compiti, ad es. le commissioni d'inchiesta ex art. 82 Cost.).

Un accenno meritano le **commissioni bicamerali miste** formate dai membri dei due rami del Parlamento e costituite ai fini della unicità dell'esercizio del potere parlamentare su alcune materie specifiche (ad es. la Commissione di vigilanza dei servizi televisivi). Ad eccezione della Commissione per le questioni regionali prevista espressamente dalla Costituzione all'art. 126, le suddette commissioni vengono istituite con legge ordinaria.

Gli altri organi parlamentari sono:

1) le **Conferenze dei capi-gruppo** (o dei **Presidenti**): organi collegiali presieduti dai Presidenti di ciascuna Camera e composti dai Presidenti dei gruppi parlamentari. Alla Camera possono fare parte delle conferenze anche i vicepresidenti e i Presidenti delle Commissioni; al Senato devono farne parte anche i vicepresidenti (mentre è esclusa la partecipazione dei Presidenti di Commissione). In base ai regolamenti parlamentari, a tali organi è affidato il compito di deliberare il programma di attività e il calendario dei lavori e stabilire l'ordine del giorno;
2) le **Giunte:** composte dai rappresentanti delle forze politiche proporzionalmente alla loro consistenza numerica in Parlamento, con compiti specifici di natura consultiva ed extralegislativa. Attualmente operano alla Camera: la Giunta per il regolamento, quella per le elezioni, per le autorizzazioni richieste ai sensi dell'art. 68 Cost.; al Senato dalla Giunta per il regolamento e la giunta delle elezioni e delle immunità parlamentari.
3) i **Gruppi parlamentari:** in base a quanto previsto dai regolamenti parlamentari, i deputati e i senatori, rispettivamente nel termine di due e tre giorni dalla prima seduta, devono dichiarare a quale gruppo appartengono. Ogni gruppo deve essere formato da almeno 20 deputati o 10 senatori. All'interno di tali gruppi, composti dai parlamentari appartenenti alla stessa parte politica, si definiscono le modalità di azione all'interno del Parlamento. I parlamentari indipendenti o quelli la cui presenza numerica non è tale da permettere la costituzione di un gruppo, confluiscono nel c.d. **Gruppo misto**.

Ciascuna Camera, come si è visto, è dotata di un proprio apparato amministrativo interno e di un proprio bilancio. Trattandosi di organi costituzionali indipendenti è esclusa ogni forma di ingerenza proveniente dall'esterno sia per quanto riguarda le modalità di svolgimento dei compiti (ad es. non è sindacabile la modalità di convocazione delle Camere) sia relativamente alle vicende interne alle Camere (ad es. l'autodichia). Ciò nel rispetto del principio dei c.d. *interna corporis* (gli atti interni dell'organo).

9.2. L'UFFICIO DEL PARLAMENTARE: REQUISITI, PREROGATIVE E CAUSE DI CESSAZIONE

REQUISITI

Per ricoprire la carica di **parlamentare** (ovvero di membro elettivo della Camera dei Deputati e del Senato della Repubblica) la Costituzione prevede innanzitutto all'art. 56 un limite di età: 25 anni per la carica da deputato e 40 anni per quella di senatore.

Oltre all'età i requisiti relativi allo *status* di parlamentare sono:

1) la validità dell'elezione;
2) la mancanza di cause che escludono l'elettorato attivo (chi non può votare non è difatti eleggibile);
3) la mancanza di cause di ineleggibilità (previste dal T.U. 361/57 e successive integrazioni);
4) la mancanza di incompatibilità: le cause di incompatibilità dei parlamentari sono numerose; alcune sono previste dalla stessa Carta costituzionale (ad es. art. 64 tra carica di deputato e quella di senatore) e dalla legge (ad es. l'art. 5*bis* della l. n. 18 del 1979, aggiunto dalla legge 78 del 2005, prevede l'incompatibilità della carica di parlamentare con quella di membro del Parlamento europeo).

APPROFONDIMENTO: La validità dell'elezione dei membri del Parlamento

L'elezione dei parlamentari è sottoposta ad una verifica volta all'accertamento della sussistenza dei requisiti richiesti per ricoprire la carica ovvero della regolarità della stessa.

Il controllo è esercitato alla Camera dalla Giunta delle elezioni, al Senato dalla Giunta delle elezioni e delle immunità parlamentari.

La procedura di controllo si articola in due fasi: il controllo di delibazione (che è una fase necessaria) ed il giudizio di contestazione (che è invece eventuale).

l'ordinamento dello Stato

Nella fase relativa al **controllo di delibazione** la Giunta se accerta la validità e regolarità delle elezioni, le convalida e ne dà comunicazione all'Assemblea.
La seconda fase si apre solo nel caso in cui la Giunta contesti l'elezione. Tale fase ha inizio con una discussione pubblica innanzi alla Giunta, al termine della quale la Giunta assumerà una deliberazione. La deliberazione verrà quindi discussa davanti all'intera Assemblea che deciderà, a scrutinio segreto, se convalidare o no l'elezione.

Le prerogative

Le **prerogative** dei parlamentari sono individuate dagli artt. 67, 68 e 69 Cost. e da norme di legge.

L'art. 67 prevede che «ogni membro del Parlamento rappresenta la Nazione ed esercita le sue funzioni senza vincolo di mandato».

Secondo il dettato della norma i parlamentari rappresentano l'intera Nazione e quindi non solo il collegio che li ha eletti. Il Parlamento è del resto un **organo rappresentativo** «[…] anzi, in Italia, l'unico organo *direttamente rappresentativo* a livello nazionale, perché *direttamente eletto da tutto il popolo* […] sia perché esso, attraverso la concorrenza tra partiti, rispecchia le differenze politiche che esistono all'interno del corpo elettorale, sia perché, per questa essenziale ragione, in ogni campo ed in ogni momento della sua attività, tende a riprodurre queste differenze, ad esprimerle, e quindi decidere sulla base di un accordo che ottenga per lo meno il consenso della maggioranza in Parlamento e, *presuntivamente*, della maggioranza del Paese» (RESCIGNO).

La norma prevede inoltre che l'esercizio delle funzioni avvenga senza vincolo di mandato. I parlamentari sono indipendenti dai partiti politici o da gruppi economici o sociali perché non possono accettare incarichi o istruzioni da nessuno (c.d. divieto di mandato imperativo). Il **divieto di mandato imperativo** afferma la libertà di ogni parlamentare anche rispetto agli elettori, in relazione alle promesse fatte in campagna elettorale: il mancato mantenimento non determinerà la revoca della carica.

Recita l'art. 68 Cost. «I membri del Parlamento non possono essere chiamati a rispondere delle opinioni espresse o dei voti dati nell'esercizio delle loro funzioni» (co. 1).

A tutela delle funzioni dei parlamentari la norma prevede due forme di garanzia: l'insindacabilità e l'immunità.

L'**insindacabilità** implica l'irresponsabilità penale, civile ed amministrativa. Essa non è però assoluta ma limitata alle opinioni espresse ed ai voti dati nell'esercizio della funzione.

In base all'art. 3 della L.140/2003 l'insindacabilità non inerisce solo alle attività svolte all'interno del Parlamento ma anche ad ogni attività (ispettiva, di divulgazione, di critica o di denuncia politica) esercitata fuori dal Parlamento ma connessa con la funzione di parlamentare.

La Corte Costituzionale ha al riguardo precisato che l'insindacabilità non può mai trasformarsi in un privilegio personale e deve sempre essere connessa con le funzioni di parlamentare.

In forza dell'**immunità** i parlamentari non possono essere arrestati o perquisiti o soggetti ad intercettazioni senza l'autorizzazione della Camera di appartenenza; le indagini e l'arresto sono ammesse soltanto nel caso di sentenza irrevocabile di condanna o commissione di un reato per il quale è previsto l'arresto in flagranza (art. 68, comma 2 e 3, Cost.). Anche le immunità (come l'insindacabilità) non si sostanziano in privilegi: essi non vengono concessi all'individuo in quanto tale ma al soggetto parlamentare e solo in relazione alla funzione esercitata.

L'art. 69 Cost. prevede infine che i parlamentari percepiscano una **indennità**. L'ammontare di tale indennità (ovvero quote mensili che comprendono anche il rimborso per le spese di segreteria e di rappresentanza) è stata stabilita con la L. 1261/1965. A tale indennità si aggiunge una **diaria** (rimborso per le spese di viaggio a Roma).

I parlamentari godono infine di una serie di *benefits*: ad es. ai parlamentari spetta la carta di libera circolazione sulle linee aeree e ferroviaria statali, sono affiancati da un assistente remunerato con fondi ad *hoc* stanziati presso ciascuna Camera.

Ai parlamentari cessati dalla carica spetta inoltre un assegno vitalizio, purché abbiano compiuti sessant'anni o siano divenuti – mentre erano in carica – in modo permanente inabili al lavoro ed abbiano ricoperto la carica e versato i contributi per almeno cinque anni.

> **PAROLA CHIAVE: Prerogativa**
> Privilegio, diritto concesso ad un soggetto in relazione alla carica ricoperta e alla funzione svolta.

Le cause di cessazione

L'ufficio di parlamentare termina naturalmente con la fine della legislatura. Tuttavia possono ricorrere dei casi di **cessazione** anticipata dalla carica. Tali cause possono essere:

1) lo scioglimento anticipato delle Camere;
2) dimissioni volontarie;
3) decadenza dalla carica pronunciata dalla Camera (in determinati casi quali il sopravvenire di una causa di ineleggibilità od incompatibilità, il venir meno di uno dei requisiti di eleggibilità, nel caso di superamento durante la campagna elettorale del tetto massimo di spesa previsto dalla legge);
4) annullamento delle elezioni, per accertate irregolarità;
5) morte.

9.3. IL FUNZIONAMENTO DELLE CAMERE

Il **funzionamento** delle Camere e l'articolazione dei lavori avviene attraverso modalità e tempi fissati oltre che dalla Carta costituzionale anche dai regolamenti parlamentari.

Con il termine **legislatura** si indica la durata delle Camere (che va dalla prima riunione allo scioglimento). La legislatura va distinta dalle **sessioni di lavoro** (ossia l'arco temporale che intercorre tra la convocazione e l'aggiornamento dei lavori) e dalle **sedute** (le singole riunioni di ciascuna Camera in cui si articolano le sessioni di lavoro).

La convocazione

La Costituzione regola agli artt. 61 e 62 le modalità di **convocazione** delle Camere che spetta di norma al Presidente di ciascuna di esse. L'art. 61 prevede che la convocazione iniziale del Parlamento neo eletto deve aver luogo entro venti giorni dalle elezioni, nel giorno fissato dal Presidente della Repubblica (art. 87).

L'art. 62 Cost. al co. 1 disciplina la convocazione di diritto delle Camere facendole coincidere con il primo giorno non festivo di febbraio e di ottobre. I comma successivi regolano la convocazione straordinaria in virtù della quale ciascuna Camera può essere convocata in via straordinaria su iniziativa del suo Presidente, o del Presidente della Repubblica o di un terzo dei suoi componenti, con l'avvertenza che la convocazione straordinaria di una delle due Camere comporterà la convocazione anche dell'altra.

Le Camere possono infine decidere la loro convocazione a mezzo delle c.d. mozioni di aggiornamento dei lavori con cui vengono sospesi i lavori per rinviarli ad altra sessione.

Lo svolgimento dei lavori

A norma dell'art. 64 Cost. le sedute delle Camere – ma anche del Parlamento in seduta comune – sono solitamente pubbliche, fatta eccezione per i casi in cui è necessario la deliberazione a seduta segreta.

I regolamenti della Camera (all'art. 27) e del Senato (all'art. 56) prevedono inoltre l'obbligo di iscrizione all'ordine del giorno delle materie su cui discutere e decidere (salvi i casi in cui l'ordine del giorno sia deciso dalla stessa Camera a maggioranza qualificata).

Il comma 3 dell'art. 64 prevede per la validità delle deliberazioni di ciascuna Camera la presenza della maggioranza dei componenti (c.d. **numero legale**) e la loro adozione a maggioranza dei membri. La Costituzione può però prescrivere maggioranze speciali (assoluta o qualificata) onde evitare il formarsi di decisioni contrarie rispetto alla volontà della maggioranza eletta.

L'ultimo comma dell'art. 64 sancisce contemporaneamente un diritto ed un obbligo per i membri del governo, i quali possono per diritto assistere alle sedute delle Camere, e ne sono obbligati nell'ipotesi in cui la loro presenza venga espressamente richiesta. I membri del governo possono (o devono, in applicazione del principio del contraddittorio) inoltre essere sentiti ogni volta che ne facciano richiesta e possono essere sostituiti anche dai Sottosegretari di Stato, da alti funzionari del loro ministero, ovvero dai ministri senza portafoglio.

I lavori delle Camere sono generalmente pubblici: è quindi ammessa la presenza del pubblico e della stampa. I lavori vengono inoltre stenografati ed il relativo rendiconto viene pubblicato.

I SISTEMI DI VOTAZIONE

I **sistemi di votazione** sono disciplinati dai regolamenti parlamentari i quali prevedono come regola generale il ricorso allo **scrutinio palese**. In tal caso i voti vengono espressi per appello nominale, per alzata di mano, per divisione nell'aula o con mezzi elettronici.

L'utilizzo dello **scrutinio segreto** (che avviene deponendo in un'urna una pallina bianca o una pallina nera, oppure con mezzi elettronici) è ammesso, quando ne venga fatta richiesta, solo in determinati casi per le votazioni che incidono su determinate materie (quali principi e libertà fondamentali, modifiche dei regolamenti parlamentari, diritto di famiglia etc.) ed è escluso in ogni caso per le votazioni delle leggi finanziarie o delle leggi di bilancio (o più in generale di leggi che abbiano conseguenze finanziarie).

La segretezza del voto è quindi un'eccezione. Ciò allo scopo di evitare i c.d. **franchi tiratori** (ovvero i parlamentari di maggioranza che con il voto segreto votano contro l'esecutivo).

APPROFONDIMENTO: L'ostruzionismo

L'ostruzionismo (**filibustering**) è lo strumento utilizzato in seno alle Camere al fine di ritardare, contrastare od impedire la formazione della volontà delle Assemblee.

Il primo esempio di ostruzionismo in Italia risale al 1899 (con la Presidenza del Consiglio Pelloux) e venne utilizzato contro disegni di legge ritenuti gravemente lesivi delle libertà.

L'ostruzionismo si definisce **tecnico** quando è attuato attraverso l'esasperazione dei mezzi procedurali utilizzati nelle Camere. Questo, normalmente utilizzato dalle opposizioni per ostacolare le scelte della maggioranza in Parlamento, può consistere in lunghi interventi individuali in aula, nella continua presentazione di numerosissimi emendamenti, nell'abbandono dell'aula e conseguente sospensione della seduta per mancanza del numero legale, nelle reiterate richieste di appello nominale.

Con l'ostruzionismo si può inoltre impedire la conversione in

legge dei decreti legge.
Diverso dall'ostruzionismo tecnico è quello **fisico**, che viene realizzato con la violenza fisica. Tale forma di ostruzionismo è vietata. Alla sua repressione provvede il Presidente dell'Assemblea con i poteri disciplinari a lui affidati, ovvero con l'ausilio delle guardie di servizio. Il Presidente, una volta sospesa o tolta la seduta, può anche chiedere l'intervento della forza pubblica.
Nonostante le modifiche dei regolamenti parlamentari, l'ostruzionismo è oggi strumento largamente utilizzato, spesso anche con l'appoggio dell'opinione pubblica o dei movimenti popolari, contro gli abusi della maggioranza parlamentare.

IL PARLAMENTO IN SEDUTA COMUNE

Un discorso a parte deve essere fatto per l'ipotesi di riunione del **Parlamento in seduta comune** che a norma dell'art. 55, co. 2 ha luogo nei soli casi tassativamente indicati dalla stessa Costituzione e cioè:
1) elezione del Presidente della Repubblica (art. 87);
2) giuramento del Presidente della Repubblica (art. 91);
3) messa in stato di accusa del Presidente della Repubblica per alto tradimento ed attentato alla Costituzione (art. 90);
4) elezione di un terzo dei componenti il Consiglio Superiore della Magistratura (art. 104);
5) elezione di un terzo dei componenti la Corte costituzionale (art. 135, co. 1);
6) compilazione dell'elenco (redatto ogni nove anni) dei cittadini con i requisiti richiesti per essere sorteggiati quali giudici aggregati nei giudizi di accusa innanzi alla Corte costituzionale contro il Presidente della Repubblica (art. 135, ult. co.).

Al di fuori dei predetti casi la riunione in seduta comune può aver luogo in via eccezionale solo per questioni puramente celebrative (ad es. le celebrazioni per l'unità d'Italia).

Le riunioni in seduta comune hanno luogo presso la Camera dei deputati e sono presiedute dal Presidente della stessa.

La dottrina si è a lungo interrogata circa la possibilità di considerare il Parlamento in seduta comune alla stregua di un organo dotato di propria autonomia. La dottrina prevalente considera il Parlamento in seduta comune un organo permanente (in quanto composto dai membri delle due Camere e non nominati volta per volta) con compiti precisi elencati dalla Costituzione ed autonomo (in quanto ammette elementi esterni – i delegati regionali – con diritto di voto).

Tale corrente incontra però le riserve di quella parte della dottrina secondo la quale tale tesi riconoscendo l'esistenza di un terzo organo autonomo accanto ai due rami del Parlamento potrebbe risultare di pregiudizio al principio del bicameralismo perfetto di cui all'art. 55, co. 1, Cost.

9.4. DURATA, SCIOGLIMENTO E *PROROGATIO* DELLE CAMERE

La durata

L'art. 60 Cost. stabilisce che «La Camera dei deputati ed il Senato della Repubblica sono eletti per cinque anni». La durata del Parlamento (c.d. **legislatura**) è fissata in anni cinque; essa non può essere modificata salvo i casi di scioglimento anticipato delle Camere o proroga in caso di guerra (co. 2).

Lo scioglimento anticipato

Lo scioglimento anticipato è previsto espressamente dalla Costituzione laddove l'art. 88 dispone che «Il Presidente della Repubblica può, sentiti i loro Presidenti, sciogliere le Camere o anche una sola di esse». Secondo la prassi costituzionale, lo **scioglimento anticipato** ha luogo quando viene meno una maggioranza politica stabile.

Il compito di sciogliere le Camere è affidato dalla Costituzione al Presidente della Repubblica; la dottrina configura lo scioglimento anticipato come atto di valenza politica (per le conseguenze che da esso discendono) differenziandolo dallo scioglimento allo spirare del termine di cinque anni di durata della legislatura (trattandosi in tal caso di un atto dovuto).

Il secondo comma dell'art. 88 precisa che il Presidente della Repubblica non può comunque disporre lo scioglimento delle Camere durante il c.d. **semestre bianco** (che corrisponde agli ultimi sei mesi del mandato presidenziale), salvo che non coincida in tutto o in parte con gli ultimi sei mesi della legislatura.

L'art. 88, come modificato dalla L. cost. 1/91, ha lo scopo di evitare che il Capo dello Stato, sciogliendo anticipatamente le Camere, possa prolungare la durata delle sua carica. Sciolte le Camere, non è difatti possibile procedere alla elezione del nuovo Presidente della Repubblica.

La *prorogatio* delle Camere

L'art. 61 Cost. al secondo comma prevede che «Finché non siano riunite le nuove Camere sono prorogati i poteri delle precedenti».

L'istituto della ***prorogatio*** opera *ope legis* (cioè per espressa previsione di legge) ed ha lo scopo di evitare che nell'arco di tempo intercorrente tra lo scioglimento delle Camere e l'insediamento delle nuove (sostanzialmente per il periodo elettorale) possa crearsi una interruzione dell'attività legislativa.

In linea di principio le Camere, anche se sciolte, possono riunirsi fino ad un istante prima della riunione. Le Camere in *prorogatio* svolgono in genere compiti di normale amministrazione e, solo in casi eccezionali, possono svolgere la funzione legislativa.

Diverso dalla *prorogatio* è l'istituto della **proroga dei poteri**, atto volontario del Parlamento che si concreta nella decisione di rinviare le elezioni con proroga dei propri poteri.

La proroga, secondo il dettato dell'art. 60 Cost., può essere disposta solo per legge e unicamente in caso di guerra.

9.5. LA FUNZIONE LEGISLATIVA: IL PROCEDIMENTO DI FORMAZIONE DELLE LEGGI

La funzione legislativa

All'interno del nostro ordinamento, il Parlamento è l'organo titolare della **funzione legislativa** (che come è stato autorevolmente sottolineato si traduce nella capacità di innovare il diritto attraverso modifiche legislative) che ne rappresenta la funzione tipica.

La potestà legislativa è esercitata a norma dell'art. 70 Cost. collettivamente dalle Camere nel rispetto delle modalità fissate dalla Costituzione e dai regolamenti parlamentari (cui la stessa Costituzione rinvia).

Come già avvertito in precedenza, a seguito della novella del 2001, il Parlamento ha una competenza legislativa esclusiva solo nelle materie in esso indicate nel secondo comma dell'art. 117 Cost.

Rientrano nella funzione legislativa il procedimento di formazione delle leggi, ma anche la conversione dei decreti legge e le leggi di delegazione.

Il procedimento di formazione delle leggi

Il procedimento di formazione delle leggi è disciplinato dagli artt. 71-74 della Cost. e si articola in quattro fasi (iniziativa, istruttoria, costitutiva e di integrazione dell'efficacia) esaurite le quali avrà luogo la pubblicazione.

La fase dell'iniziativa

A norma dell'art. 71 Cost. l'**iniziativa delle leggi** (ovvero la possibilità di presentare proposte di legge) spetta solo al governo, a ciascun parlamentare, a 50.000 elettori, a ciascuna Regione e al C.N.E.L.

La dottrina prevalente ritiene che le proposte di legge debbano essere complete in ogni loro parte. Il carattere della completezza differenzia la proposta di legge dalla semplice petizione, che può essere generica e riguardare materie anche non legislative (oltre a poter essere avanzata da qualsiasi cittadino).

La proposta (o disegno) di legge può essere presentata indifferentemente alla presidenza della Camera o del Senato, ma mai contemporaneamente ai due rami del Parlamento.

I succitati soggetti non godono però di uguale potere di iniziativa: vi sono difatti dei casi di iniziativa riservata (ad es. solo il governo può presentare i disegni di legge di bilancio) o casi di iniziativa obbligatoria (che spetta cioè solo a determinati soggetti. Ad es. il governo deve presentare ogni anno i disegni di legge relativi al bilancio preventivo e consuntivo dello Stato).

La fase istruttoria

Durante la **fase istruttoria** il progetto di legge viene esaminato, discusso ed eventualmente modificato.

L'art. 72 Cost. prevede l'utilizzazione in questa fase di due distinte procedure: la procedura ordinaria o la procedura speciale.

Nella **procedura ordinaria** il disegno di legge viene assegnato ad apposite Commissioni (c.d. **in sede referente,** perché il compito è quello di riferire all'assemblea dopo aver esaminato il progetto) competenti nella materia cui il progetto di legge si riferisce che procedono all'esame preliminare. Una volta completato, il testo corredato da una o più relazioni viene trasmesso all'Assemblea per la deliberazione. L'*iter* ordinario prevale sempre (il comma 3 dell'art. 72 dispone infatti che: «[...] fino al momento della sua approvazione definitiva, il disegno di legge è rimesso alla Camera, se il governo o un decimo dei componenti della Camera o un quinto della Commissione richiedono che sia discusso o votato dalla Camera stessa [...]») ed è sempre obbligatorio per i progetti di legge in materia costituzionale elettorale, di delegazione legislativa, di autorizzazione a ratificare trattati internazionali, di approvazione di bilanci e consuntivi (art. 72 ult. co., Cost.).

Nella **procedura speciale** (o **decentrata**) la proposta di legge viene assegnata ad una Commissione che è altresì investita del potere di approvarla al posto dell'Assemblea (in tal caso si parla di commissione **in sede deliberante**). L'assegnazione di un progetto alla Commissione in sede deliberante avviene alla Camera su proposta del Presidente e necessita dell'approvazione dell'Assemblea; al Senato viene decisa dal Presidente che si limita a darne comunicazione all'Assemblea.

È d'uopo ricordare che i regolamenti parlamentari (art. 96 reg. Camera e 36 reg. Senato) prevedono il **procedimento misto**: l'assemblea o il Presidente possono assegnare il progetto di legge ad una commissione permanente o speciale. Quest'ultima ha il potere di redigere ed approvare i singoli articoli residuando all'Assemblea la sola approvazione finale (in tali casi si parla di Commissioni **redigenti** o **in sede redigente**).

La fase costitutiva

È relativa all'approvazione del progetto di legge. Se non viene approvato dalla commissione in sede deliberante o in caso di procedimento misto, il progetto di legge viene trasmesso alle Camere per la discussione e la votazione finale. Le leggi devono essere deliberate sempre nello stesso testo. Di conseguenza nell'ipotesi in cui una Camera apporti modifiche o emendamenti al testo, questo verrà trasmesso all'altra per una nuova deliberazione (c.d. navetta).

La votazione della legge, preceduta dalla dichiarazione di voto dei Presidenti dei gruppi parlamentari, avviene per scrutinio palese con l'utilizzo del procedimento elettronico.

La fase integrativa dell'efficacia

Una volta approvata, la legge viene trasmessa al Presidente della Repubblica per la promulgazione che avviene mediante apposizione della formula sacramentale (uguale per tutte le leggi) apposta in calce alla legge «La Camera dei Deputati ed il Senato hanno approvato – il Presidente della Repubblica promulga la seguente legge».

Una volta promulgata la legge diventa obbligatoria per tutti. Essa viene conservata negli Archivi di Stato (in quanto costituisce l'originale della legge), pubblicato sulla Gazzetta Ufficiale ed inserito nella Raccolta Ufficiale degli atti normativi della Repubblica.

Al Ministro della Giustizia (il Guardasigilli) spetterà il compito di accertare la regolarità formale della legge, attraverso l'apposizione del visto.

La promulgazione deve a norma dell'art. 73 Cost. aver luogo entro 30 giorni dalla approvazione (salvo che non venga stabilito diverso termine). Entro il predetto termine il Presidente della Repubblica a norma dell'art. 74 Cost. ha la possibilità con messaggio motivato di rinviare per una sola volta il testo alle Camere chiedendo una nuova deliberazione. Se il Parlamento riapprova il medesimo testo, sorge l'obbligo in capo al Presidente della Repubblica di procedere alla promulgazione.

La pubblicazione

Le leggi sono pubblicate a norma dell'art. 73 Cost. subito dopo la promulgazione (e in ogni caso non oltre 30 giorni da questa) e diventano definitive – salvo diverso termine – il 15° giorno successivo alla pubblicazione nella Gazzetta Ufficiale. (c.d. *vacatio legis*).

9.6. LE ALTRE FUNZIONI DEL PARLAMENTO

Il Parlamento esercita altre funzioni che saranno analizzate singolarmente.

La funzione di controllo politico

Tra governo e Parlamento esiste un rapporto di fiducia; in virtù del quale il Parlamento conosce e valuta l'attività del governo al fine di verificarne la corrispondenza con le linee programmatiche. Tale attività, definita **funzione di controllo politico**, viene esplicata attraverso il ricorso a taluni strumenti giuridici quali le attività conoscitive e le attività ispettive.

Le attività conoscitive

Le **attività conoscitive**, finalizzate all'acquisizione di informazioni e notizie da parte del governo, sono poste in essere mediante le indagini conoscitive e le udienze legislative.

Le **indagini conoscitive** sono disposte dalle Commissioni parlamentari le quali possono richiedere l'intervento nelle sedute di ministri, funzionari ministeriali, rappresentanti di enti territoriali o di chiunque sia in grado di fornire informazioni utili per le indagini. Esse spesso sono strumentali alle attività ispettive.

Le **udienze legislative** si svolgono nell'ambito del procedimento legislativo con la finalità di trarne elementi utili per l'esame dei progetti di legge. Mutuate dall'esperienza statunitense, non sono però previste dai regolamenti parlamentari e, nella pratica, risultano poco utilizzate.

Le attività ispettive

Le **attività ispettive** sono realizzate con l'utilizzo delle interrogazioni, delle interpellanze e delle inchieste parlamentari.

A norma degli artt. 128 reg. Cam. dep. e 145 reg. Senato, **l'interrogazione** consiste nella domanda rivolta per iscritto da un parlamentare al governo o ad un Ministro circa la conoscenza di una determinata situazione. L'interrogazione è finalizzata pertanto ad accertare la conoscenza del governo di un fatto o di circostanza determinata. L'interrogazione viene posta dal singolo parlamentare in Aula o in Commissione; solitamente il governo risponde oralmente ed in tal caso il parlamentare può dichiarare brevemente se ritiene la risposta soddisfacente o meno. È tuttavia ammissibile che al seguito della risposta si apra un vero e proprio dialogo che coinvolge gli altri parlamentari (e quindi non solo l'interrogante), così come è ammissibile la risposta scritta del governo (senza possibilità di replica per l'interrogante).

L'interpellanza viene definita dall'art. 136 reg. Cam. dep. (ma v. anche l'art. 154 reg. Sen.) come la «domanda rivolta per iscritto da un parlamentare al governo o ad un Ministro circa i motivi e gli intendimenti della condotta politica in questioni che riguardano determinati aspetti della sua politica». L'interpellanza afferisce quindi alla condotta politica del governo rispetto ad una data questione. A differenza dell'interrogazione, l'interpellanza può essere discussa solo in Aula e il parlamentare interpellante che ritenga non soddisfacente la risposta del governo può trasformare l'interpellanza in mozione.

Il regolamento della Camera prevede all'art. 138*bis*, introdotto con la riforma del 1997, le **interpellanze urgenti**: per esse si utilizza la procedura dettata dall'art. 138 per quelle ordinarie, ma a differenza di queste ultime possono essere presentate da un capogruppo o da almeno trenta deputati e hanno tempi di svolgimento più rapidi.

La riforma del regolamento del Senato del 1998 ha introdotto l'art. 156*bis* che prevede una misura analoga la quale prende il nome di **interpellanza con rito abbreviato**.

Le **inchieste parlamentari** sono previste dall'art. 82 Cost. il cui comma 1 recita: «Ciascuna Camera può disporre inchieste in materie di pubblico interesse». Si tratta di indagini svolte al fine di acquisire elementi di conoscenza afferente materie di interesse generale.

L'inchiesta parlamentare viene condotta da una commissione costituita *ad hoc*, formata da membri che rispecchiano in maniera proporzionale le forze politiche presenti all'interno della Camera, che opera con gli stessi poteri e le stesse limitazioni della autorità giudiziaria (co. 2).

La Costituzione attribuisce, separatamente, ad entrambe le Camere, il potere di costituire commissioni di inchiesta; ma esse possono coordinare le rispettive attività dell'inchiesta.

Le leggi di approvazione e di autorizzazione

Di attività di indirizzo politico si può parlare anche con riguardo alle **leggi di autorizzazione alla ratifica dei trattati internazionali** e **di approvazione del bilancio**, con le quali il Parlamento interviene in maniera diretta sull'attività del governo.

La **legge di autorizzazione alla ratifica dei trattati internazionali** è finalizzata, per l'appunto, alla ratifica dei trattati internazionali stipulati tra gli Stati a seguito degli accordi raggiunti (e firmati) dai ministri plenipotenziari degli Stati parte dell'accordo.

La ratifica – che perfeziona l'accordo e lo rende efficace – spetta al Presidente della Repubblica. A norma dell'art. 80 Cost. la ratifica dei trattati internazionali che sono di natura politica (ad es. le alleanze tra gli Stati), o prevedono arbitrati o regolamenti giudiziari (relativi alla risoluzione di controversie tra gli Stati), o importano variazioni del territorio od oneri alla finanza o modificazioni di leggi devono essere autorizzati dalle Camere con legge. In tal modo il Parlamento esercita un controllo sulla politica estera del governo.

La **legge di bilancio** (art. 81 Cost.) rappresenta forse lo strumento tradizionale di controllo politico del Parlamento sul governo. Tale legge altro non è che un documento contabile recante un elenco minuzioso delle entrate e delle uscite dello Stato in un arco temporale di riferimento (dal 1° gennaio al 31 dicembre, c.d. **anno finanziario**).

La legge 468/1978 prevede l'approvazione del **bilancio preventivo annuale** e del **bilancio pluriennale**. Tale legge (di riforma in materia

> **PAROLA CHIAVE: Bilancio**
> Documento contabile recante contenente l'elencazione delle entrate e delle uscite dello Stato relative all'anno finanziario.

di bilancio) aveva dato luogo a confusione tra finalità della politica finanziaria e utilizzo degli strumenti di bilancio. Tale situazione è stata risolta con la L. 362/1988 che prevede oggi l'utilizzo del **documento di programmazione economica finanziaria** (**DPEF**) che il governo deve presentare al Parlamento entro il 30 giugno di ogni anno. Attraverso il DPEF il Parlamento è oggi in grado di conoscere in anticipo i programmi di governo afferenti alla politica economica e finanziaria.

Il comma 3 dell'art. 81 Cost. prevede che con la legge di bilancio non si possano stabilire nuovi tributi o spese. Queste vengono oggi previste con la **legge finanziaria** introdotta dalla L. 468/1978 (e il cui relativo disegno deve essere indicato nel DPEF).

LA FUNZIONE DI INDIRIZZO E DIREZIONE POLITICA

La **funzione di indirizzo e direzione politica** attiene al rapporto di

APPROFONDIMENTO: Altre forme di controllo di indirizzo politico

Le attività di controllo politico del Parlamento non si limitano a quelle elencate ma ne comprendono delle altre tra le quali si ricordano:

- l'**esame dei decreti registrati con riserva dalla Corte dei conti:** la Corte dei conti esercita una forma di controllo di legittimità sui decreti ministeriali e governativi di natura amministrativa attraverso l'apposizione agli stessi del visto e della registrazione. Laddove vengano ritenuti illegittimi, la Corte dei conti può rifiutare la registrazione e rinviare il decreto al governo. Quest'ultimo, con deliberazione motivata del Consiglio dei ministri può richiederne la registrazione con riserva (art. 25 R.D. 1214/1934, modificato dalla L. 340/2000). La Corte dei conti provvede ad informare il Parlamento, consentendogli l'esercizio della funzione di controllo politico.
- le **Commissioni bicamerali di vigilanza:** che pongono in essere attività di controllo in materie di natura amministrativa;
- il **parere delle Commissioni parlamentari** in ordine alla nomina dei Presidenti (e vice presidenti) delle Autorità indipendenti.

vero e proprio rispetto al quale possono essere utilizzati gli strumenti della mozione di fiducia, della questione di fiducia e della mozione di sfiducia (di cui si parlerà nel capitolo successivo). La predetta funzione può essere esercitata anche con il ricorso ad alcuni atti quali:

- la **mozione** ovvero la richiesta avanzata da singoli parlamentari alla Camera di appartenenza di procedere alla discussione e votazione di un determinato oggetto per il quale era stata avanzata un'interpellanza ritenuta, dai parlamentari medesimi, non soddisfacente. È opportuno segnalare che una mozione può essere chiesta indipendentemente dalle precedenti interpellanze, purché sia avanzata da almeno 10 deputati o 8 senatori o un Presidente di gruppo;

- la **risoluzione** è invece posta in conclusione di un dibattito che segue una mozione o una comunicazione del governo. Può essere votata in Aula o in Commissione;
- l'**ordine del giorno**, inserito all'interno del procedimento di approvazione delle leggi, con il quale si chiede al governo il significato delle norme da approvare ovvero l'adozione di un provvedimento connesso al testo di legge da approvare.

La deliberazione dello stato di guerra

Recita l'art. 78 Cost. «Le Camere deliberano lo stato di guerra e conferiscono al governo i poteri necessari». La Costituzione ha attribuito al Parlamento (in quanto organo rappresentativo della volontà popolare) la decisione relativa allo **stato di guerra**, proprio per gli effetti che questa può avere nella vita del Paese. La dottrina ha in proposito osservato che se è vero che l'Italia ripudia la guerra quale mezzo di risoluzione delle controversie internazionali (art. 11 Cost.) è altrettanto vero che è ammessa nel nostro Paese la c.d. guerra difensiva.

Una volta deliberato dalle Camere, lo stato di guerra viene dichiarato, ex art. 87 Cost., dal Capo dello Stato.

L'art. 78 Cost. non specifica con quale atto deve essere deliberato lo stato di guerra. Un vivace dibattito dottrinale si segnale in proposito: una parte ritiene che tale deliberazione deve avvenire con legge (in quanto atto tipico del Parlamento); secondo un'altra corrente può «[...] assumere anche forma non legislativa» (ELIA).

L'amnistia e l'indulto

A norma dell'art. 79 Cost. le Camere possono concedere con legge l'amnistia e l'indulto.

Con l'**amnistia** vengono estinti i reati. Nei casi di condanna, l'amnistia comporta l'estinzione dell'esecuzione della stessa (e delle pene accessorie).

L'indulto (comunemente definito come **atto di clemenza**) comporta non l'estinzione ma il condono (totale o parziale) dei reati o la loro commutazione in reati minori.

La Costituzione per tali tipi di legge richiede una deliberazione a maggioranza qualificata (in ogni singolo articolo e nelle votazioni finali). In tal modo, attesa la loro importanza e le conseguenze che ne derivano, sarà assicurato il più ampio consenso delle forze politiche presenti in Parlamento.

La norma precisa che la legge deve precisare i termini di applicazione dell'amnistia e dell'indulto (i quali non si applicheranno ai reati commessi dopo la presentazione del disegno di legge).

L'art. 79 Cost., nella sua vecchia formulazione, prevedeva che l'amnistia e l'indulto fossero concessi direttamente dal Capo dello Stato con proprio decreto. In considerazione dell'uso, ritenuto eccessivo, che se ne era fatto in passato, con la L. cost. 1/1992 è stato modificato il testo della norma attribuendo il relativo potere al Parlamento.

PAROLA CHIAVE: Amnistia
Estinzione dei reati ovvero in caso di condanna dell'esecuzione della stessa e delle pene accessorie.

PAROLA CHIAVE: Indulto
Condono (totale o parziale) dei reati o la loro commutazione in reati minori.

La messa in stato di accusa del Capo dello Stato

Il Parlamento nella sua composizione in seduta comune può altresì deliberare la messa in stato di accusa del capo dello Stato. Sul punto si rinvia al cap. 11 § 11.6.

RIEPILOGO

Il **Parlamento** è un organo costituzionale, complesso, collegiale e rappresentativo.

Il Parlamento italiano è composto dalla **Camera dei Deputati** e dal **Senato della Repubblica**.

Sono organi interni di ciascun ramo del Parlamento il **Presidente**, **l'Ufficio di presidenza**, le **Commissioni parlamentari**, le **Conferenze dei capigruppo** (o dei **Presidenti**), le **Giunte**, i **Gruppi parlamentari**.

I **requisiti** richiesti per ricoprire la carica di parlamentare sono: l'età, la validità dell'elezione, la mancanza di cause che escludono l'elettorato attivo, la mancanza di cause di ineleggibilità, la mancanza di incompatibilità.

Le **prerogative** dei parlamentari sono la rappresentatività, il vincolo di mandato, l'insindacabilità, le immunità, le indennità e i *benefits*.

Il funzionamento delle Camere e l'articolazione dei lavori avviene attraverso modalità e tempi fissati oltre che dalla Carta costituzionale anche dai regolamenti parlamentari.

Il Parlamento è l'organo titolare della **funzione legislativa** che comprende il procedimento di formazione delle leggi, la conversione dei decreti legge e le leggi delegazione.

Tra governo e Parlamento esiste un rapporto di fiducia; in virtù del quale il Parlamento conosce e valuta l'attività del governo al fine di testarne la corrispondenza con le linee programmatiche di governo. Tale attività è definita **funzione di controllo politico**.

La **funzione di indirizzo e direzione politica** attiene al rapporto di fiducia vero e proprio rispetto al quale possono essere utilizzati gli strumenti della mozione di fiducia, della questione di fiducia e della mozione di sfiducia.

Spetta al Parlamento la **deliberazione dello stato di guerra**, dell'**amnistia** e **l'indulto** e la **messa in stato di accusa del Presidente della Repubblica**.

10. IL GOVERNO

Tra gli organi dello Stato italiano il governo riveste una particolare importanza: il suo ruolo e le sue funzioni incidono difatti in maniera determinante sulla vita del nostro Paese.

La disciplina relativa alla organizzazione ed il funzionamento è contenuta nel **Titolo III**, artt. 92-96 Cost.: il che permette di qualificarlo quale organo costituzionale.

10.1. CARATTERISTICHE E COMPOSIZIONE

Caratteristiche

Il **governo** è un organo complesso (in quanto composto da organi, individuali e collegiali, con competenze specifiche) con funzioni di natura legislativa, esecutiva e di controllo. È inoltre un organo di parte in quanto espressione della parte politica che detiene la maggioranza in Parlamento. Per tale motivo concorre alla formulazione dell'indirizzo politico del Paese.

Composizione

L'art. 92, co. 1, Cost. recita «Il governo della Repubblica è composto dal Presidente del Consiglio e dei ministri, che costituiscono insieme il Consiglio dei ministri». In Italia il governo è dunque composto da soggetti determinati dotati, come ha sottolineato autorevole dottrina (RESCIGNO) di competenze costituzionalmente garantite. Tali soggetti (obbligatori) sono: Presidente del Consiglio dei ministri, i ministri e il Consiglio dei ministri.

Nella realtà il governo risulta composto anche dagli altri soggetti previsti dalla L. 400/1988: il vicepresidente del consiglio dei ministri, i ministri senza portafogli, i viceministri, i Sottosegretari di Stato, il Consiglio di Gabinetto, i Comitati di ministri, i Comitati interministeriali, i Commissari straordinari.

Il Presidente del Consiglio dei ministri

È un organo individuale posto a Capo del governo con funzioni specificatamente individuate (oltre che dall'art. 95 Cost. anche dall'art.

5 L. 400/1988 e dall'art. 3 d.lgs. 303/1999) quali: la direzione della politica generale del governo; il mantenimento dell'unità di indirizzo politico ed amministrativo dei Ministeri; la promozione dell'attività dei Ministeri; la controfirma degli atti del Presidente della Repubblica di maggiore importanza; l'assunzione delle funzioni e dei compiti attribuiti da norme di legge ai ministri senza portafoglio; la presentazione alle Camere di disegni di legge d'iniziativa governativa; la promozione e la coordinazione dell'attività del governo nelle politiche comunitarie; la promozione a nome del governo di giudizi di legittimità innanzi alla Corte Costituzionale; la presidenza *ad interim* di un Ministero vacante; la presidenza della Conferenza permanente tra Stato, regioni e province autonome (nell'ambito dei rapporti tra governo e regioni); la presidenza della Conferenza tra Stato-città ed autonomie locali e della Conferenza unificata; la gestione dei rapporti con le confessioni religiose.

APPROFONDIMENTO: Il Consiglio di Gabinetto

La Presidenza del Consiglio è dotata di articolazioni interne che assistono il Presidente del Consiglio nello svolgimento delle sue funzioni. Tra questi riveste una particolare importanza il **Consiglio di Gabinetto** costituito per la prima volta nel 1983, istituzionalizzato con l'art. 6 della L. 400/1988, per assistere e coadiuvare il Presidente del Consiglio nell'esercizio delle sue funzioni. È formato da ministri, designati dal Presidente del Consiglio sentito il Consiglio dei ministri. Alle sedute del Consiglio di Gabinetto possono partecipare anche altri ministri, su invito del Presidente del Consiglio.

Il Consiglio di Gabinetto svolge funzioni istruttorie esaminando, in via preventiva, le questioni rilevanti della politica governativa in previsione delle future deliberazioni del Consiglio.

Il compito più importante svolto dal Consiglio di Gabinetto è la discussione dei disegni di legge che saranno deliberati dal Consiglio dei ministri.

I ministri

Sono posti a capo dei **Ministeri**, che rappresentano le articolazioni dell'organizzazione amministrativa dello Stato, il cui numero, attribuzioni ed organizzazione sono determinate con legge dello Stato (art. 95, ult. co., Cost.). La recente L. 85/2008 ha individuato il numero dei Ministeri italiani. Essi sono: 1) Affari esteri; 2) Interno; 3) Giustizia; 4) Difesa; 5) Economia e finanze; 6) Sviluppo economico; 7) Politiche agricole, alimentari e forestali; 8) Ambiente e tutela del territorio e del mare; 9) Infrastrutture e Trasporti; 10) Lavoro, salute e delle politiche sociali; 11) Pubblica istruzione, Università e ricerca; 12) Beni ed attività culturali.

Il Consiglio dei ministri

È un organo collegiale composto da: il Presidente del Consiglio, il/i vicepresidente/i del Consiglio (ma senza diritto di voto), il Sottosegretario alla Presidenza del Consiglio, tutti i ministri (con o senza portafoglio).

Alle sedute del Consiglio possono altresì partecipare i Presidenti delle Regioni a Statuto speciale quando si tratta di materie di interesse delle stesse. I presidenti delle Regioni hanno anche il potere di voto consultivo (ad eccezione del Presidente della Sicilia il cui voto è deliberativo).

Le principali funzioni, individuate dalla L. 400/1988, sono: la determinazione della politica generale del Paese e dell'azione amministrativa; l'approvazione delle iniziative legislative del governo; l'approvazione dei decreti legge, dei decreti legislativi e dei regolamenti governativi; la risoluzione dei conflitti tra ministri, la nomina degli alti funzionari (civili e militari) dello Stato.

Il vicepresidente del Consiglio dei ministri

Adempie alle funzioni del Presidente in caso di assenza o impedimento temporaneo. Il Presidente del Consiglio può proporre al Consiglio dei ministri di attribuire tale qualifica ad uno o più ministri. Nel caso vengano nominati più vicepresidenti la supplenza verrà esercitata dal membro più anziano.

Secondo autorevole dottrina, la nomina del vicepresidente, ha la funzione «[…] di attribuire un particolare ruolo politico e simbolico ad un ministro, in genere al ministro più rappresentativo (quasi un capo delegazione) del maggior partito della coalizione dopo il partito da cui proviene il Presidente» (RESCIGNO).

I ministri senza portafoglio

Hanno lo *status* di Ministro ma non sono a capo di un dicastero (quindi non ne hanno né la responsabilità né compiti amministrativi). A norma del d.lgs. 303/1999 il Presidente del Consiglio può esercitare alcuni compiti e funzioni delegandoli ai ministri senza portafoglio.

Essi partecipano alle sedute del Consiglio dei ministri e sono titolari degli stessi diritti e prerogative dei ministri. La loro nomina è finalizzata al mantenimento degli equilibri politici nella compagine governativa, dando la possibilità di partecipare al governo a uomini politici che, diversamente, ne sarebbero esclusi.

Sono attualmente ministri senza portafoglio: il Ministro per l'Attuazione del programma; il Ministro per le Pari opportunità; il Ministro per le Politiche europee; il Ministro per le Politiche giovanili, il Ministro per la Pubblica Amministrazione e per l'Innovazione; il Ministro per i Rapporti con il Parlamento; il Ministro per i rapporti con le Regioni; il Ministro per le Riforme ed il federalismo; il Ministro per la Semplificazione normativa.

I viceministri

La L. 81/2001 (che ha integrato i comma 3 e 4 dell'art. 10, L. 400/1988) prevede la possibilità di attribuire a non più di dieci Sottosegretari di Stato la qualifica di **viceministro**.

Tali soggetti differiscono dai Sottosegretari in quanto partecipano al Consiglio dei ministri ma non hanno diritto di voto.

Anche la nomina dei viceministri ha carattere politico ed è la conseguenza diretta della riduzione del numero dei Ministeri.

I Sottosegretari di Stato

Sono previsti dall'art. 10 L. 400/1988 per collaborare e coadiuvare i ministri. Vengono nominati dal Presidente della Repubblica, su proposta del Presidente del Consiglio di concerto con il Ministro che il sottosegretario andrà a coadiuvare, sentito il parere del Consiglio dei ministri.

Il loro numero può variare da governo a governo in relazione alle necessità dei singoli Ministeri ovvero per ragioni di natura politica. I compiti dei Sottosegretari vengono decisi dai ministri (alle cui direttive si devono attenere) che possono delegare alcune materie. Il Ministro risponde politicamente degli atti e delle attività del Sottosegretario: per tal motivo ha anche il potere di revocare la delega o non delegare alcuna materia.

Trattandosi di soggetti prettamente politici, i Sottosegretari sono legati alle vicende del governo: in caso di sfiducia sono costretti a dimettersi al pari dei membri del governo.

I Comitati di ministri

Istituiti con decreto dal Presidente del Consiglio o dal Consiglio dei ministri, hanno compiti consultivi (di studio) o deliberativi (in quanto preparatori delle deliberazioni del Consiglio dei ministri). Possono altresì avvalersi di esperti non appartenenti alla pubblica amministrazione.

I Comitati interministeriali

Composti da più ministri, sono organi collegiali istituiti con legge presso alcuni settori della Pubblica Amministrazione, per il coordinamento delle attività dei ministeri. Presieduti dal Presidente del Consiglio o da un Ministro (indicato nella legge istitutiva), sono organi di governo posti sullo stesso piano dei ministri.

I comitati ministeriali attualmente esistenti (a seguito della L. 537/1993) sono il CIPE (Comitato interministeriale per la programmazione economica), il CICR (Comitato interministeriale per il credito ed il risparmio), il CIS (Comitato interministeriale per le informazioni e la sicurezza) ed il CIS (Comitato interministeriale per gli affari comunitari europei) istituto con la L. 11/2005.

PAROLA CHIAVE: Comitato
Gruppo ristretto di persone cui viene affidato l'esercizio di determinati compiti o funzioni.

I Commissari straordinari

Il governo può decidere di istituire particolari organi per fronteggiare esigenze straordinarie e particolari. Tali sono i **Commissari straordinari di governo**, nominati dal Presidente della repubblica, su proposta del Presidente del Consiglio dei ministri, previa deliberazione del Consiglio per la realizzazione di compiti determinati. Della nomina viene data comunicazione al Parlamento e notizia sulla Gazzetta Ufficiale. Il Presidente del Consiglio (o il Ministro da lui delegato) riferisce circa l'attività dei commissari al Parlamento, al fine di consentire l'esercizio dell'attività ispettiva.

PAROLA CHIAVE: Commissario
Funzionario cui è affidato un incarico pubblico temporaneo o permanente.

APPROFONDIMENTO: Il conflitto di interessi
Il governo incide in maniera determinante con le sue scelte sulle vicende, soprattutto economiche, del nostro Paese. L'esercizio delle funzioni ad esso affidate mira in maniera prioritaria alla cura degli interessi dello Stato.
Il ruolo dei membri del governo è tale da risultare incompatibile con altre cariche o funzioni ricoperte da personalità del mondo economico.
L'espressione **conflitto di interessi** fa pertanto riferimento a quel particolare regime di incompatibilità posto dalla L. 215/2004 allo scopo di evitare che il titolare di una carica governativa (Presidente del Consiglio, i ministri e i viceministri, i Sottosegretari di stato, i Commissari straordinari del governo) abusando della posizione ricoperta, partecipi all'adozione di un atto ovvero ometta il compimento di un atto dovuto per trarre vantaggi di natura personale (in quanto vanno ad incidere in

maniera rilevante sul patrimonio proprio o dei propri congiunti, così come previsto dall'art. 3 della legge).

La titolarità di una carica governativa, così come sancita dall'art. 2 della summenzionata legge, è pertanto incompatibile con:

- cariche o funzioni diverse da quelle del mandato parlamentare o di amministratori di enti locali;
- cariche e uffici o funzioni comunque denominate in enti di diritto pubblico ed economici;
- altre cariche e uffici o funzioni comunque denominate;
- l'esercizio di compiti di gestione in società aventi fini di lucro o in attività di rilievo imprenditoriale;
- l'esercizio di attività professionali o di lavoro autonomo connesse con la carica di governo (di qualunque natura, anche se gratuite, a favore di soggetti pubblici o privati);
- l'esercizio di qualsiasi tipo di impiego o lavoro pubblico o privato.

I predetti incarichi o funzioni cessano quindi al momento di assunzione della carica governativa (in genere dalla data di giuramento del governo).

La L. 215/2004 consente ai titolari di cariche governative di mantenere la proprietà delle imprese private (risultando quindi incompatibile soltanto l'attività di gestione delle stesse). Si segnala in proposito che la questione è tutt'oggi dibattuta in quanto si ritiene che anche il mantenimento della mera proprietà possa comunque originare un conflitto di interessi.

La competenza a vigilare su gli atti del governo che possono dar luogo al conflitto spetta all'**Autorità garante della concorrenza e del mercato**. Quando invece si tratta di imprese editoriali la competenza spetta all'**Autorità garante per le telecomunicazioni** (nel qual caso troverà applicazione la L. 28/2000, c.d. legge sulla *par condicio*).

10.2. IL PROCEDIMENTO DI FORMAZIONE

La formazione del governo non viene disciplinata in maniera puntuale dalla Costituzione la quale all'art. 92, co. 2, si limita a stabilire «Il Presidente della Repubblica nomina il Presidente del Consiglio dei ministri e, su proposta di questo, i ministri».

Il **procedimento di formazione del governo** è quindi semplicemente frutto della prassi, non esistendo una norma costituzionale o di legge che disciplini in maniera dettagliata la materia.

Le procedure attualmente utilizzate per la formazione del governo differiscono profondamente rispetto a quelle utilizzate fino al 1993.

Dalla nascita della Repubblica fino al 1993 i Governi italiani sono stati caratterizzati da una forte instabilità politica (basti pensare che in quell'arco di tempo ne sono succeduti ben 45). Ciò era la conseguenza dell'adozione del sistema elettorale proporzionale che non consentiva a nessuna forza politica di raggiungere la maggioranza assoluta dei voti. I Governi formatisi in quegli anni (c.d. Governi di coalizione) erano frutto di accordi tra parti politiche che seguivano alle elezioni. I Governi comprendevano forze politiche differenti e il Presidente del Consiglio era costretto a fungere da mediatore tra tali forze.

La formazione dei governi avveniva attraverso un procedimento piuttosto complesso all'interno del quale spiccava il ruolo del Presidente della Repubblica (diretto ad assicurare il mantenimento degli equilibri politici). Tale procedimento aveva inizio con le **consultazioni** delle parti politiche (oltre che dei Presidenti di Camera e Senato e dei gruppi parlamentari) al fine di individuare la persona che potesse ricoprire la carica di Presidente del Consiglio e «che rispondesse alle aspettative delle forze di governo», al termine delle quali il Presidente della Repubblica conferiva l'incarico a colui che si fosse dimostrato in grado di formare un governo che ottenesse la fiducia dal Parlamento.

Il conferimento dell'incarico poteva essere preceduto o da un **mandato esplorativo** (affidato in genere al Presidente di una delle Camere con lo scopo di individuare la persona a cui affidare la formazione del governo) o da un **preincarico** (affidato alla persona che avrebbe poi formato il governo, con lo scopo di testare gli «umori» delle parti politiche ed accertare l'esistenza della maggioranza necessaria per ottenere la fiducia).

L'accettazione dell'incarico avveniva con riserva: l'incaricato consultava i gruppi parlamentari e definiva un programma di governo che raccogliesse il consenso dei partiti. Ottenuto il consenso della maggioranza il Presidente della Repubblica lo nominava, con decreto, Presidente del Consiglio; in caso contrario il soggetto designato rinunciava rimettendo la questione nelle mani del Presidente della Repubblica.

Tale scenario è mutato radicalmente nel 1993 con l'introduzione di un sistema elettorale maggioritario che ha determinato alcune conseguenze: la creazione di coalizione prima delle elezioni e non in seguito al risultato elettorale e il conseguente contrapporsi di due poli contrapposti (ma formati da più partiti che si accordano in ordine al programma di governo).

Tale sistema bipolare non è stato compromesso dalla L. 270/2005 che pur prevedendo un sistema elettorale di tipo proporzionale ha visto nelle ultime tornate elettorali contrapporsi due coalizioni formate da più partiti che per l'ingresso in Parlamento devono superare la soglia c.d. di sbarramento.

Il procedimento di formazione del governo ha pertanto subito delle modificazioni. Il Presidente della Repubblica espleta tutt'oggi le consultazioni ma la scelta della persona da nominare quale Presidente del Consiglio è puramente formale: viene sottratta alla sua discrezionalità limitandosi il Capo dello Stato a nominare persona designata dalla coalizione vincente.

Il procedimento di formazione del governo ricalca, nelle fasi successive all'incarico, quello utilizzato prima del 1993 ma i tempi si sono accorciati.

Il nuovo Presidente del Consiglio presenta, al momento della nomina, la lista dei ministri che il Presidente della Repubblica nomina con decreto (controfirmato dal nuovo Presidente del Consiglio). L'assunzione delle funzioni è preceduta dal giuramento nelle mani del Presidente della Repubblica, così come previsto dall'art. 93 Cost. A norma dell'art. 94 Cost. entro 10 giorni dalla formazione il governo deve presentarsi alle Camere per ottenere la fiducia.

10.3. LA CRISI DI GOVERNO

Il governo in carica deve poter contare sull'appoggio delle forze politiche della maggioranza parlamentare. Nell'ipotesi in cui questo venga meno si apre la c.d. **crisi di governo**.

La dottrina prevalente è solita operare una distinzione tra crisi parlamentare e crisi extraparlamentare.

La **crisi parlamentare** che si verifica a seguito di una mozione di sfiducia da parte del Parlamento che a norma dell'art. 94, ult. co, Cost. «[...] deve essere firmata da almeno un decimo dei componenti della Camera e non può essere messa in discussione prima di tre giorni dalla sua presentazione».

La mozione di sfiducia è votata per appello nominale e deve essere motivata, con l'indicazione dei motivi per cui non è più possibile accordare la fiducia all'esecutivo.

Le **crisi extraparlamentari** sono invece generate da eventi esterni al Parlamento (in genere di natura politica) il cui verificarsi impedisce al governo in carica di adempiere alle sue funzioni (ad es. come si è verificato nell'ultimo governo Prodi a seguito della decisione di un partito di uscire dalla maggioranza).

La Costituzione prevede e disciplina solo la crisi parlamentare. Per tale motivo le crisi extraparlamentari vengono per così dire «parlamentarizzate»: il Presidente della Repubblica difatti invita il governo a presentarsi dinanzi alle Camere per illustrare i motivi che hanno determinato le dimissioni.

L'approvazione della **mozione di sfiducia** comporta le dimissioni del governo che vengono presentate al Capo dello Stato il quale le accetta con riserva. Il Presidente della Repubblica inizia le consultazioni al fine di individuare una personalità in grado di formare un nuovo governo che goda della fiducia del Parlamento. Se ciò non avviene il Capo dello Stato scioglie le Camere e indice le nuove elezioni (art. 88 Cost.).

Le dimissioni, in tal caso, sono obbligatorie; tuttavia il governo può presentare le proprie dimissioni, prima dell'apertura della crisi, allorché abbia verificato che in Parlamento sia venuta meno la maggioranza che lo sostiene. In tal caso il Capo dello Sato può invitare il governo a presentarsi dinanzi alle Camere per esperire il tentativo di trovare nuovi accordi.

Il governo dimissionario resta in carica, fino all'insediamento del nuovo governo, unicamente per il disbrigo degli atti di ordinaria amministrazione. Non può quindi più esercitare il potere di indirizzo e di direzione né chiedere alla Corte dei conti la registrazione con riserva degli atti amministrativi.

La mozione di sfiducia che può determinare la crisi di governo non va confusa con la **questione di fiducia**. Quest'ultimo è difatti uno strumento a disposizione dell'esecutivo, nel caso di contrasti in seno alla maggioranza per evitare l'apertura di una crisi e mantenere unita la maggioranza. La questione di fiducia può essere posta su un disegno di legge, su un singolo articolo, su ordini del giorno, mozioni e risoluzioni e il voto contrario determina l'obbligo di rassegnare le dimissioni.

Va infine ricordato che a norma dell'art. 94, co. 4, Cost. «Il voto contrario di una o di entrambe le Camere su una proposta del governo non importa obbligo di dimissioni». Dalla lettera della norma si evince che l'obbligo di dimissioni consegue solo alla approvazione di una mo-

APPROFONDIMENTO: Il rimpasto e la sfiducia del singolo ministro

È opportuno segnalare che la compagine governativa può subire dei mutamenti, durante la permanenza in carica, a seguito di un rimpasto ministeriale ovvero la sfiducia o la revoca di un singolo ministro.

Attraverso il **rimpasto ministeriale** si provvede alla sostituzione di uno o più ministri. Si dà luogo al rimpasto nei casi in cui uno o più componenti il governo abbiano perso la fiducia del Presidente del Consiglio o della maggioranza parlamentare, o col verificarsi di altri eventi (quali le dimissioni, la malattia, la morte).

È interessante segnalare che una parte della dottrina ha annoverato il rimpasto tra le possibili cause di una crisi di governo. Tale orientamento prendeva le mosse dalla considerazione relativa alla opportunità che il governo, nella nuova composizione (cioè con la presenza dei nuovi ministri) si presenti dinanzi alle Camere per ottenere la fiducia (essendo venuto meno il governo nella sua prima composizione che aveva ottenuto la fiducia del Parlamento).

Secondo l'orientamento prevalente invece il rapporto fiducia-

rio iniziale investe automaticamente anche il nuovo governo nella sua mutata composizione. Il rimpasto difatti non è causa scatenante una crisi parlamentare ma uno strumento utilizzabile, ricorrendone i presupposti, per scongiurarla.
La **sfiducia individuale** di singoli ministri non è prevista dalla Costituzione ma soltanto dall'art. 115 del regolamento della camera dei deputati (con le stesse modalità previste per la sfiducia al governo).

zione di sfiducia ovvero al voto contrario nei casi in cui venga posta la questione di fiducia.

10.4. LE FUNZIONI DEL GOVERNO

Il governo è l'organo a capo dell'apparato burocratico dello Stato. Il governo è pertanto titolare di funzioni amministrative a cui si aggiungono funzioni politico-costituzionali.

Come sottolineato da autorevole dottrina (RESCIGNO), il governo non ha competenze enumerate e specifiche (come avviene per gli altri organi dello Stato) ma indeterminate che vengono demandate dal Parlamento con legge e che incontrano il limite del rispetto delle competenze riservate dalla Costituzione agli altri organi.

APPROFONDIMENTO: Gli atti del governo
L'atto tipico attraverso il quale si realizza l'attività di governo è il **decreto** (a contenuto normativo o amministrativo), il quale può assumere la forma di decreto presidenziale (se emanato dal Presidente della Repubblica) o decreto ministeriale. Questi ultimi si suddividono ulteriormente in:

- **decreti del Presidente del Consiglio dei ministri** (D.P.C.M): emanati dal Presidente del Consiglio nelle materie di sua competenza;
- **decreti ministeriali** (D.M.): emanati dal singolo ministro;

- **decreti interministeriali**: emanati di concerto tra più ministri nelle materie di interesse comune o in attuazione di delibere assunte in sede di comitato interministeriale.

Le funzioni vengono solitamente distinte in: funzioni di indirizzo politico, legislative ed amministrative.

LE FUNZIONI DI INDIRIZZO POLITICO

Con esse si realizza, attraverso la scelta degli strumenti politici più idonei, l'attività di governo. In virtù di tali poteri spettano al governo le funzioni di indirizzo politico economico (che legittimano l'intervento del governo nei fondamentali settori dell'economia e finanze), la direzione della politica estera e della politica comunitaria (e quindi più in generale la gestione dei rapporti con soggetti stranieri), la politica informativa e sicurezza (che mira all'acquisizione delle informazioni necessarie alla difesa dello Stato, secondo la disciplina dettata dalla L. 124/2007); la politica militare (comprese le missioni all'estero).

Le funzioni di indirizzo politico sono esercitate per mezzo dei c.d. **atti politici**, posti in essere in un dato momento storico per la realizzazione di determinati fini istituzionali ed in armonia con il dettato della Carta costituzionale, i quali non sono sindacabili. In proposito è opportuno ricordare che mentre il Consiglio di Stato con la sent. n. 217/1996 ha qualificato atti politici i soli atti di indirizzo politico del governo che non assumono la natura di atto amministrativo, secondo la dottrina prevalente sono atti politici quelli che promanano anche da altri soggetti (Presidente della Repubblica, Parlamento, Corte Costituzionale, regioni e corpo elettorale) e che non hanno una forma tipica.

LE FUNZIONI LEGISLATIVE

Sono attribuite al governo in via eccezionale, nei casi tassativamente previsti dalla Costituzione, e si concretano con l'adozione di decreti legge e decreti legislativi (art. 76 e 77 Cost.) ovvero degli atti per fronteggiare lo stato di guerra (che a norma dell'art. 78 Cost. viene deliberato dalle Camere le quali conferiscono al governo i poteri necessari). Con l'esercizio delle funzioni legislative il governo collabora attivamente con il Parlamento ai fini dell'adozione di norme giuridiche.

Le funzioni amministrative

Spettano al governo in quanto organo posto a capo dell'apparato burocratico dello Stato.

Esse vengono solitamente distinte in funzioni amministrative in senso stretto (quali l'emanazione degli atti amministrativi relativi all'attività dei singoli ministeri; lo scioglimento dei Consigli comunali e provinciali; la rimozione dei sindaci; la decisione sui ricorsi amministrativi al Capo dello Stato) e funzioni di alta amministrazione (quali la nomina e la revoca dei dirigenti o funzionari di enti pubblici o di organi dello Stato; l'emanazione di regolamenti generali o di ordinanze d'urgenza; la decisione del Consiglio dei ministri che risolve i conflitti di competenza; l'annullamento per motivi di legittimità di atti amministrativi anche definitivi).

10.5. LA RESPONSABILITÀ DEL GOVERNO, DEL PRESIDENTE DEL CONSIGLIO E DEI MINISTRI

La responsabilità del governo

Come avviene per gli altri organi costituzionali, anche il governo è responsabile per gli atti compiuti nell'esercizio delle sue funzioni.

La responsabilità del governo è **responsabilità politica**. Il governo difatti, in quanto titolare delle funzioni di indirizzo politico, risponde delle scelte effettuate e degli strumenti utilizzati dinanzi al Parlamento. Tale responsabilità si delinea maggiormente nelle ipotesi in cui venga posta innanzi al Parlamento una questione di fiducia. Il governo pertanto, anche se indipendente dal Parlamento (dal quale non può ricevere ordini) risponde dinanzi a questo del suo operato.

Tale forma di responsabilità presenta i caratteri della:

1) **generalità**: ovvero responsabilità generale per tutti gli atti del governo;
2) **collegialità**: il governo è del resto un organo collegiale il cui programma unitario vincola tutto l'esecutivo. La conseguenza è che nell'ipotesi di dimissioni del Presidente del Consiglio, il quale

esprime la linea politica comune del governo, si produrrà come effetto le dimissioni dell'intero esecutivo (mentre, come si è visto nel § 10.3., ciò non avviene nelle ipotesi di dimissioni di un singolo ministro).

Ciò si desume dall'art. 95, commi 1 e 2, Cost. a norma del quale «il Presidente del Consiglio dei ministri dirige la politica generale del governo e ne è responsabile. Mantiene l'unità di indirizzo politico ed amministrativo, promovendo e coordinando l'attività dei ministri.

I ministri sono responsabili collegialmente degli atti del Consiglio dei ministri [...]».

La responsabilità politica coinvolge pertanto il governo unitariamente considerato: è quindi responsabilità del Presidente del Consiglio e dei ministri nel loro complesso.

La responsabilità del Presidente del Consiglio

La responsabilità politica del governo in quanto organo collegiale va tenuta distinta dalla responsabilità giuridica del Presidente del Consiglio la quale può essere civile o penale.

Ricorre **responsabilità civile** nel caso di danni cagionati a terzi (art. 28 Cost.). Il Presidente del Consiglio soggiacerà, al pari di un comune cittadino, alle norme relative al risarcimento del danno (artt. 2043 e ss. c.c.).

La **responsabilità penale** può essere responsabilità per gli atti compiuti nell'esercizio delle proprie funzioni. L'art. 96 Cost., così come modificato dalla L. cost. 1/1989, prevede per tali casi che «Il Presidente del Consiglio dei ministri e i ministri, anche se cessati dalla carica, sono sottoposti, per i reati commessi nell'esercizio delle loro funzioni, alla giurisdizione ordinaria, previa autorizzazione del Senato della Repubblica o della Camera dei deputati, secondo le norme stabilite con legge costituzionale». Nel caso in cui si debba procedere contro un Ministro l'autorizzazione a procedere verrà pertanto data dalla Camera di appartenenza. L'autorizzazione a procedere nei confronti di ministri appartenenti ai due rami del Parlamento compete al Senato.

Si configura altresì responsabilità penale per i casi di compimento di reati comuni, che saranno giudicati dai Tribunali ordinari.

In proposito si segnala che la recente legge 124/2008 (c.d. **Lodo Alfano**) prevede la sospensione dei processi penali (per fatti antecedenti all'assunzione della carica) per le quattro più importanti cariche dello Stato (Presidente della Repubblica, presidenti di Senato e Camera, Presidente del Consiglio) per la durata del mandato.

La responsabilità dei ministri

Il regime di responsabilità vige anche per i ministri i quali sono individualmente responsabili, oltre che per gli atti compiuti nell'esercizio delle loro funzioni, anche dei c.d. **atti ministeriali** (cioè atti che provengono da un Ministro che lo propone ed assume la decisione circa il contenuto definitivo, mentre il Presidente della Repubblica si limita a firmare l'atto), e degli atti dei sottoposti.

Anche per i singoli ministri, così come per il Presidente del Consiglio, vige un regime di responsabilità giuridica. Per tale motivo risponderanno:

- civilmente: trovando applicazione la disciplina codicistica relativa al risarcimento del danno per le ipotesi di violazioni di diritti soggettivi;
- penalmente: sia per i reati ministeriali (cioè compiuti nell'esercizio delle loro funzioni così come previsto dall'art. 96 Cost.) sia per i reati comuni (il cui giudizio spetta ai tribunali ordinari).

RIEPILOGO

Il **governo** è un organo complesso (composto da più organi, individuali e collegiali, con competenze specifiche) con funzioni di natura legislativa, esecutiva e di controllo. È inoltre un organo di parte in quanto espressione della parte politica che detiene la maggioranza in Parlamento. Per tale motivo concorre alla formulazione dell'indirizzo politico del Paese.

In Italia il governo è composto dal Presidente del Consiglio, dai ministri e dal consiglio dei ministri.

Nella realtà il governo risulta composto anche da altri soggetti previsti dalla L. 400/1988: il vicepresidente del Consiglio dei ministri, i ministri senza portafogli, i viceministri, i Sottosegretari di Stato, il Consiglio di Gabinetto, i Comitati di ministri, i Comitati interministeriali, i Commissari straordinari.

La dottrina prevalente è solita operare una distinzione tra crisi parlamentare ed extraparlamentare.

La **crisi parlamentare** si verifica a seguito di una mozione di sfiducia da parte del Parlamento.

Le **crisi extraparlamentare** sono invece generate da eventi esterni al Parlamento (in genere di natura politica) il cui verificarsi impedisce al governo in carica di adempiere alle sue funzioni.

La **mozione di sfiducia** è votata per appello nominale e deve essere motivata, con l'indicazione dei motivi per cui non è più possibile accordare la fiducia all'esecutivo.

Il governo svolge **funzioni di indirizzo politico**, **legislative** ed **amministrative**.

Come avviene per gli altri organi costituzionali, anche il governo è responsabile per gli atti compiuti nell'esercizio delle sue funzioni. La responsabilità del governo è **responsabilità politica**.

La responsabilità politica del governo in quanto organo collegiale va tenuta distinta dalla responsabilità giuridica del Presidente del Consiglio e da quella dei singoli ministri.

11. IL PRESIDENTE DELLA REPUBBLICA

Al vertice del nostro ordinamento si pone la figura del **Presidente della Repubblica**.

Il Presidente della Repubblica è la massima figura istituzionale rappresentativa di uno Stato con forma di governo repubblicana e generalmente corrisponde al rango di Capo di Stato.

Come si è avuto modo di verificare nella trattazione delle forme di governo (cap. 1, §1.5.), i compiti e le funzioni del Presidente della Repubblica possono essere molteplici, potendo spaziare da quella di rappresentante dell'unità nazionale e di garante dei principi costituzionali a quelle di vero e proprio indirizzo politico e di governo così come diversa può essere la modalità di elezione.

Nel nostro ordinamento tale figura è connotata poi da particolari caratteristiche. Le previsioni costituzionali relative a quest'organo sono contenute negli artt. 83-91.

11.1. CARATTERISTICHE, REQUISITI E PREROGATIVE DELLA CARICA

Caratteristiche

Il **Presidente della Repubblica** è un organo costituzionale connotato da particolari caratteristiche.

È innanzitutto un organo monocratico o individuale in quanto formato da un solo soggetto e non da un collegio di persone.

Al carattere dell'individualità si aggiungono quelli della neutralità, imparzialità e apoliticità (perché non è espressione di nessuna forza politica e pertanto non è organo di indirizzo politico).

Il Presidente della Repubblica è infine organo *super partes* (al di sopra dei poteri dello Stato).

Tale organo è titolare di competenze specifiche e funzioni precipue (quali quelle di garanzia e di controllo; di rappresentanza del Paese e dell'unità nazionale; di coordinamento tra gli organi dello Stato) nell'esercizio delle quali vigila sull'osservanza della Costituzione di cui assicura il rispetto formale e sostanziale (intervenendo nei casi di violazione della stessa) e mantiene in equilibrio i rapporti tra gli organi dello Stato.

I REQUISITI DELLA CARICA

L'accesso alla carica di Presidente della Repubblica presuppone il possesso di determinati requisiti che vengono individuati in maniera puntuale dall'art. 84 Cost. a norma del quale «Può essere eletto Presidente della Repubblica ogni cittadino che abbia compiuto cinquant'anni di età e goda dei diritti civili e politici». Teoricamente ogni cittadino (uomo o donna) può essere eletto Presidente della Repubblica, in pratica dall'entrata in vigore della Costituzione sono stati eletti solo uomini e solo parlamentari.

Attesa l'importanza del ruolo ricoperto, opera anche in questo caso il regime delle incompatibilità. Di conseguenza l'assunzione della carica comporta automaticamente, dal momento del giuramento, la decadenza da ogni altra carica ricoperta (sia quelle di natura politica sia quelle di natura privata con fini di lucro, sia quelle con funzioni apicali o subordinate), così come espressamente previsto dal comma 2 dell'art. 84.

Tale regime di incompatibilità è il più rigido previsto dal nostro sistema. Tuttavia è opportuno segnalare che per taluni casi (ad es. la copertura di un posto di docente universitario o l'esercizio della professione forense) in applicazione di quanto previsto dall'art. 51, co. 3 Cost. avrà luogo la sospensione della carica o della funzione già ricoperta. Di conseguenza, allo spirare del mandato presidenziale, il soggetto potrà riprendere normalmente l'esercizio della precedente professione.

LE PREROGATIVE

L'automatica decadenza da altre funzioni o cariche in precedenza ricoperte spiega anche la previsione di cui al comma 3 dell'art. 84 che recita «L'assegno e la dotazione del Presidente sono determinati con legge».

L'assegno e la dotazione sono pertanto **prerogative** tipiche del Capo dello Stato.

L'**assegno** si configura come indennità per la carica ricoperta e ha la finalità di garantire l'indipendenza economica del Capo dello Stato; per tal ragione è personale.

Il termine **dotazione** configura l'insieme dei beni immobili (con relative pertinenze) e le somme di denaro necessarie per lo svolgimento delle funzioni inerenti alla carica che sono sostanzialmente di proprietà dello Stato.

Il Capo dello Stato gode poi dell'immunità nel senso di generale irresponsabilità per gli atti compiuti nell'esercizio delle sue funzioni, che incontra i limiti di cui all'art. 90 Cost. (ma sul punto v. infra §11.6).

11.2. L'ELEZIONE: LA DURATA DEL MANDATO E IL GIURAMENTO

L'ELEZIONE

Le modalità di elezione del Presidente della Repubblica vengono stabilite dall'art. 85 Cost. che attribuisce tale compito al Parlamento in seduta comune integrato da tre delegati per ogni regione eletti dai rispettivi consigli regionali (scegliendoli due nelle maggioranze ed uno nelle minoranze), ad eccezione della Valle d'Aosta che ha un solo delegato.

La presenza dei delegati mira sopratutto al coinvolgimento delle Regioni nella elezione del Presidente della Repubblica, oltre ad allargare il numero degli elettori per un consenso ampio il più possibile.

La convocazione del Parlamento in seduta comune e dei delegati regionali spetta al Presidente della Camera dei deputati che vi provvede nel termine di trenta giorni prima della scadenza naturale del mandato presidenziale. Può tuttavia verificarsi che le Camere siano sciolte o che manchino meno di tre mesi alla loro cessazione: tali ipotesi vengono disciplinate dal comma 3 dell'art. 85 Cost. che attribuisce il compito di eleggere il nuovo capo dello Stato alle nuove Camere, nel termine di quindici giorni dalla prima riunione. Per il periodo intercorrente opera l'istituto della *prorogatio* dei poteri del Presidente ancora in carica.

L'elezione, secondo quanto previsto dall'ultimo comma dell'art. 83 avviene per scrutinio segreto. Allo scopo di garantire un consenso esteso, la norma richiede delle maggioranze particolari. Risulterà pertanto eletto chi ha riportato la maggioranza dei 2/3 dei voti (c.d. maggioranza qualificata) nei primi tre scrutini; laddove non venga raggiunto il predetto quorum sarà eletto chi riporta la metà più uno dei voti (c.d. maggioranza assoluta).

Al riguardo, la dottrina prevalente ritiene che siffatte modalità siano state stabilite allo scopo di evitare che i tempi per l'elezione si prolunghino, con sostanziale perdita di prestigio dinanzi all'opinione pubblica della persona eletta.

La durata del mandato presidenziale

A norma dell'art. 95, co. 1, Cost. «Il Presidente della Repubblica è eletto per sette anni». La previsione di un arco temporale così lungo (che decorre dalla data di giuramento) è direttamente collegata alla funzione di garanzia propria della carica, che necessita di stabilità nel tempo.

Trattandosi di un organo apolitico e *super partes*, non si pone la necessità di un suo rinnovo entro termini più brevi. In tal modo, inoltre, si svincola la carica dalle vicende politiche del Paese ed in particolare dalla durata del Parlamento che lo elegge (con la previsione di un periodo di tempo superiore a quello delle Camere).

Autorevole dottrina ha osservato inoltre che «Il modo di formazione dell'organo previsto nella nostra Costituzione [...] evita i pericoli che potrebbero sorgere se il Presidente fosse direttamente investito nell'ufficio dal popolo. In tal caso, infatti, il Presidente potrebbe essere indotto ad intervenire nella direzione politica dello Stato (proprio in quanto espressione diretta della volontà popolare) mentre, come sappiamo, nei regimi parlamentari tale direzione è riservata al raccordo gruppi parlamentari di maggioranza-governo» (MARTINES).

A differenza di quanto previsto per altre cariche (i membri del Consiglio superiore della Magistratura, art. 104 Cost. e i giudici della Corte Costituzionale, art. 135 Cost.), la Costituzione non pone limiti espressi alla elezione di un Presidente già in carica, che può essere pertanto nuovamente eletto.

PAROLA CHIAVE: Mandato
Incarico per lo svolgimento di una attività d'interesse publico o privato.

Il giuramento

A norma dell'art. 91 Cost. «Il Presidente, prima di assumere le sue funzioni, presta giuramento di fedeltà alla Repubblica e di osservanza alla Costituzione dinanzi al Parlamento in seduta comune». Alla cerimonia del giuramento partecipano anche i delegati regionali (che hanno preso parte all'elezione). La loro presenza non è costituzionalmente prevista, tuttavia, secondo una prassi consolidata, il Presidente della Camera provvede ad invitarli.

11.3. LA SUPPLENZA E LE CAUSE DI CESSAZIONE DEL MANDATO PRESIDENZIALE

La supplenza

In alcune ipotesi può nascere l'esigenza di provvedere ad una sostituzione, anche momentanea, della persona fisica del Presidente della Repubblica che può trovarsi nell'impossibilità oggettiva di espletare le sue funzioni.

In proposito occorre segnalare che a differenza di quanto avviene per altre cariche dello Stato (si pensi ai Presidenti dei due rami del Parlamento o al Presidente del Consiglio) non è prevista la figura del vicepresidente della Repubblica. Per ovviare a tale lacuna l'art. 86 Cost. prevede l'istituto della **supplenza**. Recita infatti la norma: «Le funzioni del Presidente della Repubblica, in ogni caso che egli non possa adempierle, sono esercitate dal Presidente del Senato. In caso di impedimento permanente o di morte o di dimissioni del Presidente della Repubblica, il Presidente della Camera dei deputati indice la elezione del nuovo Presidente della Repubblica entro quindici giorni, salvo il maggior termine previsto se le Camere sono sciolte o manca meno di tre mesi alla loro cessazione».

Nella prassi, la figura del supplente ha assunto una notevole importanza. Dal punto di vista giuridico il supplente si colloca sullo stesso piano del titolare effettivo della carica potendo godere delle stesse garanzie e degli stessi benefici. I suo poteri sono pressoché identici dal momento che la Costituzione non pone limiti al riguardo. Tuttavia parte della dottrina ritiene che, non essendo il supplente il vero titolare della carica risulta comunque opportuno che lo stesso differisca, finché possibile, le decisioni urgenti per consentire al nuovo Presidente o al Presidente non più impedito di decidere al riguardo.

Come si desume dal testo della norma costituzionale, tale compito viene attribuito al Presidente del Senato (che viene sospeso dalla carica e sostituito dal vicepresidente più anziano).

Quanto alle cause che possono dare luogo alla supplenza, la Costituzione opera una distinzione tra impedimento permanente o temporaneo.

L'impedimento si qualifica **permanente** quando è irreversibile o è probabile che si protrarrà per tutto il periodo della carica e ricorre nei casi di infermità irreversibile, perdita del godimento dei diritti civili e politici ovvero quando la Corte costituzionale dichiara la decadenza dalla carica con sentenza di condanna per alto tradimento o attentato alla Costituzione (art. 15 L. cost. n. 1/1953). In tal caso la supplenza (c.d. ***sede vacante***, perché manca il titolare della carica) durerà il tempo necessario per permettere agli organi deputati di eleggere un nuovo Presidente della Repubblica.

Quando invece il fatto impeditivo all'esercizio delle funzioni dura solo per un periodo limitato di tempo si parla di **impedimento temporaneo**. Ciò avviene nei casi di malattia, di sospensione della carica in pendenza del procedimento di accusa per alto tradimento e attentato alla Costituzione innanzi alla Corte Costituzionale (art. 12, co. 4, L. cost. 1/1953 come sostituito dall'art. 3 L. cost. 1/1989) e viaggi all'estero (anche se la prassi utilizzata in quest'ultima ipotesi è stata differente. Difatti alcuni presidenti hanno fatto ricorso alla supplenza, altri no). Si parla per tali ipotesi di supplenza ***sede plena*** cioè con carica ricoperta.

La dichiarazione di impedimento spetta normalmente al Presidente della Repubblica. Tuttavia possono ricorrere delle ipotesi in cui lo stesso Presidente versi nell'impossibilità oggettiva di farlo. La Costituzione non fornisce indicazione in merito e al riguardo si segnala un vivace dibattito in dottrina. Secondo le diverse tesi, difatti, la titolarità della funzione relativa alla dichiarazione di impedimento viene attribuita a organi diversi (Corte costituzionale, Presidente della Camera, Parlamento in seduta comune o governo) in relazione ai rapporti intercorrenti con la figura presidenziale o del ruolo ricoperto nelle vicende connesse alla carica. Tutt'oggi la questione non trova ancora una soluzione definitiva.

APPROFONDIMENTO: Un caso di supplenza
Nella pratica tale ipotesi si è verificata una sola volta con il

Presidente della Repubblica Segni il quale fu improvvisamente colpito da un grave malattia (e che poi preferì, col prolungarsi della malattia, rassegnare le proprie dimissioni nel dicembre del 1964). In quella occasione per ragioni di opportunità venne dichiarato l'impedimento temporaneo e si instaurò un procedimento complesso che coinvolse vari organi:

- il Segretario generale presso la Presidenza della Repubblica che prese l'iniziativa del procedimento;
- il Consiglio dei ministri che accertò l'impedimento sulla base di certificati medici;
- il Presidente del Consiglio dei ministri, il presidente della camera ed il presidente del Senato i quali provvidero alla dichiarazione.

I fatti che determinano l'impedimento permanente rappresentano alcune delle possibili cause di cessazione dell'ufficio presidenziale. Tali cause possono essere così schematizzate:

1) morte;
2) scadenza naturale del mandato, al termine dei sette anni;
3) impedimento permanente per malattia grave;
4) destituzione dalla carica dichiarata dalla Corte costituzionale a seguito di sentenza di condanna per alto tradimento o attentato alla Costituzione;
5) decadenza per il venir meno di uno dei requisiti di eleggibilità previsti dall'art. 84 Cost.;
6) le dimissioni (le quali sono irrevocabili ed incondizionate ed una volta presentate, con la comunicazione al Parlamento, non possono più essere ritirate).

Salvo le cause di cui ai punti 4 e 5, il Presidente della Repubblica, alla cessazione del mandato, diviene, di diritto e salvo rinuncia, senatore a vita secondo quanto previsto dall'art. 59, co. 1, Cost.

PAROLA CHIAVE: Supplenza
Sostituzione temporanea di un soggetto.

11.4. I POTERI E LE FUNZIONI DEL PRESIDENTE DELLA REPUBBLICA

I poteri

Il Presidente della Repubblica, in quanto organo al di sopra delle parti, non ha come logica conseguenza la titolarità di alcun potere dello Stato, ma ha soltanto la possibilità di intervenire in merito ad alcuni aspetti relativi all'esercizio delle tre funzioni (legislativa, esecutiva e giudiziaria).

La dottrina al riguardo più che di singoli poteri parla di «[…] un autonomo potere presidenziale, caratterizzato dalle funzioni ad esso connesse che non implicano una partecipazione diretta del Presidente alla attività di indirizzo politico (*potere neutro*)» (MARTINES).

Le funzioni

Il Presidente della Repubblica assolve a particolari funzioni che vengono esplicitate in maniera minuziosa dagli art. 87 e 88 Cost. e da altre norme costituzionali.

Come opportunamente osservato «Il Presidente della Repubblica, nell'esercizio delle sue funzioni, […] vigila sul funzionamento del meccanismo costituzionale ed interviene nel momento in cui le regole che lo disciplinano non vengono osservate, al fine di assicurare il rispetto, formale e sostanziale, della Costituzione ed il mantenimento di un corretto equilibrio fra gli organi cui spetta la direzione politica dello Stato» (MARTINES).

Funzioni del Presidente e funzione legislativa

Il Presidente della Repubblica in relazione alla funzione legislativa:

1) **nomina cinque senatori a vita** (art. 59, co. 2);
2) **convoca le Camere in via straordinaria** (art. 62 Cost.): in tale ipotesi se si riunisce una Camera è convocata di diritto anche l'altra;

3) **promulga le leggi ed emana i decreti aventi valore di legge ed i regolamenti** (art. 73 e art. 87, co. 5 Cost.): la promulgazione e l'emanazione sono atti analoghi e rappresentano una forma di partecipazione del Capo dello Stato ai procedimenti di formazione delle leggi, dei decreti e dei regolamenti;
4) **rinvia le leggi alle Camere** (art. 74 Cost.): il rinvio alla Camere ha luogo per motivi di merito (ossia vizi dell'atto) o di legittimità (contrasto con norme costituzionali). La legge viene quindi rinviata alle Camere con messaggio motivato per chiedere una nuova deliberazione (c.d. potere di veto sospensivo);
5) **invia messaggi alle Camere** (art. 87, co. 2), con lo scopo di veicolare l'attenzione su problemi avvertiti in seno al Paese. Tali messaggi, che devono essere sempre controfirmati e sono espressione dei suoi intendimenti, vengono distinti in messaggi a contenuto vincolato (quali quelli che accompagnano l'atto di rinvio alle Camere di una legge approvata) ed a contenuto libero (cioè comunicazioni relative a tematiche di particolare importanza);
6) **indice le elezioni delle Camere e ne fissa la prima riunione** (art. 87, co. 3, Cost.);
7) **indice i referendum popolari** (art. 87, co. 6 Cost.);
8) **scioglie le Camere, o anche solo una di esse** (art. 88).

Funzioni del Presidente e funzione esecutiva

Il Presidente della Repubblica in relazione alla funzione esecutiva:

1) **nomina i funzionari dello Stato nei casi stabiliti dalla legge** (art. 87, co. 7, Cost.): ad esempio i Presidenti del Consiglio di Stato e della Corte dei conti;
2) **nomina gli esperti del CNEL**;
3) **ratifica i trattati internazionali ed accredita e riceve i rappresentanti diplomatici** (at. 87, co. 8, Cost.) nell'esercizio della sua funzione di rappresentanza internazionale;
4) **ha il comando delle Forze armate, presiede il Consiglio Supremo di difesa e dichiara lo stato di guerra deliberato dalle Camere** (art. 87, co. 9 Cost.): il comando delle forze armate così come la presidenza del Consiglio supremo di difesa (il c.d. Stato maggiore) non ha carattere militare o strategico ma viene attribuito al Capo dello Stato in ragione della sua funzione di rappresentanza del Pae-

se; la dichiarazione di guerra è un atto successivo alla deliberazione del Parlamento e a questo strettamente collegata;

5) **conferisce le onorificenze della Repubblica** (art. 87, co. 12, Cost.);
6) **nomina il Presidente del Consiglio dei ministri e, su proposta di questi, i ministri** (art. 92, co. 2, Cost.);
7) **può sciogliere i Consigli regionali e rimuovere il Presidente della Giunta** (art. 126 cost.).

Funzioni del Presidente e funzione giurisdizionale

Il Presidente della Repubblica in relazione alla funzione giurisdizionale:

1) **presiede il Consiglio superiore della Magistratura** (art. 87, co. 10 e art. 104, co. 2, Cost.): la presidenza dell'organo supremo della magistratura assolve ad importanti funzioni: di equilibrio di eventuali contrasti sorti all'interno del CSM e di intermediazione tra il Consiglio stesso e il governo (e quindi tra potere giudiziario e potere esecutivo). In questa funzione il Presidente della Repubblica può disporre anche lo scioglimento del CSM, se questo versi nell'impossibilità di funzionare (art. 31 L. 195/1958);
2) **concede la grazia e può commutare le pene** (art. 87, co. 11, Cost.);
3) **nomina i cinque giudici della Corte costituzionale** (art. 135 Cost.).

Le altre funzioni

Il Capo dello Stato è infine titolare di alcune funzioni di carattere amministrativo quali:

1) l'emanazione del decreto di annullamento degli atti amministrativi illegittimi degli enti locali;
2) l'emanazione del decreto di decisione dei ricorsi straordinari amministrativi;
3) lo scioglimento dei Consigli comunali e provinciali;
4) il conferimento della cittadinanza italiana;
5) il cambiamento o l'aggiunta di cognomi.

11.5. L'ISTITUTO DELLA CONTROFIRMA MINISTERIALE

Come sottolineato da autorevole dottrina (RESCIGNO), l'istituto della **controfirma ministeriale** è quello che meglio caratterizza il ruolo del Presidente della Repubblica nei confronti del governo.

Le origini dell'istituto possono essere rinvenute nelle monarchie parlamentari (ad es. in Italia vigendo lo Statuto Albertino). In tali forme di governo vigeva un principio di origine inglese «*the King cannot act alone*» (il Re non può agire da solo). In forza di tale principio la responsabilità per gli atti del re veniva attribuita a determinati soggetti, ovvero i ministri.

Col tempo, l'istituto ha subito delle trasformazioni: il Sovrano, che continuava ad essere deresponsabilizzato, si limitava alla firma dell'atto che proveniva dal Ministro il quale ne rispondeva dinanzi al Parlamento.

L'istituto, in questa nuova accezione, è stato poi recuperato anche dalla nostra Costituzione. Recita infatti l'art. 89 «Nessun atto del Presidente della Repubblica è valido se non è controfirmato dai ministri proponenti, che ne assumono la responsabilità.

Gli atti che hanno valore legislativo e gli altri atti indicati dalla legge sono controfirmati anche dal Presidente del Consiglio dei ministri.»

La norma permette di operare una distinzione tra tre tipi di atti: gli atti ministeriali, gli atti presidenziali e gli atti sostanzialmente complessi.

Gli atti ministeriali

Gli **atti ministeriali** sono **atti formalmente presidenziali ma sostanzialmente governativi**. Tali atti provengono da un membro del governo (può trattarsi del Presidente del Consiglio o di un Ministro) che lo propone ed assume la decisione circa il contenuto definitivo dell'atto stesso, mentre il Presidente della Repubblica si limita a controfirmare l'atto. Il Presidente della Repubblica ha comunque la possibilità di non conformarsi all'atto: in tale ipotesi, può rifiutarsi di controfirmarlo e chiedere un riesame dello stesso, formulare osservazioni o sollevare obiezioni. Laddove l'atto venga nuovamente proposto nello stesso identico contenuto, il Presidente non potrà far altro che controfirmarlo.

Rispetto a tali atti, con la controfirma il Presidente della Repubblica esercita solo un controllo di legittimità e limitatamente di merito. Egli non può deciderne il contenuto e come è stato autorevolmente affermato «[...] incidere sulla determinazione di volontà del governo espressa (a seconda dei casi) dal Presidente del Consiglio o dal Ministro propo nente» (MARTINES). La responsabilità del Ministro che controfirma un atto presidenziale è quindi politica.

Rientrano nella categoria degli atti ministeriali ad es.: gli atti di nomina dei ministri su proposta del Presidente del Consiglio, la nomina dei funzionari di Stato, l'accreditamento dei diplomatici, i decreti presidenziali contenenti norme giuridiche (decreti legge, decreti legislativi e regolamenti), l'autorizzazione alla presentazione alle Camere dei disegni di legge di iniziativa governativa.

Gli atti presidenziali

Con gli **atti presidenziali** (**atti formalmente e sostanzialmente presidenziali**) si assiste ad un ribaltamento del rapporto; l'atto proviene direttamente dal Presidente della Repubblica mentre il Ministro si limita a controfirmarlo.

Rispetto ad essi il Presidente della Repubblica gode, nei limiti posti dalla Costituzione, di ampia discrezionalità ed autonomia. È difatti il Presidente della Repubblica che ne stabilisce il contenuto e la controfirma assume il valore di mero controllo della legittimità formale dell'atto.

Con la controfirma il ministro assume la responsabilità giuridica e non politica dell'atto medesimo.

Sono atti presidenziali: la nomina dei cinque senatori a vita, la nomina dei cinque giudici della corte costituzionale, il rinvio di una legge al Parlamento, la promulgazione delle leggi, i messaggi alle Camere.

Gli atti sostanzialmente complessi

Esiste poi una terza categoria, gli **atti sostanzialmente complessi**, rispetto ai quali la responsabilità del Presidente della Repubblica e del ministro è assolutamente identica. Il contenuto di tali atti è difatti stabilito di comune accordo dal Presidente della Repubblica e dal governo.

Sono atti sostanzialmente complessi: il decreto di nomina del presidente del Consiglio, il decreto di scioglimento delle Camere.

Rientra in tale categoria anche la concessione della grazia (con decisione assunta di comune accordo dal Presidente della Repubblica e il Ministro della Giustizia). La Corte costituzionale con la sent. 200/2006 ha precisato che la titolarità sostanziale del potere di grazia (che viene concessa per ragioni di carattere umanitario) spetta comunque al Capo dello Stato in quanto organo al di sopra delle parti. Tali precisazioni risultano necessarie in tal modo evitandosi «[...] che un provvedimento destinato a rimuovere un giudicato possa essere assunto in obbedienza a ragioni politiche di parte» (MARTINES). Per tali ragioni, secondo la Corte costituzionale, si possono escludere i poteri interdittivi o di veto del Ministro Guardasigilli.

GLI ALTRI ATTI

Possiamo ricordare infine che esistono alcuni atti presidenziali che non necessitano della controfirma ministeriale. Sono gli atti che il Presidente della Repubblica pone in essere nell'esercizio della sua funzione di Presidente del Consiglio Superiore della Magistratura e del Consiglio supremo di difesa (atti alla cui formazione partecipa il Capo dello Stato, ma rispetto ai quali la responsabilità è sempre assunta dall'organo collegiale che li ha emessi), le dichiarazioni informali e le dimissioni personali.

11.6. LE RESPONSABILITÀ

L'**irresponsabilità** del Presidente della Repubblica che viene attuata attraverso l'istituto della controfirma ministeriale ha la finalità di garantirne indipendenza e autonomia nell'esercizio delle sue funzioni.

Dal punto di vista politico, non esistendo un organo superiore a cui il Capo dello Stato deve rendere conto del suo comportamento e che possa eventualmente stabilire punizioni, si ritiene che il Presidente della Repubblica abbia solo una responsabilità politica diffusa.

Il principio della irresponsabilità del Presidente della Repubblica soffre di un'eccezione prevista dall'art. 90 Cost. a norma del quale «Il Presidente della Repubblica non è responsabile degli atti compiuti nell'esercizio delle sue funzioni, tranne che per alto tradimento ed attentato alla Costituzione.

In tali casi è messo in stato di accusa dal Parlamento in seduta comune, a maggioranza assoluta dei suoi membri».

L'**alto tradimento** viene configurato quale comportamento doloso (caratterizzato cioè dalla volontà di arrecare un danno) che costituisca lesione al dovere di fedeltà alla Repubblica e presuppone un accordo con altri Stati tale da arrecare pregiudizio agli interessi nazionali o compromettere l'ordinamento stesso del Paese.

> **PAROLA CHIAVE: Dolo**
> Volontà cosciente di arrecare un danno a qualcuno traendolo in errore o con l'inganno.

L'**attentato alla Costituzione** viene qualificato dall'art. 283 c.p. come «un fatto diretto a mutare la Costituzione dello Stato o la forma di governo con mezzi non consentiti dall'ordinamento costituzionale dello Stato».

In tali ipotesi, in applicazione della art. 12 L. cost. 1/1953 come modificato dalla L. cost. 1/1989, il Presidente della Repubblica è messo in stato di accusa dal Parlamento in seduta comune con deliberazione adottata a maggioranza assoluta e a seguito di una relazione presentata da un Comitato (la ex Commissione per i procedimenti d'accusa) composto dai membri delle Giunte (di Camera e Senato) per le autorizzazioni a procedere. Deliberata la messa in stato di accusa, la Corte può sospendere il Presidente della Repubblica in via cautelare (cioè per precauzione). Tale disciplina viene tra l'altro estesa anche alle ipotesi di concorso nei reati di alto tradimento e attentato alla Costituzione del Presidente del Consiglio dei ministri, dei ministri o di altri soggetti.

È opportuno ricordare che in tale ipotesi la Corte costituzionale è integrata, a norma dell'art. 135, ult. co, Cost. da 16 membri (c.d. giudici aggregati) tratti a sorte da un elenco di 45 cittadini con i requisiti per l'eleggibilità a senatore che il Parlamento in seduta comune compila ogni nove anni.

Il giudizio sulle accuse, secondo la dottrina prevalente, ha carattere politico: ciò spiega la presenza di un numero di membri aggregati superiore a quello dei giudici costituzionali.

La successiva L. cost. 219/1989, oltre ad attribuire poteri investigativi al Comitato, ha stabilito che il procedimento di messa in stato di accusa non necessità di autorizzazione da parte di alcun organo e nel corso dello stesso non può essere fatto valere il segreto di Stato.

In Italia in una sola occasione è stata avanzata la richiesta di messa in stato di accusa contro un Presidente della repubblica. Nel 1991 tale richiesta fu avanzata contro il Presidente Cossiga, allo scadere del suo mandato. Il Comitato parlamentare pose fine alla vicenda con una dichiarazione di manifesta infondatezza delle accuse.

APPROFONDIMENTO: Le immunità delle alte cariche dello Stato

L'immunità prevista dall'art. 90 Cost. riguarda solo i reati commessi nell'esercizio delle funzioni. Al di fuori della suddetta ipotesi, il Presidente della Repubblica risponde di tutti i fatti illeciti compiuti come tutti i cittadini.

In proposito va segnalato un dibattito vivace della dottrina in ordine all'immunità penale del Capo del Stato. Una parte ritiene che, attesa l'immunità prevista dall'art. 90 Cost., l'azione andrebbe comunque esercitata allo spirare naturale del mandato presidenziale (quindi allo scadere dei sette anni).

Tale tesi è ritenuta inaccettabile da altra parte della dottrina, secondo la quale si configurerebbe un privilegio inaccettabile.

Oggi una soluzione (ma controversa e dibattuta) è stata offerta con il c.d. **lodo Schifano**, che prevede l'immunità delle più alte cariche dello Stato (Presidente della Repubblica, Presidente del Consiglio dei ministri, Presidenti di Camera e Senato) per le quali l'esercizio dell'azione penale (anche per fatti antecedenti all'assunzione della carica) sarà comunque rimandato alla fine dei rispettivi mandati (con la conseguente sospensione dei processi in corso).

APPROFONDIMENTO: I Presidenti della Repubblica Italiana dal 1948 ad oggi
Di seguito si riporta l'elenco delle personalità che hanno ricoperto la carica di Presidente della Repubblica dall'entrata in vigore della Costituzione ad oggi.
Enrico De Nicola (1946-1948)
Luigi Einaudi (1948-1955)
Giovanni Gronchi (1955-1962)
Antonio Segni (1962-1964)
Giuseppe Saragat (1964-1971)
Giovanni Leone (1971-1978)
Sandro Pertini (1978-1985)
Francesco Cossiga (1985-1992)
Oscar Luigi Scalfaro (1992-1999)
Carlo Azeglio Ciampi (1999-2006)
Giorgio Napolitano (in carica dal 2006)

RIEPILOGO

Al vertice del nostro ordinamento si pone la figura del **Presidente della Repubblica**.

Il Presidente della Repubblica è un organo costituzionale monocratico o individuale, neutrale, imparziale, apolitico e super partes.

Ha funzioni di garanzia e di controllo, di rappresentanza del Paese e dell'unità nazionale e di coordinamento tra gli organi dello Stato.

A norma dall'art. 84 Cost. «può essere eletto Presidente della Repubblica ogni cittadino che abbia compiuto cinquant'anni di età e goda dei diritti civili e politici».

Si dà luogo alla **supplenza** quando il Presidente della Repubblica si trovi nell'impossibilità oggettiva di espletare le sue funzioni.

L'**impedimento** può essere temporaneo o permanente.

Il Presidente della Repubblica, in quanto organo al di sopra delle parti, non ha la titolarità di alcun potere dello Stato, ma ha soltanto la possibilità di intervenire in merito ad alcuni aspetti relativi all'esercizio delle tre funzioni (legislativa, esecutiva e giudiziaria).

12. LA CORTE COSTITUZIONALE

L'esistenza della Costituzione pone il problema dell'individuazione di un organo *ad hoc* cui attribuire il compito di controllare la conformità delle leggi alle previsioni costituzionali.

In Italia tale compito è stato attribuito alla Corte costituzionale che è prevista espressamente dalla **Costituzione agli artt. 134-137 contenuti nel Titolo VI, Parte II** (sotto la voce **Garanzie costituzionali**).

APPROFONDIMENTO: La Corte costituzionale: brevi cenni storici
Di una prima forma di controllo di costituzionalità si può parlare con la Costituzione napoletana del 1799; tale esigenza non si pose invece per lo Statuto Albertino, il quale, presentando i caratteri della flessibilità poteva essere modificato con legge ordinaria.
La creazione di un organo deputato al controllo di legittimità costituzionale è frutto di una precisa scelta dell'assemblea costituente. L'approvazione della Costituzione quale legge fondamentale dello Stato pose l'esigenza di un controllo di conformità delle leggi con i principi in essa contenuti. A ciò si provvide con la creazione di un organo *ad hoc*.
La Corte ha cominciato a funzionare a partire dal 1956; fino ad allora l'accertamento della conformità costituzionale continuò ad essere effettuato dai magistrati ordinari.

12.1 CARATTERISTICHE E PREROGATIVE

Caratteristiche

La **Corte costituzionale** può essere definita come organo costituzionale (in quanto espressamente prevista dalla Carta) che esercita le sue funzioni per mezzo di un collegio (e quindi organo collegiale).

Essa esercita le sue funzioni in composizione collegiale: per tal motivo è qualificabile come organo collegiale.

La Corte costituzionale è titolare di funzioni giurisdizionali costituzionali: per tal ragione viene anche definita **giudice delle leggi**. Dall'esercizio delle predette funzioni deriva il carattere dell'imparzialità.

Un'autorevole dottrina (SANDULLI) attribuisce alla Corte il carattere di *superiorem non recognoscens* (cioè che non è subordinata ad altri soggetti) e per tale motivo la qualifica come potere dello Stato.

La Corte non fa parte dell'ordinamento giudiziario e pertanto non troverà applicazione la relativa disciplina. Tuttavia, in considerazione dell'esercizio delle funzioni che le sono demandate troverà applicazione l'obbligo di motivazione di cui all'art. 111 Cost., anche per i provvedimenti della Corte.

Le prerogative della Corte

Come si è visto in precedenza per altri organi, anche la Corte costituzionale gode di particolari **prerogative**. Anzitutto in virtù del suo regolamento interno, gode di autonomia regolamentare.

Ha inoltre autonomia contabile, quindi non è soggetta al controllo della Corte dei conti, e gestisce in maniera indipendente le proprie spese, nei limiti di un fondo stanziato dal Parlamento con legge.

Gode inoltre di autonomia amministrativa e organizzativa, potendo stabilire il numero degli uffici e la loro organizzazione (ovvero i diritti e i doveri dei propri dipendenti).

Anche per la Corte si può parlare di giustizia domestica (autodichia), essendo prevista dal regolamento la devoluzione alla Corte stessa dei ricorsi relativi ai dipendenti.

Come avviene per il Parlamento, la Corte gode dell'inviolabilità della sede: i poteri di polizia vengono pertanto esercitati dal presidente con l'ausilio dei commessi e, se necessario, della forza pubblica (che interviene su richiesta del presidente stesso).

Il codice penale prevede infine la tutela delle funzioni della Corte con gli artt. 289 e 290 che configurano i reati di attentato alle funzioni e vilipendio alla Corte.

PAROLA CHIAVE: Vilipendio
Offesa contro valori riconosciuti e protetti dalla tradizione e dalla legge.

12.2. LA COMPOSIZIONE E IL FUNZIONAMENTO

La composizione e il funzionamento della Corte costituzionale sono regolati oltre che dalla Costituzione anche dalla L. cost. 1/1948, dalla L. n. 87/1953, dalla L. cost. 2/1967 e dal regolamento della Corte stessa.

La composizione

A norma dell'art. 135 Cost. la Corte si compone di 15 giudici nominati per 1/3 dal **Presidente della Repubblica**, per 1/3 dal Parlamento in seduta comune e per il restante terzo dalle supreme magistrature ordinarie ed amministrative.

La nomina (con decreto) di 5 membri della Corte costituzionale da parte del Presidente della Repubblica è atto formalmente e sostanzialmente presidenziale, per cui è prevista la controfirma del Presidente del Consiglio dei ministri. L'Assemblea Costituente ha volutamente attribuito tale compito all'organo *super partes* del nostro ordinamento sottraendolo al governo «[...] al fine di impedire che, attraverso il modo in cui la Corte è composta, uno dei tre poteri dello Stato possa acquistare in essa prevalenza» (MARTINES).

L'elezione dei 5 giudici costituzionali ad opera del **Parlamento in seduta comune** avviene a scrutinio segreto con la maggioranza dei 2/3 dei componenti l'Assemblea per le prime tre votazioni, ridotta a 3/5 dalla quarta votazione in poi (così come precisato dall'art. 3 della L. 87/1953).

I restanti 5 membri della Corte vengono eletti dalle **supreme magistrature ordinarie ed amministrative** ove, con tale espressione, ci si riferisce alla Corte di Cassazione (suprema magistratura ordinaria) e al Consiglio di Stato e alla Corte dei Conti (supreme magistrature amministrative).

L'art. 2 della L. n. 87/1953 prevede al riguardo l'istituzione di 3 distinti collegi elettorali:

1) uno, composto dai membri della Corte di Cassazione (il Presidente, il Procuratore generale, i presidenti di sezione, gli avvocati generali, i consiglieri ed i sostituti procuratori della Corte di Cassazione), che provvede alla nomina di 3 giudici;
2) uno, composto da membri del Consiglio di Stato (il presidente, i presidenti di sezione ed i consiglieri di Stato) che provvede alla nomina di un solo giudice costituzionale;
3) uno, formato da membri della Corte dei Conti (il Presidente, i presidenti di sezione, i consiglieri, il procuratore generale ed i vice procuratori generali) che nomina il quinto giudice.

Le modalità di elezione sono stabilite dall'art. 4 della l. cost. 2/1967 a norma del quale l'elezione avviene a maggioranza assoluta dei componenti del collegio. Laddove non si raggiunga tale maggioranza alla prima votazione si procede ad una seconda votazione con ballottaggio fra i candidati, in numero doppio di quelli da eleggere, che abbiano ottenuto il maggior numero di voti. In tal modo risultano eletti coloro che abbiano ottenuto la maggioranza relativa. Nel caso di parità di voti viene eletto il più anziano per età.

I giudici della Corte eleggono poi al proprio interno il Presidente della Corte costituzionale.

APPROFONDIMENTO: Il Presiente della Corte Costituzionale

Il Presidente della Corte Costituzionale riveste un ruolo di rilievo all'interno dell'organo.

Il Presidente viene eletto a maggioranza assoluta; se questa non viene raggiunta si procede ad una nuova votazione e (nel caso di nuovo mancato raggiungimento del *quorum*) al ballottaggio. Sarà eletto colui che riporterà il maggior numero di voti ed in caso di parità il giudice più anziano per età.

Il Presidente dura in carica tre anni ed è rieleggibile. Egli rappresenta la Corte ed è titolare dei particolari poteri attribuitigli dal regolamento (ad es. fissa il giorno delle udienze, provvede alla convocazione della Corte, nelle deliberazioni delle ordi-

l'ordinamento dello Stato

nanze e delle sentenze vota per ultimo ed in caso di parità il suo voto prevale).
La dottrina ritiene che, in considerazioni delle funzioni, «[…] la sua posizione, se dal punto di vista formale può considerarsi quella di *primus inter pares*, sotto il profilo sostanziale, invece, si configura come una posizione di reale preminenza, non assoluta, ma tale da consentirgli di svolgere un ruolo di impulso e di coordinamento dei lavori della Corte oltre che di esercitare la sua influenza nello svolgimento e nella decisione dei giudizi, pur nella piena applicazione del principio di collegialità che presiede allo svolgimento dell'attività della Corte» (MARTINES).

Le varianti nella composizione

La composizione della Corte costituzionale varia in relazione al tipo di giudizio del quale viene investita. In particolare:

1) quando giudica sulle controversie relative alla legittimità delle leggi e degli atti aventi forza di legge, sui conflitti di attribuzione e sull'ammissibilità del referendum abrogativo è composta dai 15 giudici;
2) quando giudica sulle accuse contro il Presidente della Repubblica è composta anche dai 16 giudici aggregati (sul punto v. cap. 11 § 11.5).

IL FUNZIONAMENTO

A norma dell'art. 16 L. 87/1953 la Corte costituzionale in composizione ordinaria funziona con l'intervento di almeno 11 giudici. In tali casi, le decisioni sono deliberate in Camera di consiglio dai giudici presenti a tutte le udienze e adottate a maggioranza assoluta dei voti. A parità di voti, prevarrà il voto del Presidente (art. 16 L. 87/1953).

Quando giudica in composizione allargata, la Corte funziona con l'intervento di almeno 21 membri: l'art. 26 L. 20/1962 specifica, al riguardo, che i giudici aggregati devono essere in maggioranza. La scelta di un numero di giudici aggregati superiori a quelli costituzionali è voluta: in tal modo il loro voto peserà sulla decisione finale.

Anche nei giudizi sulle accuse, le decisioni sono deliberate in Camera di consiglio e adottate a maggioranza assoluta dei voti ma, a parità di voti, prevarrà l'opinione più favorevole all'imputato (L. 20/1962).

12.3. I GIUDICI COSTITUZIONALI

I requisiti

I requisiti per l'accesso alla carica di giudice costituzionale sono fissati dal comma 2 dell'art. 135 Cost. a norma del quale possono essere eletti «[…] i magistrati anche a riposo delle giurisdizioni superiori ordinaria ed amministrativa, i professori ordinari di università in materie giuridiche e gli avvocati dopo venti anni di esercizio». I requisiti riguardano non tanto l'età quanto l'esercizio di una particolare funzione o professione.

Secondo autorevole dottrina «Questa regola è particolarmente significativa perché sottolinea il carattere specialistico e professionale dell'organo, il quale, […] deve procedere e decidere secondo i tipici modi dei giudici, e dunque deve essere composto da persone specializzate rispetto a questa particolare tecnica» (RESCIGNO).

La Costituzione prevede un regime molto rigido di incompatibilità. A norma dell'art. 135, co. 6, la carica di giudice costituzionale non è difatti compatibile con la carica di parlamentare, consigliere regionale, con l'esercizio della professione di avvocato o con le altre cariche o uffici indicate dalle legge (ad es. con la carica di amministratore di società con scopo di lucro).

In base al dettato della L. 87/1953 inoltre i giudici costituzionali:

1) se sono magistrati in servizio o professori universitari non potranno, per tutta la durata della carica, esercitare le loro funzioni;
2) non possono essere candidati in elezioni amministrative o politiche;
3) non possono svolgere attività relativa alle associazioni o ai partiti politici: la legge non pone un divieto relativo all'iscrizione ad un partito ma solo allo svolgimento delle attività partitiche.

La durata della carica

Una volta eletti, i giudici prima dell'assunzione delle funzioni prestano giuramento dalla cui data decorre il periodo di durata in carica fissato, dal comma 3 dell'art. 135 Cost., in 9 anni (prima erano dodici). Al termine della carica cessa automaticamente ogni loro funzione e i giudici non possono essere rieletti né opera, come avviene per altri organi costituzionale, l'istituto della *prorogatio* fino all'elezione dei nuovi componenti.

Le prerogative

A tutela delle loro funzioni, sono previste particolari **forme di garanzia** a favore dei giudici costituzionali.

L'art 3 L. cost. 1/1948 estende l'immunità penale prevista, dall'art. 68, co. 1, per i membri del Parlamento anche ai giudici costituzionali; la norma disciplina altresì le cause che determinano la rimozione o sospensione dall'ufficio che può essere decisa solo dalla Corte.

In base all'art. 5 della L. cost. 1/1953 i giudici non sono sindacabili e non possono essere perseguiti per le opinioni espresse o i voti dati nell'esercizio delle loro funzioni (come del resto previsto anche per le altre cariche dello Stato).

I giudici costituzionali hanno infine diritto ad una retribuzione mensile che (a norma dell'art. 12 L. 87/1953, come modificato dall'art. 37 L. 289/2002) corrisponde al doppio della retribuzione prevista per il più alto magistrato della giurisdizione ordinaria investito delle più alte funzioni.

12.4. LE FUNZIONI

Le funzioni della Corte Costituzionale sono individuate dall'art. 134 Cost. il quale recita «La Corte Costituzionale giudica:

sulle controversie relative alla legittimità costituzionale delle leggi e degli atti aventi forza di legge, dello Stato e delle Regioni;

sui conflitti di attribuzione tra i poteri dello Stato e su quelli tra lo Stato e le Regioni e tra le Regioni;

sulle accuse promosse contro il Presidente della Repubblica a norma della Costituzione».

Tale elencazione permette di operare una distinzione tra:

1) **funzioni giurisdizionali**: quando la Corte viene adita per la risoluzione di controversie;
2) **funzione di garanzia**: la Corte garantisce il pieno rispetto della

Carta Costituzionale (sindacato di legittimità);

3) **funzione arbitrale**: nel caso di conflitti tra poteri dello Stato o tra Stato e Regioni o tra Regioni.

La L. cost. 1/ 1953 ha attribuito un'ulteriore funzione alla Corte ovvero il giudizio sull'ammissibilità del referendum abrogativo.

Considerata la loro importanza le tre funzioni devono essere trattate separatamente.

Le funzioni della Corte si connotano per tre aspetti:

1) anzitutto le sue sentenze, a norma dell'art. 137, ult. co., Cost., sono inappellabili; inoltre non possono soggiacere a forme di controllo da parte di altri giudici;
2) in secondo luogo l'esercizio delle sue funzioni non può avvenire di sua iniziativa ma presuppone l'esistenza di una controversia che venga portata alla sua attenzione. Ciò incontra un'eccezione: la Corte infatti, nel corso di un giudizio della quale è stata investita, dovendo applicare una norma di cui è dubbia la costituzionalità può sospendere il giudizio e sollevare una questione di costituzionalità davanti a se stessa. Ciò significa che la Corte, di sua iniziativa si autoinveste della questione di costituzionalità e, una volta risoltala, riprende il processo sospeso.
3) la Corte infine non può pronunciarsi su questioni diverse da quelle di cui è stata investita, in applicazione del principio di corrispondenza tra chiesto e pronunciato.

IL SINDACATO DI LEGITTIMITÀ COSTITUZIONALE

Il **giudizio di legittimità costituzionale** è diretto ad accertare la conformità di una legge o di un atto avente forza di legge alla Costituzione.

Il controllo di legittimità nel nostro Paese viene affidato ad un unico soggetto (la Corte costituzionale) ed è quindi accentrato e sempre successivo (la L. cost. 3/2001 ha difatti eliminato l'unica ipotesi di sindacato di legittimità preventivo che, su richiesta del governo, investiva le leggi regionali).

Il controllo di legittimità può inoltre essere richiesto sia in via incidentale che in via principale.

APPROFONDIMENTO: Il sindacato di legittimità: tipologie
Il sindacato di legittimità presenta determinate caratteristiche che variano da ordinamento ad ordinamento. Esso può essere **preventivo** o **successivo** (intervenire prima o dopo l'emanazione della legge), **accentrato** o **diffuso** (affidato ad uno o più soggetti), **incidentale** (sollevato nel corso di un giudizio) o **principale** (sollevato da determinati soggetti).

Oggetto del sindacato di costituzionalità

Nella categoria degli atti soggetti al sindacato di costituzionalità della Corte rientrano:

- le leggi costituzionali e di revisione costituzionale;
- le leggi ordinarie, i decreti legge (rispetto ai quali il controllo può investire anche i presupposti di necessità ed urgenza, Corte cost., sent. n. 29/1995) ed i decreti legislativi;
- i decreti del Presidente della Repubblica contenenti le norme di attuazione degli Statuti delle Regioni speciali;
- gli Statuti regionali, le leggi regionali e le leggi delle province di Trento e Bolzano;
- il referendum abrogativo.

I vizi

L'eventuale incostituzionalità può derivare da vizi formali o vizi sostanziali.

Ricorrono i **vizi formali** nel caso di violazione delle norme costituzionali relative ai procedimenti di formazione delle leggi (ad es. il Parlamento adotta una legge con un procedimento diverso da quello previsto dalla Costituzione).

Si hanno **vizi sostanziali** nel caso in cui la legge contiene principi in contrasto con quelli costituzionalmente previsti (ad es. una legge che in violazione del principio di uguaglianza di cui all'art. 3 Cost. impedisce l'accesso ai pubblici uffici alle donne) e nel caso di incompetenza (quando una legge dello Stato invade le sfere di competenza che la Costituzione attribuisce alle regioni e viceversa).

Va ricordato che la Corte costituzionale ha individuato alcuni criteri ai quali le leggi devono attenersi. Le leggi devono essere logiche, coerenti, non arbitrarie nella motivazione, ragionevoli rispetto al fine da realizzare. Non deve inoltre esserci incongruità tra i mezzi e le finalità che la legge intende perseguire.

Il giudizio in via incidentale

Il giudizio dinanzi alla Corte costituzionale può essere sollevato in via incidentale.

L'art. 23 della L. 87/1953 consente di sollevare il **giudizio in via incidentale** purché sussistano tre requisiti:

1) l'esistenza di un giudice;
2) l'esistenza di una controversia di merito;
3) la pendenza di un giudizio.

Deve inoltre sussistere un interesse reale ad eccepire l'incostituzionalità, nel senso che l'accertamento o meno dell'incostituzionalità ha conseguenze nel giudizio tra le parti.

A norma dell'art. 23 la questione sollevata in via incidentale deve essere rilevante (cioè la norma rispetto alla quale si eccepisce l'incostituzionalità deve risultare decisiva per la definizione della controversia) e non manifestamente infondata (deve sussistere un ragionevole dubbio circa la conformità o meno della norma alla Costituzione).

La questione può essere proposta nel corso di un giudizio penale, civile o amministrativo, in qualsiasi stadio o grado del processo, dalle parti (compreso il pubblico ministero) o d'ufficio dal giudice.

Il giudice investito dell'eccezione d'incostituzionalità (c.d. giudice *a quo*, cioè il giudice dal quale la questione di costituzionalità viene sollevata davanti alla Corte) con ordinanza motivata può:

- respingerla: in tal caso l'eccezione può essere riproposta in successivo grado, non essendo possibile impugnare l'ordinanza;
- accoglierla: in tal caso il giudizio viene sospeso e contestualmente viene disposta la trasmissione degli atti alla Corte Costituzionale.

Con l'ordinanza di rinvio il giudice *a quo* deve provvedere a fornire le indicazioni circa le norme sospettate di incostituzionalità e di quelle che si ritengono violate. In tal modo, il giudice delimita la questione di costituzionalità su cui si pronuncerà la Corte.

L'ordinanza, se non ne è data lettura durante il pubblico dibattimento, verrà notificata alle parti, al pubblico ministero; la notifica è prevista anche al Presidente del Consiglio dei ministri o al Presidente della Giunta regionale (a seconda che la questione investa una norma di legge statale o di legge regionale); e di essa viene data comunicazione ai Presidenti delle Camere o (se si tratta di legge regionale) al presidente del Consiglio regionale.

Il presidente della Corte ne dispone la pubblicazione sulla Gazzetta Ufficiale (se si tratta di una legge regionale anche sul Bollettino Ufficiale della Regione): ciò allo scopo di consentire che altri giudici, davanti ai quali sia stata sollevata la stessa eccezione, possano sospendere i processi in attesa della decisone finale della Corte (anche se nessuna norma pone un obbligo in tal senso).

Il Presidente della Corte, decorsi 20 giorni dalla notifica dell'ordinanza, provvede a nominare il giudice cui verrà affidata l'istruttoria della causa ovvero la relazione per la discussione.

Nel giudizio innanzi alla Corte possono costituirsi, nel termine di venti giorni dalla pubblicazione dell'ordinanza:

1) le parti del giudizio *a quo*;
2) il Presidente del Consiglio dei ministri (rappresentato da un Avvocato dello Stato);
3) il Presidente della Giunta Regionale (in rappresentanza della Regione).

Alle parti verrà quindi data comunicazione del giorno dell'udienza di discussione fissato dal Presidente della Corte.

In caso di mancata costituzione delle parti (ovvero quando la questione appaia infondata) il procedimento si svolge in Camera di consiglio; negli altri casi in pubblica udienza.

Terminata la discussione, la relativa decisione è adottata in Camera di consiglio.

A questo punto la decisione, che non può essere in nessun caso impugnata, viene depositata nella cancelleria della Corte e nel termine di due giorni trasmessa:

1) al giudice *a quo* (il cui processo, sospeso, dovrà essere riassunto nel termine di sei mesi);
2) al Ministro della Giustizia o al Presidente della Giunta regionale;
3) alle Camere ed al Consiglio regionale (per l'adozione dei provvedimenti necessari e conseguenti alla decisione medesima). A norma

dell'art. 136, co. 2, Cost. si provvede alla pubblicazione in Gazzetta Ufficiale e nel Bollettino Ufficiale della Regione interessata.

Le decisioni della Corte costituzionale possono essere di rito o di merito.

PAROLA CHIAVE: Riassunzione
In diritto si intende la ripresa dello svolgimento di un processo che per determinati motivi è stato sospeso.

Le **decisioni di rito** (o processuali) sono quelle che dichiarano inammissibile la questione (perché ad es. la questione non è rilevante nel giudizio *a quo* o perché manca nell'ordinanza di rinvio la motivazione della non manifesta infondatezza) o quelle che restituiscono gli atti al giudice di rinvio perché le norme tacciate di incostituzionalità sono nel frattempo state abrogate.

Le **decisioni di merito** implicano un esame relativo al contenuto della questione di costituzionalità. Tali decisioni potranno pertanto essere:

1) di **accoglimento**: in tal caso viene dichiarata l'incostituzionalità della norma. Secondo il dettato dell'art. 136 Cost. l'efficacia della norma cesserà *erga omnes* (cioè per tutti) dal giorno successivo alla pubblicazione della sentenza;
2) di **rigetto**: in tal caso la questione di legittimità sollevata verrà dichiarata infondata. Esse hanno efficacia solo tra le parti del giudizio *a quo*.

Il giudizio in via principale

Il giudizio dinanzi alla Corte costituzionale può essere altresì sollevato **in via principale**.

L'art. 127 Cost. (così come modificato dalla L. cost. 3/2001) prevede che la questione di legittimità possa essere sollevato dal governo nei confronti di leggi regionali (nel termine di sessanta giorni dalla pubblicazione, qualora ritenga che la legge regionale ecceda le competenze della Regione) o da una Regione nei confronti di una legge o atto

APPROFONDIMENTO: Altri tipi di sentenze
Le sentenze di accoglimento e quelle di rigetto non esauriscono le tipologie di sentenze che la Corte può utilizzare. Si hanno infatti anche:

- **sentenze interpretative,** nei casi in cui le parti o il giudice, nel sollevare la questione di legittimità costituzionale, hanno dovuto prima interpretare il testo della norma ricavandone un significato di cui è dubbia la costituzionalità. Le sentenze interpretative sono **di rigetto** (quando la Corte sceglie, tra le possibili interpretazioni della norma, quella che si confà al testo della Costituzione rigettando l'interpretazione che proviene dal giudizio *a quo*) e **di accoglimento** (quando la Corte dichiara incostituzionale non la norma ma una delle sue possibili interpretazioni);
- **sentenze parziali di accoglimento,** con cui la Corte dichiara l'incostituzionalità non dell'intera norma ma di una sua parte (perché contraria alla Costituzione);
- **sentenze additive,** con cui viene dichiarata l'incostituzionalità di quella parte della norma che difetta «in quanto non prevede quello che dovrebbe prevedere [...] con la conseguenza che la disposizione deve essere letta come se contenesse quel qualcosa indicato dalla Corte [...]» (RESCIGNO).
- **sentenze sostitutive**, che dichiarano l'incostituzionalità delle norme nella parte in cui prevedono alcune conseguenze in luogo di altre;
- **sentenze riduttive,** che dichiarano l'incostituzionalità di una norma che contiene una previsione che non doveva esserci;
- **sentenze monito,** con cui la Corte invita il legislatore a provvedere su una determinata materia.

avente valore di legge dello Stato o di un'altra Regione (nel termine di sessanta giorni dalla pubblicazione della legge o dell'atto avente forza di legge).

La L. 131/2003 (**legge La Loggia**) prevede oggi la possibilità che il governo anche su proposta della Conferenza Stato-città ed autonomie locali possa sollevare una questione di legittimità costituzionale rispetto ad una legge regionale, e che una Giunta regionale su proposta del Consiglio delle autonomie locali possa fare altrettanto rispetto ad una legge statale.

Ai predetti soggetti è data la possibilità di adire direttamente la Corte con la presentazione di un ricorso; dal punto di vista procedurale il giudizio in via principale ricalca in grandi linee quello in via incidentale. Il giudizio dinanzi alla Corte è sempre successivo, nel senso che può essere proposto entro 60 giorni dalla pubblicazione della legge.

È opportuno sottolineare che in siffatta ipotesi la questione di legittimità, delimitata al mero vizio di incompetenza, può essere sollevata facoltativamente. Dalla lettera della norma si evince che non sussiste alcun obbligo di adire la Corte.

Gli esiti del giudizio in via principale possono essere due:

1) la dichiarazione di **cessata materia del contendere** (ad es. perché una nuova legge sostituisce quella impugnata);
2) una **decisione di merito**.

I conflitti di attribuzione

I conflitti di attribuzione previsti dall'art. 134 Cost. possono sorgere tra poteri dello Stato, tra lo Stato e le Regioni o tra le Regioni.

I conflitti tra poteri dello Stato

Il **conflitto tra poteri dello Stato** a norma dell'art. 37 L. 87/1953 è quello che «insorge tra organi competenti a dichiarare definitivamente la volontà del potere cui appartengono e per la delimitazione della sfera di attribuzione determinata per i vari poteri da norme costituzionali».

> **PAROLA CHIAVE: Adire**
> Rivolgersi ad un giudice per la risoluzione di una controversia.

La Corte stessa ha precisato che per poteri dello Stato bisogna intendere «[...] gli organi i cui atti o comportamenti siano idonei a configurarsi come espressione ultima ed immodificabile dei rispettivi poteri: nel senso che nessun altro organo, all'interno di ciascun potere, sia abilitato ad intervenire d'ufficio o dietro sollecitazione del potere contro interessato, rimuovendo o provocando la rimozione dell'atto o del comportamento che si assumono lesivi» (ord. 229/1975).

Possono pertanto essere parte di un conflitto di attribuzione:

- il **Presidente della repubblica**;
- la **Corte Costituzionale**;
- le **Camere** (anche singolarmente), il **Parlamento in seduta comune**, le **Commissioni inquirenti**;
- il **Consiglio dei ministri**, il **Presidente del Consiglio** e il **Ministro della giustizia** – in considerazioni delle funzioni costituzionalmente attribuite – ma non gli altri singoli ministri;
- il **Consiglio Superiore della Magistratura**;
- la **Corte dei Conti**;
- i **giudici e i pubblici ministeri** (questi ultimi per quanto riguarda l'esercizio della azione penale loro attribuita dall'art. 112 Cost.);
- il **comitato promotore per il referendum**: il quale, pur non essendo un potere dello Stato è titolare di una importante funzione costituzionale.

Non sono invece di competenza della Corte i conflitti di giurisdizione (che sorgono fra organi appartenenti a giurisdizioni diverse relativamente all'appartenenza della potestà di decidere circa determinata questione; ad es. TAR e tribunale ordinario) ed i conflitti c.d. di competenza (che sorgono fra organi appartenenti ad uno stesso potere; ad es. due ministri).

Il conflitto può essere determinato:

1) dalla c.d. *vindicatio potestatis* (cioè un potere rivendica la sua competenza che è stata esercitata illegittimamente da un altro potere; ad es. il caso in cui il Presidente della Repubblica ratifichi un trattato senza l'autorizzazione delle Camere ex art. 80 Cost.);
2) da una interferenza nell'esercizio delle proprie funzioni (che può anche essere determinato da un'invadenza delle competenze altrui dovuta a un uso cattivo o scorretto che un potere fa delle proprie attribuzioni; ad es. nell'ipotesi in cui il Presidente della Repub-

l'ordinamento dello Stato

blica, senza rinviarla, non abbia promulgato una legge entro un mese dall'approvazione, le Camere possono lamentare che in tal modo sia stata non solo impedita l'entrata in vigore della stessa ma anche leso l'esercizio di competenze loro attribuite dalla Costituzione).

In ogni caso deve trattarsi di competenze attribuite da norme costituzionali.

Tale tipo di conflitto non può riguardare una legge o un atto avente forza di legge (per i quali l'unico rimedio attivabile è il giudizio in via incidentale). Tuttavia la stessa Corte ha precisato con la sent. 284/2005 che il conflitto tra poteri dello Stato può riguardare atti legislativi, solo nel caso in cui non sia possibile sollevare una questione di legittimità costituzionale nel corso di un processo.

Il conflitto tra Stato e Regioni e tra Regioni

Le ipotesi di **conflitto tra Stato e Regioni** o **tra Regioni** vengono individuate dall'art. 39 L. 87/1953 a norma del quale «se la Regione invade con un suo atto la sfera di competenza assegnata dalla Costituzione allo Stato ovvero ad un'altra Regione, lo Stato o la regione rispettivamente interessata possono proporre ricorso alla Corte Costituzionale per il regolamento di competenza. Del pari può produrre ricorso la Regione la cui sfera di competenza costituzionale sia invasa da un atto dello Stato». Tale norma viene applicata anche alle Province di Trento e Bolzano.

Il conflitto deriva sempre da una violazione di norme costituzionali attuata attraverso un atto lesivo di competenze. Con tale atto può difatti essere usurpata un'attribuzione di carattere costituzionale, che viene rivendicata (c.d. *vindicatio potestatis*) o creare un'ingerenza nell'altrui attribuzione.

L'atto lesivo non deve consistere in una legge o in un atto avente forza di legge (per i quali il rimedio esperibile è il giudizio in via principale). La Corte ha tra l'altro ampliato il concetto di atto lesivo ricomprendendo sia le circolari, sia «[...] qualunque atto, in qualsiasi modo posto in essere, con o senza elementi rigorosamente formali, che però contenga una chiara manifestazione di volontà con la quale si affermi il diritto di esercitare un potere per propria competenza» (MARTINES).

Il ricorso può essere presentato:

1) dal Presidente del Consiglio (o da un ministro da questi delegato) per lo Stato
2) dal Presidente della Giunta, previa deliberazione di quest'ultima, per le regioni.

In questi casi La Corte deciderà a chi spetta la competenza.

Il giudizio sulle accuse al Presidente della Repubblica

Il comma 3 dell'art. 134 Cost. attribuisce infine alla Corte costituzionale il **giudizio sulle accuse al Presidente della Repubblica** per i reati di alto tradimento ed attentato alla Costituzione.

In esito alla messa in stato di accusa da parte del Parlamento in seduta comune, la Corte giudica in composizione straordinaria: i giudici costituzionali sono difatti integrati da 16 membri (c.d. giudici aggregati o non togati) tratti a sorte da un elenco di 45 cittadini con i requisiti per l'eleggibilità a senatore che il Parlamento in seduta comune compila ogni nove anni.

Nel giudizio di accusa gli atti di indagini (compreso l'interrogatorio) spettano al Presidente della Corte che provvede direttamente o li delega ad un giudice costituzionale.

La decisione è adottata in Camera di consiglio con la presenza dei giudici costituzionali e di quelli aggregati. In caso di parità di voti, a norma dell'art. 28 L. 20/1962, prevarrà l'opinione più favorevole per l'imputato.

In caso di condanna a norma dell'art. 15 L. cost. 1/1953, saranno applicate delle sanzioni penali, a discrezione della corte. Tali sanzioni devono comunque essere contenute entro il massimo della pena possibile prevista dal diritto vigente al momento in cui il fatto è stato compiuto.

Le sentenze emesse dalla Corte in questo tipo di giudizio sono irrevocabili. È ammessa la revisione della sentenza quando, in seguito alla condanna, siano sopraggiunti fatti nuovi o scoperti ulteriori elementi di prova che – da soli o insieme a quelli esaminati – possano indurre a ritenere che il reato non sussiste o non sia stato compiuto.

Il **giudizio sull'ammissibilità del *referendum* abrogativo** è attribuito alla Corte costituzionale per espressa previsione della L. cost. 1/1953. Esso va distinto dalla competenza a pronunciarsi sulla regolarità della richiesta di referendum che a norma dell'art. 32 della legge 352/1970 spetta all'Ufficio centrale per il *referendum* (istituito presso la Corte di Cassazione).

L'ammissibilità del *referendum* abrogativo incontra dei limiti. Alcuni sono posti espressamente dall'art. 75 Cost. a norma del quale il referendum abrogativo non può riguardare leggi tributarie e di bilancio, di amnistia e di indulto e di ratifica dei trattati internazionali.

Altri si possono desumere da altre norme costituzionali: le leggi costituzionali e di revisione costituzionale non possono formarne oggetto «[...] per il semplice motivo che il procedimento di revisione o di integrazione della Costituzione è riservato al Parlamento (art. 138 Cost.) e che in tale procedimento la volontà popolare può essere chiamata ad esprimersi sempre mediante *referendum*, per confermare o porre nel nulla le deliberazioni già assunte dalla Corte» (MARTINES).

Ulteriori limiti sono stati posti dalla stessa Corte nella sent. 16/1978. La Corte ha difatti specificato che non è altresì ammissibile il *referendum* abrogativo:

1) quando riguarda disposizioni di legge eterogenee, cioè non collegate tra di loro razionalmente;
2) quando si tratti di una legge con copertura costituzionale, nel senso che l'abrogazione della legge non può avvenire mediante referendum in quanto la Costituzione stessa esclude tale possibilità;
3) quando concerne una legge avente un contenuto costituzionalmente vincolato: ciò vuol dire che le disposizioni di legge sono collegate a disposizioni costituzionali alle quali danno attuazione (o delle quali riproducono il contenuto) «[...] nel solo modo costituzionalmente consentito» (MARTINES).

Il giudizio della Corte è preceduto dal ricevimento dell'ordinanza dell'Ufficio centrale per il *referendum* relativa alla richiesta di *referendum*. Il presidente della Corte fissa il giorno della deliberazione in

Camera di consiglio. I promotori del *referendum* e il governo hanno la possibilità di presentare memorie scritte.

Nel caso di dichiarazione di ammissibilità del referendum, questo dovrà essere indetto dal Presidente della Repubblica. In caso contrario il procedimento verrà definitivamente bloccato.

RIEPILOGO

La **Corte costituzionale** è un organo costituzionale, collegiale e imparziale.

Essa gode di autonomia contabile, amministrativa e organizzativa. Sono ulteriori prerogative della Corte la giustizia domestica e l'inviolabilità della sede.

La Corte costituzionale è composta da 15 giudici nominati per 1/3 dal Presidente della Repubblica, per 1/3 dal Parlamento in seduta comune e per il restante terzo dalle supreme magistrature ordinarie ed amministrative.

I requisiti per l'accesso alla **carica di giudice costituzionale** sono fissati dal comma 2 dell'art. 135. I giudici costituzionali, prima dell'assunzione delle funzioni prestano giuramento dalla cui data decorre il periodo di durata in carica fissato, dal comma 3 dell'art. 135 Cost., in 9 anni.

Sono **prerogative** dei giudici costituzionali l'immunità penale prevista dall'art. 68, co., l'insindacabilità (per le opinioni espresse o i voti dati nell'esercizio delle loro funzioni), la retribuzione mensile.

La Corte Costituzionale giudica sulle controversie relative alla legittimità costituzionale delle leggi e degli atti aventi forza di legge dello Stato e delle Regioni, sui conflitti di attribuzione tra i poteri dello Stato e su quelli tra lo Stato e le Regioni e tra le Regioni, sulle accuse promosse contro il Presidente della Repubblica, sull'ammissibilità del *referendum* abrogativo.

Il **giudizio di legittimità costituzionale** è diretto ad accertare la conformità di una legge o di un atto avente forza di legge alla Costituzione.

13. LA MAGISTRATURA

Dopo l'analisi della funzione legislativa ed esecutiva, in questo capitolo si procederà all'esame del terzo potere dello Stato, ovvero il potere giudiziario.

L'espressione **potere giudiziario** fa riferimento al complesso degli organi dell'autorità giudiziaria, cioè la **Magistratura** (che a sua volta comprende sia i giudici che i pubblici ministeri). Tali soggetti, posti in posizione di terzietà ed imparzialità, si vedono affidati dall'ordinamento la funzione giurisdizionale e quindi il compito di applicare e far rispettare la legge. La Magistratura costituisce quindi un complesso di organi, con funzioni giurisdizionali, autonomo e indipendente da ogni altro potere ed è organo costituzionale, secondo quanto sancito dall'art. 104 della Costituzione della Repubblica Italiana.

Le previsioni costituzionali relative alla Magistratura ed alla giurisdizione sono contenute nel **Titolo IV**, **Parte II** della Costituzione.

13.1. LA GIURISDIZIONE: NOZIONE E TIPOLOGIE

Nozione

Il termine **giurisdizione** deriva dal latino *ius dicere* e viene tradizionalmente utilizzato per indicare l'insieme delle regole giuridiche applicate dalla pubblica potestà in ordine ad una controversia.

L'esercizio della **funzione giurisdizionale** è generalmente legato all'esistenza di una controversia di natura civile, penale od amministrativa che impone l'intervento di un soggetto terzo e neutrale:

1) ai fini della migliore definizione della stessa, in via definitiva e autonoma;
2) attraverso l'applicazione della legge;
3) nel rispetto del contraddittorio delle parti e degli obblighi di trasparenza del procedimento e motivazione della decisione.

La funzione giurisdizionale viene svolta attraverso il **processo** ossia «[...] una sequenza di atti *rigorosamente determinata* e *altamente formalizzata* [...] e che si chiama naturalmente processo penale civile, amministrativo, costituzionale ecc., secondo il tipo di giudice che lo svolge» (RESCIGNO).

TIPOLOGIE

La tradizionale distinzione tra tipi di giurisdizione è quella tra giurisdizione ordinaria e giurisdizione speciale.

Accanto a queste si pone la giurisdizione costituzionale che, come si è visto nel cap. 12, spetta alla Corte costituzionale.

PAROLA CHIAVE: Giurisdizione
Funzione attribuita ai giudici finalizzata a garantire il rispetto delle leggi e la loro applicazione nei casi concreti.
PAROLA CHIAVE: Controversia
Conflitto, disputa tra due o più soggetti che viene risolto attraverso il ricorso all'autorità giudiziaria (i giudici).
PAROLA CHIAVE: Processo
Complesso di atti ed attività compiuti nelle forme e nei tempi stabiliti dalla legge, con cui viene attuata la funzione giurisdizionale.

La giurisdizione ordinaria

La **giurisdizione ordinaria** viene «[...] esercitata dai magistrati ordinari, istituiti e regolati secondo le norme dell'ordinamento giudiziario» (art. 102, co. 1, Cost.). Autorevole dottrina (RESCIGNO) definisce i giudici ordinari i giudici per antonomasia, in considerazione dell'importanza e generalità dei compiti svolti.

Al fine di garantire in modo pieno ed effettivo l'autonomia e l'indipendenza rispetto agli altri poteri l'art. 107 Cost. prevede l'istituzione di un organo di vertice, il Consiglio Superiore della Magistratura.

La competenza dei giudici ordinari è di carattere generale e riguarda tanto la materia civile quanto quella penale. Sulla base di questa premessa è possibile distinguere tra:

- **giurisdizione civile** relativa alle controversie concernenti rapporti giuridici di diritto privato, nonché rapporti di cui è parte la pubblica amministrazione e che non sono devoluti al giudice amministrativo;

- **giurisdizione penale** per le controversie concernenti la responsabilità di un soggetto per un reato e la sua conseguente sottoposizione ad una pena.

Sono giudici ordinari:

1) il Giudice di pace;
2) il Tribunale (in composizione monocratica o collegiale a seconda del tipo di reato commesso);
3) la Corte d'appello, giudice collegiale in secondo grado;
4) la Corte d'Assise e la Corte d'Assise d'appello, giudici collegiali composti da giudici di carriera e giudici popolari e competenti per i reati più gravi;
5) la Corte di Cassazione;
6) il Tribunale dei minori e il Tribunale di sorveglianza, con competenze in materie determinate.

La giurisdizione speciale

Si definisce **giurisdizione speciale** quella esercitata per la soluzione di determinate controversie afferenti a materie speciali (nel senso che richiedono una particolare competenza tecnica). Sulla base del disposto dell'art. 103 Cost. è possibile distinguere tra:

1) **giurisdizione amministrativa** per la soluzione delle controversie concernenti rapporti in cui una delle parti è la pubblica amministrazione. Nel nostro ordinamento è stato adottato il c.d. **riparto di giurisdizione**, imperniato sulla natura della situazione giuridica soggettiva lesa: trattandosi di diritti soggettivi sussiste la giurisdizione ordinaria; quando invece viene lamentata la lesione di un interesse legittimo sussiste la giurisdizione amministrativa. Sono giudici amministrativi i Tribunali Amministrativi regionali (TAR) ed il Consiglio di Stato;
2) **giurisdizione contabile** esercitata dalla Corte dei Conti in materia di contabilità pubblica ovvero nelle materie stabilite dalla legge;
3) **giurisdizione militare** esercitata dai Tribunali militari nelle materie di cui all'ultimo comma dell'art. 103.

Tra gli altri giudici speciali si possono infine ricordare:

1) il **Tribunale superiore delle acque pubbliche**: competente a conoscere in secondo grado delle controversie in materia di acque pubbliche (c.d. demanio idrico), mentre in primo grado la competenza è dei Tribunali regionali delle acque pubbliche.

2) le **Commissioni tributarie** competenti a conoscere delle controversie in materia tributaria.

Quanto alla nozione di giurisdizione speciale è opportuno segnalare che l'art. 102 Cost., co. 2, prevede che «Non possono essere istituiti giudici straordinari o giudici speciali. Possono soltanto istituirsi presso gli organi giudiziari ordinari sezioni specializzate per determinate materie, anche con la partecipazione di cittadini idonei estranei alla magistratura». La *ratio* della norma era quello di evitare che, attraverso la creazione di giudici speciali, venisse limitata l'autonomia e l'indipendenza della magistratura ordinaria (come si era verificato nel corso del ventennio fascista). L'intento dei redattori della Carta costituzionale fu pertanto quello di creare un'unica autorità giudiziaria per un esercizio unitario delle funzioni giurisdizionali, secondo i criteri fissati dalla legge sull'ordinamento giudiziario.

Di fatto però, tale previsione è stata disattesa:

1) sia con l'istituzione di giudici speciali (amministrativi, tributari, contabili e militari) previsti dall'articolo 103 Cost.;
2) sia con l'istituzione nel 1971 – in attuazione del disposto dell'art. 125 Cost. – dei Tribunali amministrativi regionali competenti a conoscere in primo grado delle controversie relative alle materie devolute al Consiglio di Stato, sia per il mancato rispetto del termine di cinque anni previsto dall'art. VI delle disposizioni transitorie e finali per la revisione delle giurisdizioni speciali.

Per tali ragioni, nonostante la formulazione dell'art. 102, è possibile parlare di giurisdizioni speciali.

Diversi dai giudici speciali sono i giudici straordinari, cioè nominati *ad hoc* per un determinato processo. Essi sono sempre vietati in quanto la loro nomina costituirebbe violazione del disposto di cui all'art. 25 Cost.

13.2. I PRINCIPI COSTITUZIONALI IN TEMA DI GIURISDIZIONE

La Carta Costituzionale pone dei principi afferenti l'esercizio della funzione giurisdizionale con l'intento di garantirne una tutela piena ed un corretto esercizio ad opera degli organi a ciò deputati. Tali principi meritano, attesa la loro importanza, di essere esaminati singolarmente.

Il principio di uguaglianza di fronte alla legge

L'art. 3 Cost. enuncia il **principio di uguaglianza di fronte alla legge**. I processi devono pertanto essere giusti ed equi ed i giudici, nello svolgimento delle loro funzioni, devono essere assolutamente imparziali.

L'applicazione del principio di uguaglianza vale ovviamente per tutti gli individui (cittadini e non) che si trovino sottoposti ad un processo.

Il diritto di agire in giudizio

L'art. 24 Cost. al comma 1 riconosce a tutti – cittadini italiani e non – il **diritto ad agire in giudizio** per la tutela dei propri diritti ed interessi legittimi (quindi anche contro gli atti delle pubblica amministrazione come del resto previsto anche dall'art. 113 Cost.).

Il diritto di agire in giudizio quindi implica non solo la possibilità di essere assistiti da un difensore nel corso di un processo, ma anche di partecipare attivamente al processo (ad es. attraverso l'audizione da parte del giudice o la possibilità di provare i fatti dedotti in giudizio).

Autorevole dottrina ha inoltre osservato che «Reciproca della regola contenuta nell'art. 24 Costituzione è quella per cui i giudici dello Stato non possono rifiutarsi di giudicare e in ogni caso debbono rispondere alle domande ritualmente rivolte (divieto del «*non liquet*», come si dice: i giudici non possono astenersi dal decidere: va da sé che il contenuto della decisione sarà quello che il giudice ritiene imposto dalle norme vigenti [...])» (RESCIGNO).

Il diritto alla difesa

Recita l'art. 24, co. 2 «La difesa è un diritto inviolabile in ogni Stato e grado del procedimento».

Stante la sua importanza, il **diritto alla difesa**, che si traduce nella possibilità di farsi assistere nel corso di un processo da chi esercita la professione legale (gli avvocati), viene qualificato dalla norma quale diritto inviolabile.

In considerazione della sua importanza, il diritto è assicurato a tutti; per tale motivo la norma al comma 3 prevede l'accesso dei non abbienti al c.d. patrocinio a spese dello Stato.

Costituisce un ulteriore caposaldo del diritto alla difesa (ma anche del principio di uguaglianza di fronte alla legge) l'obbligo di contraddittorio fra le parti.

Il principio del giudice naturale

A norma del successivo art. 25 Cost. «Nessuno può essere distolto dal giudice naturale precostituito per legge».

Per **giudice naturale** si intende il giudice competente a conoscere di una determinata controversia che viene individuato sulla base di parametri oggettivi. Tali criteri sono precostituiti cioè stabiliti dalla legge prima del fatto da giudicare: di conseguenza l'individuazione del giudice competente avverrà con l'applicazione automatica di tali criteri (ad es. se il fatto da giudicare si è verificato a Roma, questo sarà giudicato da quel giudice di Roma che, secondo i criteri fissati dalla legge, ha la competenza a conoscere quel fatto).

In tal modo si impedisce che i giudici vengano scelti dopo il fatto da giudicare, diversamente difatti potrebbero crearsi dei pregiudizi. Si tratta di un meccanismo obbligatorio che «[…] non può essere derogato a svantaggio di nessuno e, in linea di principio, per decisione di nessuno» (RESCIGNO).

Il principio di amministrazione della giustizia in nome del popolo

Recita l'art. 101, co. 1, Costituzione «La giustizia è amministrata in nome del popolo».

Tale previsione può essere ricollegata al principio posto in apertura della Costituzione dall'art. 1 «[…] la sovranità appartiene al popolo […]».

La giustizia è quindi amministrata in nome del popolo perché al popolo (e a nessun altro) appartiene la sovranità. A riconferma di tale principio, il popolo può essere chiamato in determinati casi a giudicare, coadiuvando i giudici (ad es. nelle Corti d'Assise o nelle Corti d'Assise d'appello per i reati particolarmente gravi).

Il principio di autonomia ed indipendenza dei giudici

L'art. 101, co. 2, disponendo che «I giudici sono soggetti soltanto alla legge» riconosce i caratteri dell'**indipendenza** e della **autonomia** al ruolo di giudici. Ciò è strettamente collegato con il carattere di terzo *super partes* che connota la Magistratura e si traduce in una autonomia ed indipendenza verso l'interno, con l'esclusione di ogni gerarchia tra magistrati (in proposito si rimanda anche all'art. 107, co. 3, Cost. che statuisce «I magistrati si distinguono tra loro solo per diversità di funzioni») e verso l'esterno, nei confronti degli altri poteri dello Stato.

L'art. 107 prevede, come ulteriore forma di tutela dell'indipendenza dei magistrati, la loro **inamovibilità**. I magistrati non possono difatti essere dispensati o sospesi dal servizio né destinati ad altre sedi o funzioni, se non a seguito di decisioni assunte dal Consiglio Superiore della Magistratura e nei casi previsti dalla legge sull'ordinamento giudiziario.

APPROFONDIMENTO: L'inamovibilità dei giudici

È interessante segnalare che, ancor prima dell'entrata in vigore della Costituzione, una forma di garanzia dell'indipendenza dei magistrati era stata già posta dall'art. 1 del R.D.Lgs 511/1946 che recitava «I magistrati non possono essere privati delle funzioni e dello stipendio, collocati in aspettativa, in disponibilità o a riposo, oppure essere destinati ad altra sede o ad altre funzioni, se non nei casi e nelle forme previste dal presente decreto».

Attualmente la regola dell'inamovibilità può essere revocata ricorrendo le seguenti ipotesi:

- dispensa dal servizio o collocamento in aspettativa d'ufficio;
- trasferimento volontario;
- trasferimento d'ufficio (nei casi di incompatibilità previsti dall'ordinamento, per soppressione dell'ufficio e riduzione d'organico, per promozione, copertura di posti vacanti, sanzione disciplinare accessoria);
- rimozione o sospensione dalle funzioni in esito ad un procedimento disciplinare.

L'OBBLIGO DI MOTIVARE I PROVVEDIMENTI GIURISDIZIONALI

Secondo l'art. 111, co. 6, Cost. «Tutti i provvedimenti giurisdizionali devono essere motivati».

La **motivazione** dei provvedimenti giurisdizionali (sentenza, ordinanze e decreti) è **obbligatoria** perché permette alle parti di verificare il perché delle decisioni dei giudici ed eventualmente impugnarle dinanzi ai giudici di grado superiore.

In proposito occorre ricordare che:

1) contro le sentenze e contro i provvedimenti sulla libertà personale pronunciati dagli organi giurisdizionali (sia ordinari che speciali) è ammesso il ricorso per Cassazione solo per violazione di legge. Tale principio, posto dall'art. 111, co. 7, Cost., può essere derogato solo in un caso: quando si tratti di sentenze emesse da Tribunali militari in tempo di guerra;
2) contro le decisioni del Consiglio di Stato e della Corte dei conti è ammesso il ricorso per Cassazione ma solo per motivi inerenti alla giurisdizione.

IL PRINCIPIO DEL GIUSTO PROCESSO

Quanto all'art. 111 Cost. è opportuno precisare che nel testo originario prevedeva l'obbligo di motivazione dei provvedimenti giurisdizionali (sentenze, ordinanze e decreti) e l'ammissibilità del ricorso in cassazione per violazione di legge contro le sentenze e/o i provvedimenti sulla libertà personale provenienti dalle autorità giurisdizionali. La norma infine limitava ai soli motivi attinenti la giurisdizione la possibilità del ricorso per cassazione contro le decisioni del Consiglio di Stato e della Corte dei conti.

Con la L. cost. n. 2/1999 sono stati successivamente introdotti 5 ulteriori commi (i c.d. **principi sul giusto processo**). L'art. 111, pertanto, nella sua attuale formulazione:

1) riserva alla legge la materia processuale (comma 1);
2) garantisce (al comma 2) il contraddittorio tra le parti del processo (cui assicura la parità giuridica): i giudici pertanto, prima di decidere devono sentire tutte le parti. La norma costituzionale assicura l'applicazione del principio del contraddittorio anche nella forma-

zione della prova (comma 4) attribuendo inoltre alla legge il compito di regolare i casi in cui la formazione della prova avviene senza contraddittorio (comma 5);

3) riconosce il ruolo di arbitro terzo ed imparziale del giudice e prevede la ragionevole durata dei processi (comma 2);
4) nel processo penale garantisce i diritti dell'imputato assicurando un'informativa riservata circa la natura e i motivi dell'accusa nonché un periodo di tempo necessario per predisporre la difesa, attraverso l'interrogatorio delle persone chiamate in correità e dei testi dell'accusa e della difesa o di ogni altro mezzo di prova (comma 3).

13.3. IL PUBBLICO MINISTERO E L'OBBLIGO DI ESERCIZIO DELL'AZIONE PENALE

Nell'ordinamento italiano il **pubblico ministero** (P.M.) è l'organo, appartenente alla magistratura, cui è attribuito l'esercizio dell'azione penale.

L'obbligo dell'esercizio dell'azione penale nasce dall'esistenza di reati di tale gravità da non poter rimanere impuniti: lo Stato non può pertanto rimettere la perseguibilità degli stessi alla volontà dei soggetti.

Poste tali premesse l'obbligo di esercizio dell'azione penale da parte del pubblico ministero previsto dall'art. 112 Cost. si configura come forma di tutela dei diritti del cittadino.

Il pubblico ministero è titolare della funzione requirente: ciò vuol dire che non appena viene a conoscenza di una notizia di reato, ha l'obbligo di promuovere l'azione penale dando origine al processo penale.

Il predetto obbligo è inoltre collegato ad alcuni importanti principi costituzionali in tema di giurisdizione penale:

1) il principio di uguaglianza di cui all'art. 3 in virtù del quale tutti i cittadini sono uguali innanzi alla legge; il pubblico ministero deve condurre le indagini senza pregiudizi o discriminazioni rispetto ai soggetti da sottoporre a giudizio;
2) il principio di irretroattività della legge penale di cui all'art. 25, co. 2, c.p. per cui «Nessuno può essere punito se non in forza di una legge che sia entrata in vigore prima del fatto commesso».
3) il principio della responsabilità penale che l'art. 27, co. 1, qualifica espressamente come personale. La norma, oltre ad escludere la

pena di morte come mezzo di punizione (limitandone il ricorso ai casi previsti dalle leggi militari di guerra), pone altri due principi. Anzitutto il secondo comma stabilisce che l'imputato è considerato colpevole solo in esito ad una sentenza definitiva di condanna (c.d. presunzione di non colpevolezza) ed a tal fine esclude che possa essere dichiarata la colpevolezza di un soggetto «[...] sulla base di dichiarazioni rese da chi, per libera scelta, si è sempre volontariamente sottratto all'interrogatorio da parte dell'imputato o del suo difensore». Inoltre precisa al comma 3 che «Le pene non possono consistere in trattamenti contrari al senso di umanità e devono tendere alla rieducazione del condannato». Quest'ultimo enunciato sottolinea la finalità della pena nel nostro ordinamento che ha scopo prettamente rieducativo del soggetto.

Quanto alla figura del pubblico ministero va detto infine che, nonostante la diversità delle funzioni, appartiene, al pari del magistrato, all'ordinamento giudiziario e gode pertanto delle stesse garanzie previste per quest'ultimo (inamovibilità, nomina per concorso, sottoposizione al CSM).

APPROFONDIMENTO: L'azione civile

L'**azione civile**, a differenza di quella penale, non è obbligatoria nel senso che dipende dalla volontà dei soggetti. Nel processo civile il giudice conosce solo dei fatti, risultanti dagli atti, che le parti hanno posto a fondamento delle proprie ragioni. Laddove infatti venisse a conoscenza, per altra via, di fatti ulteriori non addotti dalle parti, il giudice non potrebbe comunque tenerli in considerazione e decidere (solo o anche) sulla base di quelli.

Il giudice civile infine, in applicazione del principio di **corrispondenza tra chiesto e pronunciato** deve «[...] pronunciarsi su quello che le parti hanno chiesto e solo su questo, quand'anche egli fosse convinto che la giustizia esigerebbe una pronuncia anche su altre possibili domande, che però gli interessati non hanno presentato» (RESCIGNO).

13.4. IL CONSIGLIO SUPERIORE DELLA MAGISTRATURA

Il **Consiglio Superiore della Magistratura** (CSM) è l'organo cui è affidato il compito di garantire l'indipendenza e l'autonomia della Magistratura.

Il CSM è stato istituito con la legge 511 del 1907 in qualità di organo con funzioni consultive-amministrative presso il Ministero di Giustizia; con la legge n. 686 dello stesso anno, venne trasformato in organo autonomo ma alle dipendenze del Re. Con l'entrata in vigore della Costituzione repubblicana ha assunto la veste definitiva di organo di autogoverno della Magistratura.

Ex art. 104 Cost., il Consiglio è composto da:

- **3 membri di diritto**: il Presidente della Repubblica (cui spetta anche la Presidenza del Consiglio stesso), il Primo presidente e il procuratore generale presso la Corte di cassazione;
- **24 membri elettivi**, che durano in carica 4 anni e di cui 2/3 (16) sono magistrati ordinari eletti nel loro ambito (c.d. membri togati) e 1/3 (8) eletti dal Parlamento in seduta comune e scelti tra i professori universitari in materie giuridiche e avvocati con almeno 15 anni di esercizio forense.

Il numero dei componenti elettivi viene stabilito dalla legge, limitandosi il testo costituzionale all'indicazione della composizione percentuale. La legge che disciplina il funzionamento del CSM è la L. n. 195 del 1958, più volte modificata fino alla riforma del 2002. La legge 44/2002 ha oggi introdotto importanti novità per quanto riguarda la composizione (con la riduzione del numero dei componenti elettivi da 30 a 24) e le modalità di elezione dei membri togati.

I compiti del Consiglio Superiore della Magistratura sono fissati dall'art. 105 Cost. in forza del quale «Spettano al Consiglio Superiore della Magistratura, secondo le norme dell'ordinamento giudiziario, le assunzioni, le assegnazioni ed i trasferimenti, le promozioni ed i provvedimenti disciplinari nei riguardi dei magistrati».

La Costituzione non prevede le ipotesi di scioglimento della Cassazione. Si segnala in proposito che l'art. 31 L. 195/1958 attribuisce al Presidente della Repubblica il potere di scioglierla, solo nel caso in cui la Cassazione versi nell'impossibilità oggettiva di funzionare (ma nella realtà sembra impossibile che ciò possa avvenire).

A norma dell'art. 110 della Cost. infine spettano al Ministro della Giustizia, attese le competenze del CSM, l'organizzazione ed il funzionamento dei servizi relativi alla Giustizia. In altre parole il Ministro della Giustizia non può mai deliberare circa la funzione dei magistrati; egli può solo chiedere informazioni in ordini ad assunzioni, trasferimenti ed altri provvedimenti, ma non può decidere in merito agli stessi; può formulare osservazioni, intervenire alle adunanze del CSM ma non gode del diritto di voto.

APPROFONDIMENTO: Sulla responsabilità dei giudici
Attesa l'importanza delle loro funzioni, esiste un regime di responsabilità che si applica ai giudici.
Dal punto di vista penale, troveranno applicazione gli artt. 328 e 357 c.p. In particolare il primo prevede punizioni per il giudice o il funzionario del p.m. per omissione, rifiuto o ritardo di un atto del suo ufficio (quando concorrono le condizioni richieste per l'esercizio contro di essi dell'azione civile); il secondo ricomprende i giudici fra i pubblici ufficiali.
In ordine alla responsabilità civile, trova applicazione la L. 117/1988 che attribuisce a chi ha subito un danno ingiusto (nel caso di provvedimento adottato con dolo o colpa dal giudice o nel caso di diniego di giustizia) di ricorrere contro lo Stato per il risarcimento dei danni. Lo Stato a sua volta si potrà rivalere sul magistrato (per una somma al massimo pari ad un terzo dello stipendio annuale del magistrato). Le norme relative alla responsabilità civile si applicano alle magistrature ordinarie e speciali.
Si configura invece **responsabilità disciplinare** quando i magistrati, nell'esercizio delle loro funzioni, non rispettino gli obblighi di imparzialità, correttezza, riserbo e rispetto della dignità della persona. L'azione può essere promossa dal Ministro della Giustizia (art. 107, c. 2 Cost.) o dal Procuratore generale presso la Corte di cassazione (art. 14 d.lgs. 109/2006) ed è fatta valere nella sezione disciplinare del Consiglio superiore della Magistratura.

Un discorso a parte merita infine la c.d. **responsabilità politica** dei giudici. La politicizzazione dei giudici risulta incompatibile con i compiti da questi svolti ovvero con i caratteri dell'indipendenza e dell'imparzialità che il ruolo richiede. La funzione dei giudici è difatti tale da incidere in maniera rilevante sulla società. Tuttavia non esiste una norma che sanzioni l'eventuale responsabilità politica. Per tale motivo, più che di responsabilità politica si preferisce parlare di **responsabilità diffusa** ovvero quella «[...] forma di responsabilità [...] che i giudici si assumerebbero nei confronti dell'intera collettività, una responsabilità senza sanzione ma che, pur tuttavia, potrebbe assumere concreta rilevanza qualora, nel riaffermare l'autonomia e l'indipendenza della magistratura, si ricercassero canali di collegamento fra magistratura e società, quali potrebbero essere forme istituzionali di raccordo fra il Parlamento ed il Consiglio superiore della magistratura, l'immissione nei Consigli giudiziari di membri laici e, sia pure con una certa cautela, l'azione popolare nei giudizi penali» (MARTINES).

RIEPILOGO

L'espressione **potere giudiziario** fa riferimento al complesso degli organi dell'autorità giudiziaria, cioè la Magistratura (che a sua volta comprende sia i giudici che i pubblici ministeri).

La **Magistratura** costituisce quindi un complesso di organi, con funzioni giurisdizionali, autonomo e indipendente da ogni altro potere. La Magistratura è organo costituzionale, secondo quanto sancito dall'art. 104 della Costituzione della Repubblica Italiana. I magistrati sono titolari della funzione giurisdizionale.

Il termine **giurisdizione** viene tradizionalmente utilizzato per indicare l'insieme delle regole giuridiche applicate dalla pubblica potestà in ordine ad una controversia. L'esercizio della **funzione giurisdizionale** è generalmente legato all'esistenza di una controversia di natura civile, penale od amministrativa che impone l'intervento di un soggetto terzo e neutrale.

La **giurisdizione ordinaria** viene «[...] esercitata dai magistrati ordinari, istituiti e regolati secondo le norme dell'ordinamento giudiziario» (art. 102, co. 1, Cost.).

Si definisce **giurisdizione speciale** quella esercitata per la soluzione di determinate controversie afferenti a materie speciali, che richiedono una particolare competenza tecnica.

La Carta Costituzionale pone dei principi afferenti l'esercizio della funzione giurisdizionale con l'intento di garantire una tutela piena della funzione giurisdizionale ed un corretto esercizio ad opera degli organi a ciò deputati.

Nell'ordinamento italiano il **pubblico ministero** (P.M.) è l'organo, appartenente alla magistratura, cui è attribuito l'esercizio dell'azione penale. L'obbligo di esercizio dell'azione penale da parte del pubblico ministero previsto dall'art. 112 Cost. si configura come forma di tutela dei diritti del cittadino.

Il **Consiglio Superiore della Magistratura** (CSM) è l'organo cui è affidato il compito di garantire l'indipendenza e l'autonomia della Magistratura. È formato da 3 membri di diritto e 24 membri elettivi.

14. GLI ORGANI DI RILIEVO COSTITUZIONALI DELL'ORDINAMENTO ITALIANO

Con l'espressione **organi di rilievo costituzionale** si fa riferimento a quegli organi previsti espressamene dalla Carta costituzionale la cui organizzazione e il cui funzionamento sono disciplinati con legge ordinaria.

A differenza degli organi costituzionali che sono necessari ed indefettibili (cioè che non possono in nessun caso venir meno o essere soppressi, pena lo stravolgimento dell'ordinamento dello Stato) gli organi di rilievo costituzionali sono organi ausiliari: si affiancano ai primi e contribuiscono all'esercizio delle funzioni di questi e alla determinazione dell'ordinamento democratico, ma possono essere soppressi con legge ordinaria.

Nell'ordinamento italiano gli organi di rilievo costituzionale esercitano funzioni particolarmente importanti. La nostra Costituzione ne prevede cinque: il Consiglio Nazionale Economia e Lavoro, il Consiglio di Stato, la Corte dei Conti, il Consiglio Superiore della Magistratura, il Consiglio Supremo di difesa.

Ai predetti organi va aggiunta, per la sua funzione ausiliaria, anche l'Avvocatura dello Stato.

14.1. IL CONSIGLIO NAZIONALE DELL'ECONOMIA E DEL LAVORO

Il Consiglio Nazionale dell'Economia e del Lavoro (C.N.E.L.), previsto dall'art. 99 Cost., è stato istituito con la L. 33/1957 con competenze in materia di legislazione economica e sociale.

La composizione

Ai sensi dell'art. 99, co. 1, Cost. «Il Consiglio nazionale dell'economia e del lavoro è composto, nei modi stabiliti dalla legge, di esperti e di rappresentanti delle categorie produttive, in misura che tenga conto della loro importanza numerica e qualitativa».

Secondo autorevole dottrina il CNEL è stato «[...] voluto dall'Assemblea costituente per immettere nell'apparato dello Stato i rappresentanti delle varie categorie produttive del Paese al fine di creare un significativo raccordo fra le forze economico-sociali e le istituzioni (da attivare soprattutto sul piano consultivo e dell'iniziativa legislativa) [...]» (MARTINES). È opportuno specificare che nei primi decenni di vita il funzionamento del CNEL è risultato difficoltoso. Ciò non tanto per problemi interni al Consiglio ma per due motivi:

1) l'utilizzo, da parte delle categorie produttive al suo interno rappresentate, di altri strumenti per far valere i loro interessi a livello istituzionale;
2) la creazione di organi (quali il CIPE) che avevano nei fatti isolato il CNEL.

Per lungo tempo si è dunque avvertita la necessità di una riforma che è stata attuata con la L. 936/1986 (successivamente modificata dalla L. 383/2000).

In ordine alla composizione la legge oggi prevede che il CNEL sia composto da un presidente (nominato con Decreto del Presidente della Repubblica) e 121 membri così ripartiti:

1) 12 «esperti, qualificati esponenti della cultura economica e sociale e giuridica» di cui 8 nominati direttamente dal Presidente della Repubblica e 4 nominati dal Presidente della Repubblica, su proposta del Presidente del Consiglio dei ministri e previa deliberazione del Consiglio dei ministri;
2) 99 rappresentanti delle categorie produttive di beni e servizi nei settori pubblico e privato, nominati dal Presidente della Repubblica su proposta del Presidente del Consiglio e previa deliberazione del Consiglio dei ministri;
3) 10 rappresentanti delle associazioni di promozione sociale e delle organizzazioni del volontariato, nominati dal Presidente della Repubblica su proposta del Presidente del Consiglio dei ministri e previa deliberazione del Consiglio dei ministri.

La legge prevede l'incompatibilità della carica di membro del C.N.E.L. con quella di parlamentare, membro del governo o componente di consigli o assemblee regionali.

La durata della carica è fissata in 5 anni. I componenti possono essere inoltre rieletti e revocati su richiesta degli enti, istituzioni o organizzazioni che li hanno designati.

Le funzioni

Quanto alle funzioni, la Costituzione e la L. 936/1986 definiscono il CNEL quale organo consultivo del governo, delle Camere ed anche delle Regioni.

Il C.N.E.L. ha funzioni limitate alle materie di competenza. Tali limiti vengono fissati dalla L. 936/1986 (che danno attuazione alla norma costituzionale) secondo la quale la funzione consultiva viene esplicata attraverso:

1) la formulazione di **pareri** (richiesti dal governo, dalle Camere e dalle Regioni);
2) la possibilità di partecipare alla elaborazione della legislazione economica e sociale (oltre che con i pareri anche con studi ed indagini posti in essere su richiesta del governo, delle Camere, delle Regioni o delle Province autonome).

In proposito la dottrina sostiene che un tempo l'iniziativa legislativa incontrava solo i limiti di legge. La modifica di quest'ultima ha ampliato la portata di questa possibilità e si ritiene che oggi il suddetto organo incontri soltanto limiti derivanti dalla sua funzionalità.

Il C.N.E.L. ha poi l'iniziativa delle leggi nelle materie di sua competenza (così come previsto anche dall'art. 71 Cost.).

Il C.N.E.L. svolge infine attività informativa e conoscitiva (ad esempio attraverso la formulazione di osservazioni e proposte, studi ed indagini nelle materie di sua competenza).

14.2. IL CONSIGLIO DI STATO

Il **Consiglio di Stato** è un organo presente in numerosi Paesi con funzioni che variano da ordinamento ad ordinamento.

Nel nostro Paese tale organo venne istituito nel 1831 da Carlo Alberto il quale si rifece al modello francese del *Conseil d'État du Roi* (il Consiglio di Stato del Re).

La struttura

Inizialmente costituito da sole tre sezioni per l'esercizio delle sole funzioni consultive, nel tempo se ne sono aggiunte delle altre.

Il Consiglio di Stato è oggi espressamente previsto dall'art. 100, co. 1, della Carta Costituzionale e si configura come organo dotato di una doppia natura. Esso ha infatti funzioni amministrative e funzioni giurisdizionali e risulta strutturato in sette sezioni:

- 6 di cui 3 con funzioni consultive e 3 con funzioni giurisdizionali;
- 1, istituita con la L. 127/1997 per l'esame degli schemi di atti normativi (per i quali è previsto il parere del Consiglio dalla legge o richiesta dalle amministrazioni) nonché degli atti normativi dell'Unione europea (su richiesta del presidente del Consiglio dei ministri).

L'art. 54 della L. 133/2008 (di conversione del d.l. 112/2008) superando tale tradizionale rigida ripartizione di funzioni prevede un'articolazione in sezioni con funzioni consultive e funzioni giurisdizionali, oltre alla sezione normativa istituita con la L. 127/1997. A tal fine le funzioni di ogni singola sezione vengono stabilite anno per anno dal Presidente del Consiglio di Stato, con proprio provvedimento.

Quanto alla composizione, il Consiglio consta di un Presidente (nominato dal Presidente della Repubblica su proposta del Presidente del Consiglio dei ministri), un Presidente aggiunto, i Presidenti di sezione ed i consiglieri di Stato. A questi si aggiungono il Segretario generale, l'Adunanza generale (in sede consultiva) e l'Adunanza plenaria (in sede giurisdizionale).

Le funzioni

Quanto alle sue attribuzioni, l'esercizio della **funzione consultiva** si esplica attraverso la formulazione di pareri che possono essere facoltativi o obbligatori.

Si definiscono facoltativi quei pareri che possono essere facoltativamente richiesti dalla Pubblica Amministrazione e non sono mai vincolanti.

Sono invece obbligatori i pareri che devono essere richiesti in determinati casi dalla pubblica amministrazione e possono essere vincolanti o non vincolanti (a seconda che la pubblica amministrazione debba conformarsi o meno ad essi nell'emanazione dell'atto per il quale il parere è richiesto). A norma dell'art. 17, co. 25, L. 127/1997 sono obbligatori i pareri per: l'emanazione degli atti normativi del governo e dei singoli ministri previsti dall'art. 17 l. 400/1988; la decisione dei ricorsi straordinari al Presidente della Repubblica; per gli schemi generali dei contratti-tipo, accordi e convenzioni predisposti dai Ministeri.

In ordine all'esercizio della funzione giurisdizionale, va specificato che fino alla L. 1034/1971, istitutiva dei Tribunali Amministrativi Regionali (T.A.R.) il Consiglio di Stato ha operato con funzione di organo giurisdizionale amministrativo di primo grado. Attualmente il Consiglio di Stato opera come giudice amministrativo di secondo grado mantenendo la funzione di giudice in unico grado nei giudizi di ottemperanza (diretti ad ottenere che una pubblica Amministrazione esegua una sentenza dal Giudice o del Consiglio di Stato medesimo) ovvero quelli in cui il governo chieda una decisione del Consiglio in ordine ad un provvedimento non ancora emanato, al fine di evitare l'impugnativa dell'atto e previo assenso di coloro cui l'atto si riferisce (art. 33 T.U. CdS).

A norma dell'art. 111, ult. co., Cost., avverso le sentenze del Consiglio di Stato è ammesso il riscorso per cassazione per soli motivi di giurisdizione.

14.3. LA CORTE DEI CONTI

La **Corte dei Conti**, prevista espressamente dagli artt. 100 e 103 Cost. è organo di rilievo costituzionale con funzioni giurisdizionali, consultive e di controllo.

Si tratta di un organo antico istituito, con lo scopo di vigilare sulle amministrazioni dello Stato, con la L. 800/862 la quale si rifaceva alla esperienza di alcuni organi degli stati preunitari: la Camera dei conti del Ducato di Savoia o la Regia Corte dei conti del regno di Napoli.

La composizione

La Corte dei conti (Cdc) è composta da uffici centrali e regionali. Al vertice si trova l'Ufficio di Presidenza, con sede a Roma, composto:

1) dal Presidente;
2) dal Procuratore Generale della Corte dei Conti;
3) dal presidente aggiunto della Corte dei Conti o dal presidente di sezione più anziano;
4) da 4 cittadini eletti due dalla Camera e due dal Senato a maggioranza assoluta dei componenti tra professori ordinari in materie giuridiche o avvocati con vent'anni di esercizio della professione;
5) da 10 magistrati.

La Corte dei conti si articola inoltre in sezioni giurisdizionali e sezioni di controllo sia a livello centrale che territoriale.

LE FUNZIONI

La Corte dei conti è titolare di particolari funzioni giurisdizionali e di controllo.

Le **funzioni di controllo** esercitate dalla Corte dei conti sono di due tipi:

1) controllo preventivo di legittimità sugli atti del governo e della pubblica amministrazione;
2) controllo di gestione a consuntivo sui bilanci dello Stato, delle amministrazioni pubbliche e di quegli enti per i quali lo Stato contribuisce alla gestione ordinaria.

In ordine alle **funzioni giurisdizionali** l'art. 103 Cost. stabilisce che «La Corte dei conti ha giurisdizione nelle materie di contabilità pubblica e nelle altre specificate dalla legge». Spettano pertanto alla Corte i giudizi di **responsabilità amministrativa** dei pubblici funzionari (che vengono chiamati a rispondere del loro operato in caso di danni patrimoniali all'amministrazione per comportamento doloso, colposo o negligente); i giudizi di **responsabilità contabile** ed i giudizi di **responsabilità per il danno cagionato a terzi** e risarcito dalla amministrazione.

La Corte dei Conti è infine giudice unico in materia di ricorsi pensionistici, civili, militari e di guerra ex art. 5 L. 205/2000.

14.4. IL CONSIGLIO SUPREMO DI DIFESA

LA COMPOSIZIONE

Il **Consiglio Supremo di Difesa** (CSD) è un organo di rilievo costituzionale presieduto dal Presidente della Repubblica ed è composto da:

1) Presidente del Consiglio dei ministri, con funzioni di vice-presidente;
2) Ministro per gli Affari Esteri;
3) Ministro dell'Interno;
4) Ministro dell'Economia e delle Finanze;
5) Ministro per la Difesa;
6) Ministro dello Sviluppo Economico;

7) Capo di Stato Maggiore della Difesa.

Alle sue riunioni possono essere convocati i Capi di Stato Maggiore delle quattro Forze Armate (Esercito, Marina e Aeronautica e il Comandante generale dell'Arma dei Carabinieri), e possono altresì intervenire il Presidente del Consiglio di Stato, su invito del Presidente della Repubblica, ovvero persone di particolare competenza nel campo scientifico, industriale ed economico ed esperti in problemi militari.

Il Consiglio si riunisce almeno due volte l'anno. Può essere convocato dal Capo dello Stato, su richiesta del Presidente del Consiglio dei ministri, quando tale convocazione venga ritenuta necessaria.

LE FUNZIONI

A norma dell'art. 1 L. 624/1950, il Consiglio Supremo di difesa «[...] esamina i problemi generali politici e tecnici attinenti alla difesa nazionale e determina i criteri e fissa le direttive per l'organizzazione e il coordinamento delle attività che comunque la riguardano».

La norma sembra pertanto delineare delle competenze molto ampie del CSD. Nella realtà queste sono assai limitate trattandosi di competenze proprie di altri organi (ad es. l'indirizzo politico in materia di politica estera e militare spetta al governo; la determinazione dei piani strategici e di difesa dei confini al Capo di Stato Maggiore).

Il Consiglio Supremo di difesa svolge quindi, al fine di assicurare la difesa dello Stato, attività consultive e di coordinamento fra gli organi dello Stato e per tale ragione viene considerato alla stregua di un comitato interministeriale.

APPROFONDIMENTO: La difesa nella Carta costituzionale

La Costituzione detta alcuni principi in tema di difesa.

Anzitutto l'art. 52 prevede l'obbligo di difesa dello Stato. Collegando tale principio a quello posto dall'art. 11 (L'Italia ripudia la guerra come mezzo di risoluzione delle controversie) ne discende che nel nostro ordinamento è ammessa solo la guerra difensiva.

La norma, al co. 3, Cost. introduce poi il **principio della democraticità** delle Forze armate. In forza di tale principio gli appartenenti alle Forze armate sono titolari (al pari degli altri individui) dei diritti inviolabili e delle libertà fondamentali, ferme restando le limitazioni poste dalla disciplina speciale che loro si applica.
L'art. 98 Cost. garantisce infine la apoliticità delle Forze armate attraverso il divieto di iscrizione ai partiti posto a carico dei militari di carriera in servizio attivo.

14.5. L'AVVOCATURA DELLO STATO

Tra gli organi ausiliari dello Stato va infine ricordata l'**Avvocatura dello Stato** il cui compito principale è la difesa in giudizio dello Stato.

Quanto alla struttura, essa si compone dell'Avvocatura generale con sede a Roma e delle Avvocature distrettuali (le cui circoscrizioni coincidono con quelle del distretto delle Corti d'appello).

L'avvocatura assiste e difende lo Stato e le amministrazioni nei giudizi in cui sono parte in causa. Anche le Regioni possono oggi rivolgersi all'Avvocatura dello Stato e chiederne il patrocinio come stabilito dal D.P.R. 616/1977.

L'Avvocatura svolge altresì funzioni consultive potendo chiedere alle amministrazioni dei pareri «[...] volti a consigliare la pubblica amministrazione circa l'opportunità o la convenienza di promuovere un giudizio o di recedere da un giudizio già instaurato ovvero ancora di risolvere una controversia in via extragiudiziale» (MARTINES).

RIEPILOGO

Sono **organi di rilievo costituzionale** quelli previsti espressamente dalla Costituzione la cui organizzazione e il cui funzionamento sono disciplinati con legge ordinaria. Tali organi sono ausiliari degli organi costituzionali.

Nell'ordinamento italiano gli organi di rilievo costituzionale esercitano funzioni particolarmente importanti. La nostra Costituzione ne prevede cinque: il Consiglio Nazionale Economia e Lavoro, il Consiglio di Stato, la Corte dei Conti, il Consiglio Superiore della Magistratura, il Consiglio Supremo di difesa.

Ai predetti organi va aggiunta, per la sua funzione ausiliaria, anche l'Avvocatura dello Stato.

Il **Consiglio nazionale dell'Economia e del Lavoro** (C.N.E.L.), è previsto dall'art. 99 Cost., è stato istituito con la L. 33/1957 con competenze in materia di legislazione economica e sociale. È composto da un presidente (nominato con Decreto del Presidente della Repubblica) e 121 membri.

Il Consiglio di Stato è oggi espressamente previsto dall'art. 100, co. 1, della Carta Costituzionale e si configura come organo dotato di una doppia natura. Esso ha infatti funzioni consultive (esercitate attraverso la formulazione di pareri facoltativi o obbligatori) e funzioni giurisdizionali. È strutturato in sette sezioni.

La Corte dei Conti, prevista espressamente dagli artt. 100 e 103 Cost. è organo di rilievo costituzionale con funzioni giurisdizionali, consultive e di controllo. È composta da uffici centrali e regionali.

Il Consiglio Supremo di Difesa (CSD) è un organo di rilievo costituzionale presieduto dal Presidente della Repubblica. Il Consiglio Supremo di difesa svolge attività consultive e di coordinamento fra gli organi dello Stato.

Tra gli organi ausiliari dello Stato va infine ricordata l'Avvocatura dello Stato, il cui compito principale è la difesa dello Stato e delle amministrazioni ma anche delle Regioni nei giudizi in cui sono parte in causa.

15. LE REGIONI, LE PROVINCE E I COMUNI

Nel nostro ordinamento accanto allo Stato si collocano **enti pubblici territoriali**. Come lo Stato, che è l'ente territoriale nazionale, anche questi sono enti territoriali, nel senso che l'esercizio delle funzioni viene delimitato dall'area geografica (e quindi dal territorio) in cui tali enti operano.

La nostra Costituzione all'art. 114, nel suo nuovo testo introdotto dalla L. cost. 3/2001, stabilisce che «La Repubblica è costituita dai Comuni, dalle Province, dalle Città metropolitane, dalle Regioni e dallo Stato.

I Comuni, le Province, le Città metropolitane e le Regioni sono enti autonomi con propri statuti, poteri e funzioni secondo i principi fissati dalla Costituzione».

L'importanza di tali enti viene pertanto espressamente riconosciuta dalla Carta Costituzionale, la cui disciplina è contenuta nella **Parte II, Titolo V**, artt. 114-133.

Lo Stato pertanto mantiene la sovranità, ma la Costituzione riconosce ai citati enti poteri e funzioni e autonomia. Va infine ricordato che esistono ulteriori enti locali i quali, pur non essendo espressamente previsti dalla citata norma, sono elencati nel d.lgs. 267/2000.

15.1. LE REGIONI

Caratteristiche e funzioni

Le **Regioni** sono enti pubblici espressamente previsti dalla Carta costituzionale che vantano la titolarità di compiti e funzioni.

A norma dell'art. 131 Cost. le Regioni Italiane sono 20 di cui 15 a Statuto ordinario e 5 a Statuto Speciale: quest'ultime secondo il disposto dell'art.116 Cost. «[...] dispongono di forme e condizioni particolari di autonomia [...]». La creazione di tali Regioni è stata una precisa scelta dell'Assemblea costituente, in considerazione delle condizioni proprie di quelle aree geografiche (caratterizzate ad es. dalla presenza di più gruppi linguistici o da particolari condizioni sociali ed economiche).

L'autonomia statuaria si realizza per l'appunto attraverso lo **Statuto** che a norma dell'art. 123 Cost. determina la forma di governo, i principi fondamentali di organizzazione e di funzionamento della Regione. Diversa è la procedura di approvazione degli Statuti delle Regioni ordinarie e di quelli delle Regioni speciali.

I primi sono approvati (e modificati) dal Consiglio regionale con legge approvata a maggioranza assoluta dei componenti con due deliberazioni successive adottate ad un intervallo non inferiore a due mesi. Nel termine di trenta giorni dalla seconda deliberazione del Consiglio regionale, il governo può sollevare innanzi alla Corte costituzionale una questione di legittimità costituzionale.

Lo Statuto regionale è sottoposto a *referendum* se entro tre mesi dalla pubblicazione della seconda deliberazione del Consiglio ne facciano richiesta un cinquantesimo degli elettori della regione ovvero un quinto dei componenti del consiglio regionale. In tal caso lo Statuto viene promulgato solo se approvato dalla maggioranza dei voti. Se invece decorrono tre mesi senza che sia avanzata la richiesta di *referendum* lo Statuto viene promulgato e pubblicato.

Molte regioni sono attualmente impegnate nell'attività di approvazione dei propri statuti

È opportuno specificare che il testo dell'art. 123 non parla di deliberazione consiliare ma più semplicemente di pubblicazione. Ciò però ha posto il problema della forma di controllo esercitata dal governo. Difatti una questione di legittimità sollevata dopo la pubblicazione dello Statuto legittimerebbe il governo ad esercitare un controllo successivo sullo stesso (il che è inammissibile). Sul punto si è pronunciata la Corte Costituzionale con la sentenza 469/2005 nella quale ha specificato che il controllo del governo può essere soltanto preventivo. Ragion per cui la pubblicazione cui fa riferimento l'art. 123, co.2 e 3, non va intesa come pubblicazione dello Statuto ma pubblicazione a fine notiziale e per tal motivo riferita alla seconda deliberazione del consiglio regionale.

Quelli delle regioni speciali sono invece approvati con legge costituzionale.

Oltre all'autonomia statuaria, le regioni godono anche di autonomia di indirizzo politico, legislativa, amministrativa e finanziaria.

L'**autonomia di indirizzo politico** consente alle Regioni di esprimere un indirizzo politico differente da quello del governo in carica.

In ordine all'**autonomia legislativa**, l'art. 117 Cost., nella sua nuova formulazione, prevede che la Regione possa emanare leggi, applicabili nell'ambito del proprio territorio, nelle materie che non rientrano nella potestà esclusiva dello Stato; la competenza a legiferare può pertanto essere esclusiva (dello Stato o della Regione) o concorrente.

L'**autonomia amministrativa** è prevista dall'art. 118 Cost. secondo il quale le funzioni amministrative possono essere attribuite alle Regioni nel rispetto dei principi di sussidiarietà, differenziazione ed adeguatezza. La Regione può, con legge regionale, delegare funzioni amministrative nella sua titolarità ai Comuni, alle Province ed alle Città metropolitane.

APPROFONDIMENTO: Il procedimento di formazione delle leggi regionali

Il **procedimento di formazione delle leggi regionali** ricalca per grandi linee il procedimento adottato per l'adozione delle leggi ordinarie dello Stato.

L'iniziativa delle leggi regionali (cioè la fase introduttiva del procedimento di adozione della legge) spetta a determinati soggetti che vengono individuati dagli Statuti (la Giunta, i consiglieri, gli elettori della regione, i Consigli comunali e provinciali e delle autonomie locali).

L'istruttoria si svolge in sede di commissione referente (simile a quella prevista per il Parlamento) ma alcuni Statuti prevedono la possibilità di svolgere l'istruttoria anche in sede redigente, affidando cioè ad apposite commissioni la redazione e l'approvazione dei progetti di legge che saranno poi votate dall'Assemblea regionale. La fase deliberativa si svolge infine dinanzi all'Assemblea regionale.

L'**autonomia finanziaria** è prevista dall'art. 119 Cost. Le Regioni hanno autonomia finanziaria di entrata e di spesa; possono, in armonia con le disposizioni costituzionali ed i principi di coordinamento della finanza pubblica e del sistema tributario, applicare tributi ed entrate proprie; dispongono di compartecipazione al gettito di tributi erariali riferibili al loro territorio.

APPROFONDIMENTO: Il ruolo delle Regioni a livello internazionale e comunitario

La riforma del 2001 ha attribuito un nuovo ruolo alle Regioni a livello internazionale e comunitario.

L'art 117 Cost. dispone al comma 5 che «Le Regioni e le Province autonome di Trento e Bolzano, nelle materie di loro competenza, partecipano alle decisioni dirette alla formazione degli atti normativi comunitari e provvedono all'attuazione e all'esecuzione degli accordi internazionali e degli atti dell'Unione europea, nel rispetto delle norme di procedura stabilite da legge dello Stato, che disciplina la modalità di esercizio del potere sostitutivo in caso di inadempienza» e all'ultimo comma «Nelle materie di sua competenza la Regione può concludere accordi con Stati e intese con enti territoriali interni ad altro Stato, nei casi e nelle forme disciplinati da leggi dello Stato».

Le previsioni costituzionali sono state in seguito attuate con la L. 131/2003 (**Legge la Loggia**).

Pertanto le Regioni a livello costituzionale possono: eseguire direttamente, nelle materie di propria competenza legislativa, gli accordi internazionali ratificati dallo Stato (previa comunicazione al Ministero degli Affari esteri e alla Presidenza del Consiglio-dipartimento per gli affari regionali); concludere intese con enti territoriali interni allo Stato; concludere accordi con altri Stati.

A livello comunitario le Regioni possono partecipare al procedimento di adozione da parte delle istituzioni comunitarie di determinati atti (c.d. fase ascendente del diritto comunitario) sia alla fase di attuazione degli atti comunitari (c.d. fase discendente del diritto comunitario) con riguardo in particolare alle materie in cui è prevista la potestà delle Regioni.

Le Regioni possono oggi, a norma dell'art. 5, co. 2, L. 131/2003 chiedere al governo di proporre ricorso alla Corte di Giustizia

contro gli atti normativi comunitari ritenuti illegittimi (secondo la procedura prevista dall'art. 230 TCE). Tale richiesta può essere avanzata da una o più Regioni o dalla Conferenza Stato-Regioni.
Nelle ipotesi di mancato rispetto delle norme e dei trattati internazionali o della normativa comunitaria (ma anche nei casi di pericolo grave per l'incolumità e la sicurezza pubblica, ovvero quando lo richiedono la tutela dell'unità giuridica o dell'unità economica ed in particolare la tutela dei livelli essenziali delle prestazioni concernenti i diritti civili e sociali, prescindendo da confini territoriali dei governi locali) il governo può, a norma dell'art. 120, co. 2, Cost. sostituirsi agli organi delle Regioni, delle Province, dei Comuni e delle Città metropolitane.
In base a quanto previsto dall'art. 8 L. 131/2003 in tali casi il Presidente del Consiglio dei ministri, su proposta del Ministro competente per materia ovvero su iniziativa della Regione o dell'ente locale, assegna all'ente un termine per provvedere, scaduto il quale il Consiglio dei ministri adotta i provvedimenti necessari.

GLI ORGANI

Gli organi delle Regioni, espressamente previsti dall'art. 121 Cost., sono il Consiglio regionale, la Giunta regionale ed il Presidente della Regione.

Il Consiglio regionale

Il **Consiglio regionale** è l'organo che rappresenta la Regione e può definirsi il corrispettivo, a livello regionale, del Parlamento nazionale. In Sicilia il Consiglio regionale prende il nome di Parlamento regionale ed i suoi membri, detti deputati (e non consiglieri) si fregiano del titolo di onorevoli.

I membri del Consiglio regionale sono eletti da cittadini maggiorenni che abbiano la residenza nella regione a suffragio universale e diretto. Il sistema elettorale dei membri del consiglio è quello introdotto con la L. 43/1995 la quale ha mantenuto il sistema proporzionale (previsto dalla precedente L. 108/1968) per i 4/5 dei consiglieri ma ha introdotto il sistema maggioritario per l'elezione del restante quinto. L'art. 122 Cost. prevede però che tale sistema, delineato con legge statale, venga sostituito da quello posto dalle Regioni con propria legge (nel rispetto dei principi posti dalla legge della Repubblica relativa alla durata degli organi elettivi).

A norma dell'art. 2 L. 108/1968 il numero dei componenti è variabile (da un minimo di 30 nelle Regioni con non più di un milione di abitanti ad un massimo di 80 nelle Regioni con più di sei milioni di abitanti). Leggi successive hanno previsto l'aumento del numero dei seggi collegati alla lista vincente (al fine di assicurare la maggioranza in seno al consiglio).

I consiglieri godono di alcune prerogative (come avviene per i membri del Parlamento). Non possono difatti essere chiamati a rispondere delle opinioni date o dei voti espressi nell'esercizio delle loro funzioni, ed hanno diritto ad un trattamento economico. Non godono invece dell'immunità penale. L'art. 122, co. 2, Cost. prevede l'incompatibilità della carica di consigliere regionale con altre cariche (membro della Giunta regionale, membro del Consiglio o della Giunta regionale di altra regione, membro del Parlamento nazionale o europeo).

Il Consiglio regionale dura in carica 5 anni (che decorrono dalla data delle elezioni), ma può anche essere sciolto anticipatamente. Sono organi interni del Consiglio: il Presidente, l'Ufficio di presidenza, i Gruppi consiliari e le Conferenze dei capigruppo.

A norma dell'art. 121 Cost. «Il consiglio regionale esercita le potestà legislative attribuite alle regioni e le altre funzioni conferitegli dalla Costituzione o dalle leggi».

Il Consiglio ha pertanto la titolarità della funzione legislativa a livello regionale. Oltre a tale funzione, può richiedere il *referendum* abrogativo e consultivo (artt. 75 e 138 Cost.), eleggere i delegati che parteciperanno all'elezione del Capo dello Stato (art. 83 Cost.), formulare proposte di legge al Parlamento (art. 121 Cost.), esprimere pareri nei casi previsti dagli artt. 132 e 133 Cost.

Il Consiglio regionale è inoltre titolare di altre funzioni, non previste dalla Costituzione: esercita una forma di controllo sull'operato della Giunta regionale; può procedere periodicamente ad una verifica dello stato di attuazione del programma; è titolare di alcune potestà regolamentari attribuite dagli Statuti (ad es. i regolamenti che lo Stato, nelle materie che appartengono alla sua esclusiva competenza, delega alle regioni).

La Giunta regionale

La **Giunta regionale** è l'organo esecutivo della Regione, in rapporto fiduciario con il Consiglio regionale. Un tempo eletto direttamente dal Consiglio, a seguito delle modifiche apportate con la L. cost. 1/1999 i membri (per i quali valgono le stesse cause di incompatibilità previste per i consiglieri regionali) vengono oggi direttamente nominati (o revocati) dal Presidente della Giunta regionale, salva diversa disposizione degli statuti regionali (artt. 122, co. 5, Cost.).

La Giunta regionale è l'organo che attua le deliberazioni e le leggi del consiglio. La Giunta ha inoltre iniziativa legislativa e potestà regolamentare (qualora attribuita dallo Statuto); gestisce e dirige gli uffici regionali (dei quali amministra il patrimonio); predispone il bilancio preventivo, il conto consuntivo ed i piani di sviluppo regionale; decide, sentito il Consiglio, sulla proposizione di ricorsi di legittimità costituzionale e sui conflitti di attribuzione, può diramare circolare e adottare un proprio regolamento che ne disciplina il funzionamento interno; svolge funzioni relative all'approvazione dei contratti stipulati dalla Regione e di direzione delle funzioni regionali delegate agli enti locali.

Il Presidente della Giunta regionale

Il **Presidente della Giunta regionale**, eletto a suffragio universale, salvo diversa disposizione degli Statuti, a norma dell'art. 122, co. 5, Cost., riveste il duplice ruolo di Presidente della Regione e Presidente della Giunta regionale.

In qualità di Presidente della Regione svolge il compito di rappresentanza della stessa, promulga le leggi ed emana i regolamenti regionali, indice i *referendum*.

Nella veste di Presidente della Giunta regionale è al vertice dell'organo esecutivo della Regione (per tal motivo viene anche denominato «Capo del governo regionale»). In virtù di tale ruolo dirige la politica regionale assumendone la responsabilità.

Sono cause di cessazione dalla carica, secondo il dettato dell'art. 126 Cost.:

1) l'approvazione, a maggioranza assoluta, di una mozione di sfiducia nei confronti del Presidente della Giunta da parte del Consiglio regionale, presentata da un quinto dei componenti del consiglio;
2) la rimozione, l'impedimento permanente, la morte e le dimissioni volontarie del Presidente;
3) le dimissioni contestuali della maggioranza dei componenti del Consiglio.

L'art. 126 fa un'importante precisazione: se il Presidente della Giunta è eletto a suffragio universale e diretto, le succitate cause comporteranno le dimissioni della Giunta e lo scioglimento del Consiglio; se il Presidente risulta eletto con diverso sistema l'unico effetto che si produrrà saranno le dimissioni dell'esecutivo.

È opportuno infine ricordare che la rimozione del Presidente (e lo scioglimento del Consiglio) possono essere disposti anche per altri motivi quali il compimento di atti contrari alla Costituzione, gravi violazioni di legge, ragioni di sicurezza nazionale.

In tali casi la rimozione o lo scioglimento verranno disposti con decreto del Presidente della Repubblica, previa delibera del Consiglio dei ministri, sentito il parere della Commissione bicamerale per le questioni regionali (art. 126, co. 1, Cost.).

Il Difensore civico

Agli organi regionali previsti dalla Costituzione, va ad aggiungersi il c.d. **Difensore civico regionale** che svolge importanti funzioni di garante dei cittadini contro abusi dell'amministrazione regionale. Nominato dal Consiglio regionale, con votazione a maggioranza qualificata, dura in carica 5 anni. Può essere revocato solo per gravi motivi (indicati nelle leggi regionali).

APPROFONDIMENTO: L'ordinamento regionale nel tempo

L'attuale assetto regionale del nostro Paese è frutto di un lungo processo che è passato attraverso esperienze differenti.

Prima dell'Unita d'Italia, non esistendo uno Stato unico, il territorio nazionale risultava ripartito in più Stati che si differenziavano, oltre che per la grandezza, anche per la sottoposizione a diversi regimi.

Con la nascita dello Stato unitario nel 1861 si decise di accentrare tutti i poteri a livello statale. Ciò era frutto di una duplice esigenza: organizzare il neo-nato Stato italiano e cercare, in tal modo, di consolidare il concetto di coscienza nazionale nella popolazione italiana. L'accentramento dei poteri a livello centrale connoterà anche il ventennio fascista: in tal modo le amministrazioni regionali risultavano sempre indissolubilmente legate al governo centrale. Ciò in coerenza con il carattere totalitario che connotava lo Stato fascista.

L'idea della ripartizione in Regioni nacque all'interno dell'Assemblea costituente e venne poi consacrata nel testo finale della Costituzione.

Le prime Regioni che vennero istituite furono quelle ad autonomia speciale: e cioè Sicilia, Sardegna, Valle d'Aosta e Trentino Alto Adige nel 1948, il Friuli Venezia Giulia nel 1963. Le restanti Regioni ad autonomia ordinaria vennero invece istituite molto più tardi (nel 1970) e solo nel 1972 vennero emanati i decreti governativi delegati che sancivano il passaggio a queste delle funzioni costituzionalmente previste.

A partire dagli anni '90 si è proceduto, in applicazione del principio di decentramento amministrativo di cui all'art. 5 Cost., ad un'ulteriore attribuzione di funzioni alle Regioni attuato grazie alla L. 59/1997 e al d.lgs 112/1998.

Tale processo ha portato poi alla L. cost. 1/1999, che ha apportato modifiche che riguardavano gli Statuti regionali e le modalità di elezione del Presidente della Regione, per approdare alla riforma della parte II, titolo V Cost. ad opera della legge costituzionale 18 ottobre 2001, n. 3.

Oltre a modificare la formulazione dell'art 114 Cost. la legge, che contiene una nuova elencazione in ordine decrescente di importanza degli territoriali, ha apportato numerose novità. Difatti:

- ha riconosciuto l'autonomia non solo alle Regioni speciali ma anche a quelle ordinarie (che viene attribuita con legge dello Stato su iniziativa della regione interessata);
- ha integralmente riformulato il testo dell'art. 117 Cost. che prevede la possibilità che le Regioni esercitino la potestà legislativa;
- ha attribuito, con alcuni limiti, alle Regioni la possibilità di condurre una politica estera;
- in applicazione del principio di sussidiarietà, ha previsto l'attribuzione alle Regioni di funzioni amministrative un tempo esclusive degli enti statali;
- ha introdotto il federalismo fiscale con l'art. 119;
- ha abrogato gli artt. 115, 124, 125, co. 1, 128, 129 e 130: tali disposizioni costituzionali risultavano difatti incompatibili con il nuovo assetto delineatosi.

Successivamente alla L. cost. 3/2001 è stata approvata la L. 5 giugno 2003, n. 131 (**Disposizioni per l'adeguamento dell'ordinamento della repubblica alla legge costituzionale 18 ottobre 2001, n. 3**) al fine di definire meglio alcuni aspetti della riforma del 2001.

Tale legge ha difatti posto dei limiti alla potestà normativa degli enti locali e alla attività internazionale delle regioni; previsto l'applicazione della legge dello Stato in materie di competenza regionale (e viceversa anche della legge regionale in materie statali), disciplinando le procedure con cui le Regioni partecipano alla attività di formazione degli atti comunitari; previsto un intervento del governo che può oggi sostituirsi alla regione o ad un altro ente locale nel caso di gravi inadempienze.

15.2. PROVINCE

Le funzioni

L'art. 3, co. 3, del d.lgs 267/2000 definisce le **Province** quali enti locali intermedi tra Comune e Regione.

Le funzioni delle Province sono individuate dagli artt. 3, 19 e 20 del d.lgs 267/2000. Esse consistono: nella rappresentanza e nella cura degli interessi della propria comunità, nella promozione e nel coordinamento delle funzioni amministrative, nella promozione e nel coordinamento delle attività e nella realizzazione di opere di interesse provinciale in diversi settori (turistico, sportivo, culturale etc.).

L'art. 20 del T.U.E.L. affida alle Province il compito della programmazione, che si attua attraverso un procedimento previsto dalla stessa norma e in conformità dei principi posti dalla legge regionale. La provincia può però adottare il piano territoriale di coordinamento.

Gli organi

Come le Regioni, anche le Province hanno dei propri organi che sono:

- il **Consiglio provinciale** che esercita funzioni di indirizzo politico e di controllo;
- la **Giunta provinciale**, l'organo esecutivo della Provincia; il Presidente della provincia eletto a suffragio universale e diretto, ha funzioni (analoghe a quelle del Presidente della Regione) attribuite dalle leggi, dallo Statuto o dai regolamenti. In particolare il Presidente della Provincia rappresenta l'ente e presiede la Giunta, sovraintende allo svolgimento delle funzioni che lo Stato o la Regione delega o attribuisce alla Provincia, nomina o revoca i rappresentanti della provincia;
- il **Segretario provinciale** previsto per ciascuna Provincia, svolge compiti direttamente stabiliti dallo Statuto provinciale o dai regolamenti provinciali o dal Presidente della Provincia;
- i **Dirigenti provinciali** i quali svolgono attività di direzione degli uffici e dei servizi in conformità delle disposizioni dello Statuto o dei regolamenti provinciali
- il **Difensore civico**, per la tutela dei cittadini nei confronti di abusi delle amministrazioni provinciali;

- il **Direttore generale**, nominato dal Presidente della Provincia, dirige e coordina i dirigenti. Tale funzione può anche essere attribuita al Segretario provinciale (che mantiene le sue specifiche funzioni).

15.3. I COMUNI, LE CITTÀ METROPOLITANE E GLI ALTRI ENTI LOCALI

I Comuni

Il Comune è l'ente locale che, a norma dell'art. 3, co. 2, T.U.E.L rappresenta la propria comunità, ne cura gli interessi e ne promuove lo sviluppo.

Per i Comuni valgono in linea generale le stesse considerazioni effettuate per le Province.

Come quest'ultime, anche i Comuni presentano organi interni analoghi a quelli delle Province:

1) il **Consiglio comunale** con funzioni di indirizzo e di controllo politico amministrativo;
2) la **Giunta comunale** che svolge tutte le attività non riservate dalla legge al Consiglio o dallo Statuto comunale al sindaco o ad altri organi;
3) il **sindaco**, eletto con suffragio universale e diretto, il cui mandato dura 5 anni. Le funzioni del sindaco vengono specificate dall'art. 50 del T.U.E.L.: tra queste possiamo ricordare la rappresentanza del Comune, la convocazione e la presidenza della Giunta e del Consiglio (in quest'ultimo caso solo se non sia stato nominato il Presidente), la nomina, designazione o revoca dei rappresentanti del Comune presso enti, aziende o altre istituzioni. Il sindaco ricopre altresì il ruolo di ufficiale del governo ed in virtù di tale funzione svolge alcune importanti funzioni individuate dall'art. 54 T.U.E.L (sovraintendenza alla tenuta dei registri dello stato civile, espletamento degli adempimenti in materia elettorale e di leva militare). L'art. 6, co. 1, del D.L. 92/2000, convertito nella L. 125/2008 (Attribuzioni del sindaco nelle funzioni di competenza statale) attribuisce infine poteri particolari in materia di sicurezza ed ordine pubblico;
4) il **Segretario comunale**, il **Difensore civico** e i **Dirigenti comunali** con funzioni simili a quelle dei loro corrispettivi a livello provinciale;

5) il **Direttore generale** (c.d. ***city manager***) nominato dal sindaco, previa deliberazione della Giunta comunale con il compito di attuare gli obiettivi fissati dagli organi comunali.

Le **funzioni** dei Comuni sono previste dagli artt. 3 e 13 del T.U.E.L. I Comuni anzitutto esercitano nell'ambito del proprio territorio funzioni amministrative che non vengono attribuite dalla legge statale o regionale ad altri soggetti (servizi sociali, politica economica, gestione e amministrazione del territorio). Le altre funzioni nell'ambito del sistema di decentramento amministrativo possono inoltre essere attribuite con legge dello Stato o delle Regioni in applicazione del principio di sussidiarietà.

I comuni si differenziano dagli altri enti locali anche per i particolari sistemi elettorali utilizzati che variano a seconda che il Comune abbia una popolazione inferiore o superiore a 15.000 abitanti.

Le Città metropolitane

Le **Città metropolitane**, già previste dalla L. 142/90, sono enti amministrativi previsti dall'art. 114 della Costituzione della Repubblica italiana (dopo la riforma dell'Ordinamento della Repubblica del 2001, con la modifica del Titolo V della Costituzione).

Il concetto di Città metropolitana corrisponde al concetto internazionale di metropoli.

Sono città metropolitane Bari, Bologna, Cagliari, Catania, Firenze, Genova, Milano, Napoli, Roma, Venezia, Torino cui si aggiungono quelle riconosciute dalle Regioni a statuto speciale (Cagliari, Catania, Messina, Palermo, Sassari, Trieste).

Un discorso a parte va fatto per la città di Roma che a norma dell'art. 114, ult. co., Cost. «[…] è la capitale della Repubblica. La legge dello Stato disciplina il suo ordinamento».

Il riconoscimento espresso di Roma quale capitale di Italia riveste una particolare importanza. Anzitutto tale riconoscimento impedirà che, a fronte di eventuali pretese o richieste, venga arbitrariamente scelta come capitale un'altra città (ciò potrà rendersi possibile difatti soltanto attraverso una revisione costituzionale).

In secondo luogo pone la necessità di prevedere una disciplina con legge dello Stato diversa rispetto a quella degli altri comuni. Non è superfluo ricordare che Roma ha da sempre rivestito un ruolo fondamentale nella vita del nostro Paese in quanto sede del Parlamento e di tutti gli organi dello Stato.

L'art.119 Cost. prevede che le Città metropolitane godano di autonomia finanziaria di entrata e di spesa e stabiliscano e applichino tributi ed entrate propri, in armonia con quanto previsto dalla Costituzione stessa.

Tali enti sono titolari di funzioni in parte assimilabili a quelle attribuite a Province e Comuni.

GLI ALTRI ENTI LOCALI

Esistono nel nostro ordinamento altri enti territoriali locali che nascono dalle unioni di due o più comuni ovvero derivano da articolazioni interne ai comuni o alle Province.

Un'elencazione di tali enti ci viene fornita dall'art. 1 del T.U.E.L. Tali enti sono:

1) le **Comunità montane**, le **Comunità isolane**, le **Unioni di comuni** (cui l'art. 4, co. 5, L. 131/2003) attribuisce potere normativo, regolamentare e statuario) e le **Comunità di arcipelago**;
2) i **Municipi** istituiti, a norma dell'art. 16 del T.U.E.L., nei Comuni nati dalla fusione di due o più comuni;
3) le **Circoscrizioni comunali**, la cui istituzione è obbligatoria nei Comuni capoluogo di provincia o con popolazione superiore a 250.000 abitanti, facoltativa per i Comuni con popolazione compresa tra 100.000 e 250.000 abitanti (art. 16, T.U.E.L.);
4) i **Circondari provinciali** e le **Circoscrizioni provinciali**.

15.4. LE FORME DI CONTROLLO SUGLI ENTI LOCALI

Il T.U.E.L. disciplina le cause di scioglimento e sospensione dei consigli provinciali e comunali, di rimozione del sindaco e degli amministratori locali e prevede altresì delle forme di controllo sugli enti locali.

LO SCIOGLIMENTO

La **procedura di scioglimento** viene attivata su segnalazione del Prefetto; lo scioglimento dei consigli provinciali e comunali è quindi disposto con decreto del Presidente della Repubblica, su proposta del

Ministro dell'interno, del quale viene fatta comunicazione al Parlamento. Il decreto è pubblicato sulla Gazzetta Ufficiale.

Lo scioglimento viene disposto secondo le disposizioni del T.U.E.L in determinati casi:

1) compimento da parte del Consiglio di atti contrari alla Costituzione, o di gravi violazioni di legge, o per motivi di ordine pubblico;
2) dimissioni, impedimento permanente, rimozione, decadenza, morte del sindaco o del Presidente della provincia;
3) dimissioni presentate contestualmente o con atti separati ma contemporanei della metà più uno dei membri del Consiglio;
4) riduzione del Consiglio per l'impossibilità di sostituzione della metà dei componenti;
5) mancata approvazione del bilancio nei termini di legge;
6) mancata adozione degli strumenti urbanistici generali entro diciotto mesi dalla data di elezione degli organi per i comuni con popolazione superiore a mille abitanti che siano sprovvisti dei predetti strumenti;
7) ipotesi di infiltrazione o condizionamento di tipo mafioso;
8) mozione di sfiducia nei confronti del sindaco o del Presidente della provincia;
9) omissione della deliberazione di dissesto finanziario che abbia determinato la nomina di un commissario *ad acta* per l'attuazione in via sostitutiva di tale attività;
10) inosservanza del termine per lo svolgimento delle attività connesse alla formulazione del bilancio riequilibrato.

Con il decreto di scioglimento viene anche nominato un commissario, titolare di funzioni attribuite dallo stesso decreto. Nel caso di scioglimento per infiltrazione o condizionamento di tipo mafioso viene invece nominata una commissione straordinaria.

La sospensione

L'art. 141, co. 7, T.U.E.L. prevede che il Prefetto possa, nelle more del procedimento di scioglimento, disporre con proprio decreto la **sospensione** del consiglio (quando è stata attivata la procedura di scioglimento o per motivi di grave urgenza e necessità) per un periodo non superiore a 90 giorni e con lo stesso decreto nominare un commissario prefettizio (con il compito di amministrare temporaneamente l'ente).

Nei casi di scioglimento di cui all'art. 143 T.U.E.L. (infiltrazione o condizionamento di tipo mafioso) la sospensione è disposta per un periodo non superiore a 60 giorni. In tale ipotesi il Prefetto provvede all'invio di commissari per amministrare l'ente.

LA RIMOZIONE

La **rimozione** del sindaco e del Presidente della Provincia (ma anche dei Presidenti dei consorzi e delle comunità montane, dei componenti dei Consigli e delle Giunte e dei Presidenti dei consigli circoscrizionali) viene disposta a norma dell'art. 142 T.U.E.L. con decreto del Ministro dell'Interno nei casi di compimento di atti contrari alla Costituzione, o di gravi violazioni di legge, o per motivi di ordine pubblico. Anche in questi casi la sospensione è disposta dal Prefetto per motivi di grave urgenza e necessità.

Ricordiamo che il Prefetto, oltre a disporre la sospensione, ha poteri ispettivi volti ad accertare il funzionamento dei servizi statali cui il sindaco sovraintende. In caso di mancato adempimento di tali funzioni il Prefetto potrà nominare un commissario *ad acta*.

ALTRE FORME DI CONTROLLO

Sono infine forme di controllo sugli enti locali:

1) il **controllo sostitutivo straordinario** previsto dall'art. 120 Cost. (in cui rientra il potere di annullamento governativo degli atti degli enti locali ex art. 138 T.U.E.L.);
2) il **controllo sostitutivo ordinario**, che può essere previsto da leggi statali o regionali;
3) il **Controllo della Corte dei Conti**, sulla gestione del bilancio e del patrimonio degli enti locali;
4) il **controllo dei prefetti sugli atti da essi adottati in materia di pubblica sicurezza**;
5) la **vigilanza svolta dall'Unità per il monitoraggio dell'azione di governo degli enti locali**.

12.6. I RAPPORTI TRA STATO, REGIONI ED ENTI LOCALI

L'esistenza di una pluralità di enti a livello nazionale e locale ha posto la necessità di creare forme di **collaborazione** e **coordinamento** tra gli stessi.

l'ordinamento dello Stato

L'art. 118, co. 3, Cost. dispone innanzitutto che «La legge statale disciplina forme di coordinamento fra Stato e Regioni nelle materie di cui alle lettere *b)* e *h)* del secondo comma dell'art. 117, e disciplina inoltre forme di intesa e coordinamento nelle materie della tutela dei beni culturali».

La norma costituzionale prevede pertanto forme di coordinamento tra Stato e regioni in materie delicate quali immigrazione, ordine pubblico e sicurezza.

Le forme di coordinamento nelle predette e nelle altre materie di interesse comune avvengono in sede di **Conferenza permanente**, istituite quale luogo di incontro e discussione dei diversi enti.

Le conferenze permanenti attualmente operative sono: la Conferenza permanente per i rapporti fra lo Stato, le Regioni e le province autonome; la conferenza unificata.

A tali organi si aggiungono altresì la Commissione parlamentare per le questioni regionali e il Rappresentante dello Stato per i rapporti con le autonomie.

Il coordinamento tra Regioni ed enti locali avviene in seno al Consiglio delle autonomie locali.

La Conferenza Stato-Regioni

La **Conferenza permanente per i rapporti fra lo Stato, le Regioni e le province autonome** (anche detta **Conferenza Stato-Regioni**) è un organo collegiale finalizzato alla collaborazione istituzionale tra lo Stato e Regioni e le Province autonome di Trento e Bolzano. Istituita nel 1983, con funzioni meramente consultive, viene trasformata in un organo misto a riunioni periodiche dalla L. 400/1988.

Il Decreto Legislativo 281/1997, fornisce oggi una organica regolamentazione dell'organo.

Tale organo è oggi titolare di funzioni più ampie potendo altresì:

1) promuovere e sancire intese o accordi tra Stato, Regioni e Province autonome «[…] in attuazione del principio di leale collaborazione e nel perseguimento di obiettivi di funzionalità, economicità ed efficacia dell'azione amministrativa, al fine di coordinare l'esercizio delle rispettive competenze e svolgere attività di interesse comune» (MARTINES);
2) promuovere, ferme restando le competenze del CIPE, il coordina-

l'ordinamento dello Stato

mento della programmazione statale o regionale, raccordandole con l'attività degli enti o soggetti (pubblici o privati) che gestiscono nell'ambito del territorio delle Regioni o delle Province autonome servizi di pubblico interesse;
3) assicurare lo scambio di informazioni o dati tra governo, Regioni e Province autonome;
4) svolgere funzioni in tema di partecipazione delle Regioni al diritto comunitario;
5) stabilire, nel rispetto degli Statuti, i criteri di ripartizione delle risorse finanziarie assegnate con legge alle Regioni ed alle Province autonome.

Presieduta dal Presidente del Consiglio dei ministri risulta composta dai presidenti delle Regioni e delle province autonome di Trento e Bolzano e dai ministri (se interessati agli argomenti trattati nelle sedute). Su invito o designazione del Presidente del Consiglio possono partecipare ai lavori della Conferenza anche i rappresentanti delle amministrazioni centrali dello Stato o delle Regioni.

La Conferenza Stato-città ed autonomie locali

La **Conferenza Stato-città ed autonomie locali**, istituita con il d.lgs. 281/1997, per l'esercizio di funzioni di coordinamento, studio e confronto nelle materie di interesse comune.

Quanto alla struttura è presieduta dal Presidente del Consiglio dei ministri (o su delega dal Ministro dell'interno e il Ministro per i rapporti con le regioni), e risulta composta:
1) dal Ministro dell'Economia e finanze, dal Ministro delle Infrastrutture e dei Trasporti e dal Ministro del Lavoro, della salute e delle politiche sociali;
2) dai Presidenti delle Associazioni Rappresentative dei Comuni, delle Province e delle Comunità Montane ovvero l'ANCI (Associazione nazionale comuni d'Italia), l'UPI (Unione Province d'Italia) e l'UNCEM (Unione nazionale Comuni e Comunità ed Enti montani);
3) 6 Presidenti di Provincia (designati dall'UPI);
4) 14 Sindaci (designati dall'ANCI).

Alle riunioni della Conferenza possono altresì intervenire altri membri del governo ovvero i rappresentanti delle amministrazioni statali, locali o degli enti pubblici.

La Conferenza unificata

La **Conferenza unificata** è formata dalla Conferenza Stato-Regioni e dalla Conferenza Stato-Città ed autonomie locali.

La Conferenza unificata è stata istituita con il d.lgs. 28 agosto 1997 n. 281, allo scopo di favorire la cooperazione tra l'attività dello Stato e il sistema delle autonomie ed esamina le materie e i compiti di comune interesse.

È competente in tutti i casi in cui la Conferenza Stato-Regioni e la Conferenza Stato-Città ed autonomie locali sono chiamate ad esprimersi su un medesimo oggetto (art. 9, comma 2, del d. lgs. 281/1997). Essa può inoltre:

1) promuovere e sancire accordi;
2) garantire lo scambio di informazioni tra il governo e gli altri enti;
3) formulare pareri relativi alla legge finanziaria (e alle leggi a questa collegate) o al documento di programmazione economica e finanziaria.

La Commissione parlamentare per le questioni regionali

La **Commissione parlamentare per le questioni regionali** è composta dai componenti delle due Camere (venti deputati e venti senatori) nominati dai Presidenti di Camera e Senato su designazione dei gruppi parlamentari.

È titolare di funzioni consultive: l'art. 126 Cost. infatti ne prevede la consultazione per le ipotesi di scioglimento del Consiglio regionale o di rimozione del Presidente della Giunta.

La commissione può altresì fornire pareri su disegni di legge, sugli schemi dei decreti legislativi, sui documenti di programmazione economica e finanziaria.

Il Rappresentante dello Stato per i rapporti con le autonomie

A seguito della abolizione della figura del Commissario di governo, si è posto il problema della creazione di un organo di raccordo tra Stato e Regioni. A ciò si è data soluzione con la creazione nel 2003 della figura del **Rappresentante dello Stato per i rapporti con le autonomie**.

Questi altri non è che il **Prefetto** le cui funzioni, specificate nella L. 131/2003, tra le altre consistono:

1) nella cura delle attività dirette a garantire il rispetto del principio di leale collaborazione;
2) nell'informazione tempestiva alla Presidenza del Consiglio degli Statuti, delle leggi amministrative regionali onde consentire alla stessa la possibilità di sollevare dinanzi alla Corte Costituzionale il giudizio in via principale o un conflitto di attribuzioni;
3) nella promozione di intese o di altre forme di coordinamento tra Stato e Regioni;
4) nella verifica dello scambio di dati tra Stato e Regioni;
5) nell'indizione delle elezioni regionali.

Per lo svolgimento delle predette e delle altre funzioni è stata costituita una struttura denominata **Prefettura-Ufficio territoriale per il governo**.

Il Consiglio delle autonomie locali

Il coordinamento e la cooperazione tra le Regioni e gli enti locali avviene in sede del **Consiglio delle autonomie locali**.

Dispone infatti l'art. 123, ult. co., Cost. «In ogni Regione, lo Statuto disciplina il consiglio delle autonomie locali, quale organo di consultazione fra la regione e gli enti locali».

La Costituzione prevede in via generale tale organo riservando agli Statuti regionali il compito di definirne in maniera puntuale le funzioni.

RIEPILOGO

Nel nostro ordinamento accanto allo Stato si collocano enti pubblici territoriali. Come lo Stato, che è l'ente territoriale nazionale, anche questi sono enti territoriali, nel senso che l'esercizio delle funzioni viene delimitato dall'area geografica (e quindi dal territorio) in cui tali enti operano.

La nostra Costituzione all'art. 114, nel suo nuovo testo introdotto dalla L. cost. 3/2001, stabilisce che la Repubblica è costituita dai Comuni, dalle Province, dalle Città metropolitane, dalle Regioni. L'importanza di tali enti viene pertanto espressamente riconosciuta dalla Carta Costituzionale, la cui disciplina è contenuta nella Parte II, Titolo V, artt. 114-133.

Le **Regioni** sono enti pubblici espressamente previsti dalla Carta costituzionale che vantano la titolarità di compiti e funzioni. Sono organi delle Regioni, sono il Consiglio Regionale, la Giunta regionale ed il presidente della Regione, il Difensore civico.

L'art. 3, co. 3, del d.lgs 267/2000 definisce le **Province** quali enti locali intermedi tra Comune e Regione. Le funzioni delle Province sono individuate dagli artt. 3, 19 e 20 del d.lgs 267/2000 e consistono: nella rappresentanza e nella cura degli interessi della propria comunità, nella promozione e nel coordinamento delle funzioni amministrative, nella promozione e nel coordinamento delle attività e nella realizzazione di opere di interesse provinciale in diversi settori (turistico, sportivo, culturale etc.). Sono organi delle Province: il Consiglio provinciale, la Giunta provinciale, il Presidente della provincia, il Segretario provinciale, i Dirigenti provinciali, il Difensore civico, il Direttore generale.

Il Comune è l'ente locale che, a norma dell'art. 3, co. 2, T.U.E.L rappresenta la propria comunità, ne cura gli interessi e ne promuove lo sviluppo. Sono organi comunali: il Consiglio comunale, la Giunta comunale, il sindaco, il Segretario comunale, il Difensore civico e i Dirigenti comunali, il Direttore generale.

Le Città metropolitane, già previste dalla L. 142/90, sono enti amministrativi previsti dall'art. 114 della Costituzione della Repubblica italiana (dopo la riforma dell'Ordinamento della Repubblica del 2001, con la modifica del Titolo V della Costituzione).

Esistono nel nostro ordinamento altri enti territoriali locali che nascono dalle unioni di due o più comuni ovvero derivano da articolazioni interne ai comuni o alle Province.

Il T.U.E.L. disciplina le cause di scioglimento e sospensione dei Consigli provinciali e comunali, di rimozione del sindaco e degli amministratori locali e prevede altresì delle forme di controllo sugli enti locali.

Le forme di coordinamento tra Stato, Regioni ed enti autonomi e locali nelle materie di interesse comune avvengono in sede di **Conferenza permanente**. Le conferenze permanenti attualmente operative sono: la Conferenza Stato-Regioni, la Conferenza Stato-città ed autonomie locali, la Conferenza unificata. A questi organi vanno aggiunti la Commissione parlamentare per le questioni regionali e il Rappresentante dello Stato per i rapporti con le autonomie.

Il coordinamento tra Regioni ed enti locali avviene in seno al Consiglio delle autonomie locali.

16. LA PUBBLICA AMMINISTRAZIONE

Attraverso l'esercizio della **funzione amministrativa** lo Stato tende alla realizzazione dei suoi fini immediati (ad es. la difesa del territorio, lo sviluppo dell'economia, la tutela dell'ambiente). Il concetto di funzione amministrativa si collega pertanto a quello di Stato-apparato. Tale funzione viene concretamente realizzata attraverso l'attività degli organi e degli uffici posti alle dipendenze del governo che agiscono secondo le direttive da questo imposte e che nel loro complesso formano la Pubblica Amministrazione.

La disciplina relativa all'organizzazione dei pubblici uffici, ai mezzi e alle modalità di svolgimento dell'attività della Pubblica amministrazione ovvero ai rapporti tra questa e gli altri soggetti dell'ordinamento formano oggetto di un autonomo diritto (il diritto amministrativo). In questo capitolo si procederà pertanto al solo esame delle norme costituzionali relative alla Pubblica amministrazione.

16.1. NOZIONE

Nell'ordinamento italiano con l'espressione **Pubblica amministrazione** (P.A.) ci si riferisce generalmente al complesso di enti e soggetti pubblici (comuni, provincia, regione, Stato, ministeri, etc.) e talora privati (organismi di diritto pubblico, concessionari, amministrazioni aggiudicatrici, s.p.a. miste), la cui attività è finalizzata all'esercizio della funzione amministrativa.

La pubblica amministrazione è posta alle dipendenze del governo, che ne orienta gli indirizzi generali attraverso i ministeri, ai quali fanno capo i diversi settori dell'apparato burocratico dello Stato. Di conseguenza gli organi di governo, nell'esercizio della funzione amministrativa, fissano gli obbiettivi da raggiungere e le modalità con cui raggiungerli; l'amministrazione pubblica realizza praticamente tali obiettivi attraverso gli atti che vanno ad incidere in determinati ambiti.

L'attività amministrativa è un'attività complessa che deve essere realizzata nel rispetto delle previsioni costituzionali. La Costituzione si limita in realtà a dettare i principi generali in materia di pubblica amministrazione.

16.2. I PRINCIPI COSTITUZIONALI

La nostra Costituzione pone alcuni principi fondamentali in materia di pubblica amministrazione. Di questi alcuni sono contenuti nel **Titolo III**, **Sezione II** (La **Pubblica Amministrazione**), **Parte II**; gli altri sono invece rinvenibili nel corpo del testo; taluni infine vengono posti dalla legge.

Il principio di legalità

Recita innanzitutto l'art. 97, co. 1, Cost. «I pubblici uffici sono organizzati secondo disposizioni di legge [...]». La norma, stabilendo che i pubblici uffici siano organizzati secondo le disposizioni di legge, prevede anzitutto l'applicazione del **principio di legalità**. È la legge che stabilisce i fini da perseguire, il contenuto ed il procedimento di formazione degli atti amministrativi.

Secondo autorevole dottrina tale principio «[...] può essere distinto in principio di legalità *formale* (l'amministrazione deve agire *nei limiti* della legge ma è libera di compiere le sue scelte) e *sostanziale* (l'amministrazione deve agire *conformemente* alla legge)» (MARTINES).

Il principio di legalità può essere ricollegato alla previsione di cui all'art. 23 Cost. «Nessuna prestazione personale può essere imposta se non in base alla legge» che ha carattere generale e pertanto vale anche per le pubbliche amministrazioni (in considerazione del potere di cui esse godono e delle conseguenze che dall'esercizio di questo ne derivano).

Il principio di imparzialità

L'art. 97 Cost. individua due principi fondamentali che informano l'attività della Pubblica Amministrazione: l'imparzialità e il buon andamento.

L'**imparzialità** prevista dall'art. 97 comporta l'obbligo per la pubblica amministrazione di utilizzare criteri giusti ed equi nei confronti dei soggetti coinvolti dall'azione amministrativa.

Il principio di imparzialità viene ribadito dal successivo art. 98 il cui comma 1 stabilisce «I pubblici impiegati sono al servizio esclusivo della Nazione»; i comma successivi inoltre, col prevedere la possibilità di stabilire per mezzo della legge limitazioni alla possibilità di iscriversi a partiti politici per alcune categorie, ne costituiscono una applicazione.

Come sottolineato da autorevole dottrina «Il principio di imparzialità richiederebbe soprattutto, che l'attività dell'amministrazione si svolga sempre in un ideale contraddittorio con tutti gli interessati e (compatibilmente con il rispetto del segreto d'ufficio e del segreto di Stato) venga esercitata non *nel mistero e nel segreto degli uffici ma in modo palese*, cosicché le mura degli uffici diventino di vetro». (MARTINES-ESPOSITO).

Il principio di buon andamento

In virtù del principio del **buon andamento** l'attività amministrativa deve essere posta in essere nelle forme più idonee ad assicurare l'efficacia (cioè l'idoneità a realizzare gli obiettivi prefissati), la efficienza (ovvero il raggiungimento delle finalità assegnate con il razionale impiego delle risorse a disposizione) e l'economicità (cioè il raggiungimento degli obiettivi con i mezzi a disposizione ed al minor costo possibile).

L'organizzazione amministrativa deve pertanto rifarsi alle regole della buona amministrazione, volte ad ottenere i migliori risultati possibili.

Il principio di organizzazione dei pubblici uffici

Il **principio di organizzazione dei pubblici uffici** è posto tanto dal citato art. 97 Cost. quanto dall'art. 95, co. 3, Cost. secondo il quale «La legge provvede all'ordinamento della Presidenza del Consiglio e determina il numero, le attribuzione e l'organizzazione dei ministeri». Come sottolineato da autorevole dottrina (RESCIGNO), tale norma individua l'articolazione centrale dello Stato e cioè il ministero.

L'amministrazione centrale è composta difatti dai **Ministeri**, organi dotati di competenze amministrative di settore e con un'articolazione interna, di tipo piramidale (al cui vertice si colloca il Ministro) attuata attraverso la suddivisione in dipartimenti e direzioni generali.

Numerose leggi hanno provveduto nel tempo, in ossequio al disposto della norma costituzionale, alla riorganizzazione dei ministeri.

Tra molte meritano di essere segnalate, per l'importanza che hanno rivestito nel processo di riforma di tali organi:

1) la L. 57/1997 (**Legge Bassanini**), che prevedendo maggiori fun-

zioni per le strutture periferiche ha diminuito il carattere accentrato dell'amministrazione dello Stato;

2) il d.lgs 300/1999 che ha diminuito il numero dei ministeri e dettato una nuova disciplina relativa alla organizzazione interna dei ministeri e al riordino delle strutture periferiche dello Stato;
3) la L. 244/2007 che ha riportato il numero dei ministeri a quello previsto dal d.lgs. 300/1999 (difatti delle leggi successive ne avevano nuovamente ampliato il numero) e ha stabilito l'abrogazione delle norme incompatibili con tale riduzione;
4) la L. 121/2008 che ha dettato disposizioni per l'adeguamento delle strutture di governo.

I principi di autonomia e decentramento

Recita l'art. 5 Cost. «La Repubblica [...] attua nei servizi che dipendono dallo Stato il più ampio decentramento amministrativo; adegua i principi ed i metodi della sua legislazione alle esigenze dell'autonomia e del decentramento».

L'**autonomia** cui la norma fa riferimento è quella propria delle articolazioni dello Stato a livello periferico che sono dotate di poteri e autonomia rispetto all'apparato centrale (soprattutto a Comuni e province).

In ordine al **decentramento**, tradizionalmente questo viene distinto a secondo dell'organo cui le funzioni vengono attribuite in:

- burocratico: quando le funzioni vengono trasferite dall'organo centrale all'organo burocratico dello stesso ente;
- autarchico: quando le funzioni vengono attribuite ad organi o enti diversi dallo Stato;
- funzionale: quando le funzioni vengono attribuite ad organi che fanno parte dello stesso ente ma che, rispetto all'organo centrale, godono di una certa autonomia.

APPROFONDIMENTO: Le Agenzie e le Autortà amministrative indipendenti

In quest'ottica di riorganizzazione della P.A. sono state istituite con d.lgs. 300/1999 le **Agenzie** che collaborano con le amministrazioni centrali e periferiche svolgendo attività

di carattere tecnico. Tra queste ricordiamo l'Agenzia per le entrate, l'Agenzia delle Dogane, l'Agenzia del Territorio.
Nel quadro dell'organizzazione amministrativa un ruolo particolare è rivestito dalle Autorità amministrative indipendenti, ovvero organi ed enti pubblici, in posizione di indipendenza rispetto al governo (e con autonomia organizzativa, finanziaria e contabile) i quali, pur non facendo parte dell'Amministrazione in senso stretto, sono istituiti per l'esercizio di funzioni di garanzia, regolamentazione e controllo in determinati settori (ad es. il mercato, i lavori pubblici, le comunicazioni). Tra le varie autorità indipendenti si possono ricordare l'Autorità per le garanzie nelle comunicazioni, il Garante per la tutela delle persone e degli altri soggetti rispetto al trattamento dei dati personali, la Banca d'Italia.

Il principio di giustiziabilità

Il **principio di giustiziabilità** è posto dall'art. 113 Cost. a norma del quale «Contro gli atti della Pubblica Amministrazione è sempre ammessa la tutela giurisdizionale dei diritti e degli interessi legittimi dinanzi agli organi di giurisdizione ordinaria ed amministrativa.

Tale tutela giurisdizionale non può essere esclusa o limitata a particolari mezzi di impugnazione o per determinate categorie di atti.

La legge determina quali organi di giurisdizione possano annullare gli atti della pubblica amministrazione nei casi e con gli effetti previsti dalla legge stessa».

La previsione di cui all'art. 113 Cost. può essere ricollegata al principio posto in via generale dall'art. 24, co. 1, Cost. il quale recita «Tutti possono agire in giudizio per la tutela dei propri diritti ed interessi legittimi».

La norma costituzionale prevede innanzitutto la tutela giurisdizionale contro gli atti amministrativi lesivi di diritti soggettivi od interessi legittimi, tutela che in nessun caso può essere esclusa o limitata dal legislatore.

Spetterà alla legge stabilire quale giudice potrà annullare gli atti della pubblica amministrazione. In proposito occorre specificare che secondo il **criterio del riparto di giurisdizione**, vigente nel nostro ordinamento, è ammesso il ricorso al giudice ordinario nelle ipotesi di violazione di un diritto soggettivo, al giudice amministrativo nei casi di violazione di un interesse legittimo.

APPROFONDIMENTO: Diritto soggettivo e Interesse legittimo

Il diritto soggettivo si configura come una «[...] situazione giuridica di vantaggio che l'ordinamento riconosce ad un soggetto, riconoscendogli delle utilità rispetto ad un bene nonché la tutela piena ed immediata degli interessi connessi al bene» (cfr. MANUALE SIMONE).

L'interesse legittimo nella definizione fornita da autorevole dottrina (CASETTA) è una «situazione soggettiva di vantaggio, costituita dalla protezione giuridica di interessi finali che si attua non direttamente ed autonomamente, ma attraverso la protezione indissolubile ed immediata di un altro soggetto, meramente strumentale, alla legittimità dell'atto amministrativo e soltanto nei limiti della realizzazione di tale interesse strumentale».

Mentre il diritto soggettivo è una posizione autonoma del soggetto, l'interesse legittimo è sempre collegato all'esercizio del potere amministrativo.

Il principio di responsabilità dei funzionari e dei dipendenti pubblici

Il **principio di responsabilità dei funzionari e dei dipendenti pubblici** è posto dall'art. 28 Cost. a norma del quale «I funzionari e i dipendenti dello Stato e degli enti pubblici sono direttamente responsabili, secondo le leggi penali, civili ed amministrative, degli atti compiuti in violazione di diritti. In tali casi la responsabilità civile si estende allo Stato e agli enti pubblici».

Per gli atti compiuti nell'esercizio delle loro funzioni, i funzionari ed i dipendenti dello Stato sono soggetti ad un regime di responsabilità che può essere penale, civile o amministrativa (a seconda delle conseguenze che discendono dalla violazione dei doveri di ufficio).

La dottrina è unanime nel qualificare la responsabilità dello Stato (e dell'ente pubblico) alla stregua di responsabilità solidale con quella del dipendente «[...] nel senso che gli uni e l'altro sono obbligati al risarcimento, con la conseguenza che l'interessato può richiedere l'adempimento sia allo Stato o all'ente sia al dipendente [...]» (MARTINES).

Il principio di sussidiarietà, differenziazione e adeguatezza

La ripartizione delle funzioni tra lo Stato e gli enti pubblici avviene secondo il principio di sussidiarietà, differenziazione e adeguatezza posti dall'art. 118 Cost. La norma si riferisce in particolare agli enti pubblici territoriali ovvero Regioni, Province e Comuni e Città metropolitane.

La **sussidiarietà** riguarda la ripartizione dei compiti tra i vari soggetti. Introdotta con il trattato di Maastricht, essa può essere:

- **verticale** quando riguarda la ripartizione dei compiti tra diversi enti pubblici;
- **orizzontale** quando la ripartizione avviene tra enti pubblici e privati.

Il principio di sussidiarietà è stato recepito nel nostro ordinamento con la L. cost. 3/2001 che ha modificato l'art. 118 che oggi prevede sia la sussidiarietà verticale che quella orizzontale laddove statuisce all'ultimo comma che «Stato, Regioni, Città metropolitane, Province e Comuni favoriscono l'autonoma iniziativa dei cittadini, singoli e associati, per lo svolgimento di attività di interesse generale, sulla base del principio di sussidiarietà».

Per **adeguatezza** si intende invece l'idoneità dell'ente destinatario delle funzioni che deve essere dotato di una struttura adeguata allo svolgimento delle predette.

La **differenziazione** infine ha riguardo all'allocazione delle risorse che deve tener conto delle caratteristiche peculiari degli enti che le ricevono.

Il principio della leale collaborazione

Il **principio di leale collaborazione** è posto dall'art. 120 Cost. Per espressa previsione della norma costituzionale nelle ipotesi in cui il governo si sostituisca agli enti territoriali (che non hanno adempiuto gli obblighi imposti dai trattati internazionali o dalla normativa comunitaria, ovvero nei casi di pericolo grave per l'incolumità e sicurezza pubblica o anche quando risulti necessario per la tutela dell'unità giuridica, dell'unità economica o dei diritti civili e sociali) i poteri sostitutivi sono esercitabili nel rispetto del principio di leale collaborazione (oltre che di sussidiarietà).

Il principio di leale collaborazione non afferisce pertanto i rapporti intercorrenti tra lo Stato ed i cittadini ma quelli relativi ad amministrazioni.

I principi posti dalla legge

Accanto alle previsioni costituzionali, si possono ricordare infine i principi posti dalla legge quali il principio di **trasparenza** dell'azione amministrativa, in virtù del quale gli atti della pubblica amministrazione devono essere accessibili a tutti i cittadini; e il connesso **principio di pubblicità** degli atti amministrativi, posti dalla L. 241/1990; il principio di separazione tra atti di governo ed atti amministrativi (secondo l'elencazione contenuta nell'art. 4 D.lgs 165/2001); il principio di ragionevolezza dell'azione amministrativa, che costituisce un'articolazione dei principi costituzionali di imparzialità e buon andamento.

RIEPILOGO

Attraverso l'esercizio della **funzione amministrativa** lo Stato tende alla realizzazione dei suoi fini immediati (ad es. la difesa del territorio, lo sviluppo dell'economia, la tutela dell'ambiente).

Tale funzione viene concretamente realizzata attraverso l'attività degli organi e degli uffici posti alle dipendenze del governo che agiscono secondo le direttive da questo imposte e che nel loro complesso formano la Pubblica Amministrazione.

Nell'ordinamento italiano con l'espressione **Pubblica amministrazione** (P.A.) ci si riferisce generalmente al complesso di enti e soggetti pubblici e talora privati la cui attività è finalizzata all'esercizio della funzione amministrativa.

La pubblica amministrazione è posta alle dipendenze del governo, che ne orienta gli indirizzi generali attraverso i **Ministeri**, ai quali fanno capo i diversi settori dell'apparato burocratico.

La nostra Costituzione pone alcuni principi fondamentali in materia di pubblica amministrazione. Di questi alcuni sono contenuti nel **Titolo III**, **Sezione II** (**La Pubblica Amministrazione**), **Parte II** della Costituzione. Gli altri sono rinvenibili nel corpo del testo ed infine taluni vengono posti dalla legge.

Tali principi sono: il principio di legalità, il principio di imparzialità, il principio di buon andamento, il principio di organizzazione dei pubblici uffici, i principi di autonomia e decentramento, il principio di giustiziabilità, il principio di responsabilità dei funzionari e dei dipendenti pubblici, il principio di sussidiarietà, differenziazione e adeguatezza; il principio della leale collaborazione.

Accanto alle previsioni costituzionali, si possono ricordare infine i principi posti dalla legge quali il principio di trasparenza dell'azione amministrativa, di pubblicità degli atti amministrativi, il principio di ragionevolezza dell'azione amministrativa.

TEST DI VERIFICA: L'ORDINAMENTO DELLO STATO

1) La Camera dei Deputati è composta da
a) 230 membri
b) 315 membri
c) 450 membri
d) 630 membri

2) Il procedimento di formazione delle leggi si articola in
a) 2 fasi
b) 3 fasi
c) 4 fasi
d) 5 fasi

3) A norma dell'art. 79 Cost. le Camere possono concedere con legge l'indulto. Con l'indulto
a) vengono estinti i reati
b) vengono condonati i reati o commutati in reati minori.c) viene deliberato lo stato di guerra
d) viene messo in stato di accusa il Presidente della Repubblica

4) A norma dell'art. 73 Cost. le leggi sono pubblicate subito dopo la promulgazione (e in ogni caso non oltre 30 giorni da questa) e diventano definitive, salvo diverso termine, il
a) 15° giorno successivo alla pubblicazione nella Gazzetta Ufficiale
b) 21° giorno successivo alla pubblicazione nella Gazzetta Ufficiale
c) 25° giorno successivo alla pubblicazione nella Gazzetta Ufficiale
d) 31° giorno successivo dalla pubblicazione nella Gazzetta Ufficiale

5) La recente L.85/2008 ha individuato il numero dei Ministeri italiani. Quanti sono oggi i Ministeri in Italia?
a) 5

b) 11
c) 17
d) 21

6) Le funzioni legislative sono attribuite al governo
a) eccezionalmente e nei casi tassativamente previsti dalla Costituzione
b) mai
c) quando ne facciano richiesta i Presidenti delle due Camere
d) solo in seguito ad una petizione popolare

7) A norma dell'art. 94, ult. co, Cost. una mozione di sfiducia deve essere firmata da almeno
a) 50.000 elettori
b) il Presidente di una delle due Camere
c) un decimo dei componenti della Camera
d) 5 ministri

8) La responsabilità del Presidente del Consiglio è
a) solo penale
b) solo civile
c) solo morale
d) penale e civile

9) L'accesso alla carica di Presidente della Repubblica presuppone il possesso di determinati requisiti che vengono individuati in maniera puntuale dall'art. 84 Cost. a norma del quale «Può essere eletto Presidente della Repubblica ogni cittadino che abbia compiuto
a) cinquant'anni di età e goda dei diritti civili e politici
b) trent'anni di età e goda dei diritti politici
c) sessant'anni di età e goda dei diritti civili
d) la maggiore età, anche se non gode dei diritti civili e politici

10) La dotazione del Presidente della Repubblica configura
a) un'indennità per la carica ricoperta e ha la finalità di garantire l'indipendenza economica del Capo dello Stato

b) l'irresponsabilità assoluta del Capo dello Stato per tutti gli atti compiuti
c) l'insieme dei beni immobili (con relative pertinenze) e le somme di denaro necessarie per lo svolgimento delle funzioni inerenti alla carica
d) un requisito per l'accesso alla carica presidenziale

11) Rientra tra i compiti del Presidente della Repubblica, tra l'altro
a) adottare i decreti legge
b) indire le elezioni delle Camere e fissarne la prima riunione
c) deliberare lo stato di guerra
d) giudicare tra i conflitti di attribuzione tra i poteri dello Stato

12) Si definiscono atti complessi
a) quelli che provengono da un membro del governo che lo propone ed assume la decisione circa il contenuto definitivo dell'atto stesso, mentre il Presidente della Repubblica si limita a controfirmare l'atto
b) quelli che provengono direttamente dal Presidente della Repubblica mentre il Ministro si limita a controfirmarlo
c) quelli il cui contenuto è stabilito di comune accordo dal Presidente della Repubblica e dal governo
d) atti presidenziali che non necessitano della controfirma ministeriale

13) A norma dell'art. 135 Cost. la Corte si compone di 15 giudici nominati
a) per 1/3 dal Presidente della Repubblica, per 1/3 dal corpo elettorale, per 1/3 dalle supreme magistrature ordinarie ed amministrative
b) per 1/3 dal governo, per 1/3 dal Parlamento in seduta comune e per 1/3 dalle supreme magistrature ordinarie ed amministrative
c) per 1/3 dai Consigli regionali, per 1/3 dal Parlamento in seduta comune e per 1/3 dalle supreme magistrature ordinarie ed amministrative
d) per 1/3 dal Presidente della Repubblica, per 1/3 dal Parlamento

in seduta comune e per 1/3 dalle supreme magistrature ordinarie ed amministrative

14) Rientra tra i compiti della Corte Costituzionale
a) il sindacato di legittimità delle leggi
b) la ratifica dei trattati internazionali
c) la funzione di indirizzo politico
d) la controfirma degli atti presidenziali

15) Le sentenze riduttive
a) dichiarano l'incostituzionalità di una norma che contiene una previsione che non doveva esserci
b) dichiarano l'incostituzionalità non dell'intera norma ma di una sua parte (perché contraria alla Costituzione)
c) dichiarano l'incostituzionalità delle norme nella parte in cui prevedono alcune conseguenze in luogo di altre
d) dichiarano incostituzionale non la norma ma una delle sue possibili interpretazioni

16) Nel giudizio sulle accuse contro il Presidente della Repubblica la Corte giudica in composizione straordinaria: i giudici costituzionali sono difatti integrati
a) da 16 membri tratti a sorte da un elenco di 45 cittadini con i requisiti per l'eleggibilità a senatore che il Parlamento in seduta comune compila ogni otto anni
b) da 16 membri tratti a sorte da un elenco di 50 cittadini con i requisiti per l'eleggibilità a senatore che il Parlamento in seduta comune compila ogni nove anni
c) da 16 membri tratti a sorte da un elenco di 45 cittadini con i requisiti per l'eleggibilità a senatore che il Parlamento in seduta comune compila ogni nove anni
d) da 16 membri tratti a sorte da un elenco di 45 cittadini con i requisiti per l'eleggibilità a deputato che il Parlamento in seduta comune compila ogni nove anni

17) La giurisdizione ordinaria viene esercitata
a) dai giudici ordinari

b) dai giudici speciali
c) dalla Corte costituzionale
d) dal governo

18) Quale norma costituzionale pone il principio del giusto processo?
a) L'art. 12
b) L'art. 24
c) L'art. 76
d) L'art. 111

19) Quale dei seguenti non è un giudice speciale?
a) Il Tribunale di sorveglianza
b) Il Tribunale militare
c) Il Tribunale delle acque pubbliche
d) Le Commissioni tributarie

20) A norma dell'art. 101 Cost. la giustizia è amministrata in nome
a) del Parlamento
b) del popolo
c) del Presidente della Repubblica
d) della Corte di Cassazione

21) Quanti sono i membri del Consiglio nazionale dell'Economia e del Lavoro (C.N.E.L.)?
a) 15
b) 121
c) 315
d) 630

22) Quante sono le sezioni del Consiglio di Stato?
a) 2
b) 5
c) 7
d) 9

23) Quante volte all'anno si riunisce il Consiglio Supremo di Difesa?
a) Almeno una
b) Almeno due
c) Almeno tre
d) Almeno quattro

24) Qual è il compito principale dell'Avvocatura dello Stato?
a) Esaminare i problemi generali politici e tecnici attinenti alla difesa nazionale
b) Garantire l'indipendenza e l'autonomia della Magistratura
c) Esercitare l'iniziativa legislativa e contribuire alla elaborazione della politica economica e sociale secondo i principi e nei limiti fissati dalla legge
d) La difesa in giudizio dello Stato

25) L'autonomia amministrativa delle Regioni è prevista dall'art.
a) 25 Cost.
b) 64 Cost.
c) 118 Cost.
d) 139 Cost.

26) Le Province sono
a) organi di rilievo costituzionali
b) enti locali
c) sono organi costituzionali dello Stato
d) società per azioni

27) La Conferenza Stato-Regioni
a) è un organo collegiale finalizzato alla collaborazione istituzionale tra lo Stato e Regioni e le Province autonome di Trento e Bolzano
b) è stata istituita con il d.lgs. 281/1997, per l'esercizio di funzioni di coordinamento, studio e confronto nelle materie di interesse comune
c) è stata istituita con il d.lgs. 28 agosto 1997 n. 281, allo scopo

di favorire la cooperazione tra l'attività dello Stato e il sistema delle autonomie locali ed esamina le materie e i compiti di comune interesse
d) è composta dai componenti delle due Camere (venti deputati e venti senatori) nominati dai Presidenti di Camera e Senato su designazione dei gruppi parlamentari

28) Quale dei seguenti non è un organo comunale?
a) Il Sindaco
b) La Giunta Comunale
c) Il Direttore Generale
d) Il Presidente Della Regione

29) L'art. 28 Cost. prevede la responsabilità
a) del Parlamento
b) della Corte Costituzionale
c) dei funzionari e dei dipendenti dello Stato e degli enti pubblici
d) dei Comuni

30) Il principio di sussidiarietà fa riferimento
a) alla ripartizione dei compiti tra i vari soggetti
b) all'idoneità dell'ente destinatario delle funzioni che deve essere dotato di strutture adeguate
c) all'allocazione delle risorse che deve tener conto delle caratteristiche peculiari degli enti che le ricevono
d) all'obbligo per la pubblica amministrazione di utilizzare criteri giusti ed equi nei confronti dei soggetti coinvolti dall'azione amministrativa

31) La tutela giurisdizionale dei diritti e degli interessi legittimi
a) può essere esclusa dal Parlamento
b) non è mai ammessa
c) non è contemplata dalla Costituzione
d) non può essere esclusa o limitata a particolari mezzi di impugnazione o per determinate categorie

32) Quale dei seguenti principi relativi all'attività della Pubblica Amministrazione è posto dalla legge?

a) Il principio di imparzialità e buon andamento

b) Il principio del decentramento amministrativo

c) Il principio di leale collaborazione

d) Il principio di trasparenza dell'azione amministrativa

SOLUZIONI E COMMENTI AI TEST

1) Risposta corretta: **d**.

2) Risposta corretta: **c**. Il procedimento di formazione delle leggi, disciplinato dagli artt. 71-74 della Cost. si articola in quattro fasi: iniziativa, istruttoria, costitutiva e di integrazione dell'efficacia.

3) Risposta corretta: **b**. L'indulto (comunemente definito come atto di clemenza) comporta infatti non l'estinzione ma il condono (totale o parziale) dei reati o la loro commutazione in reati minori.

4) Risposta corretta: **a**.

5) Risposta corretta: **b**. Essi sono: 1) Affari esteri; 2) Interno; 3) Giustizia; 4) Difesa; 5) Economia e finanze; 6) Sviluppo economico; 7) Politiche agricole, alimentari e forestali; 8) Ambiente e tutela del territorio e del mare; 9) Infrastrutture e Trasporti; 10) Lavoro, salute e delle politiche sociali; 11) Pubblica istruzione, Università e ricerca; 12) Beni ed attività culturali.

6) Risposta corretta: **a**.

7) Risposta corretta: **c**.

8) Risposta corretta: **d**. La responsabilità politica del governo in quanto organo collegiale va tenuta distinta dalla responsabilità giuridica del Presidente del Consiglio la quale può essere civile o penale.

9) Risposta corretta: **a**.

10) Risposta corretta: **c**. La dotazione costituisce il complesso dei beni immobili (e relative pertinenze) e le somme di denaro necessarie per lo svolgimento delle funzioni inerenti alla carica presidenziale e di proprietà dello Stato.

11) Risposta corretta: **b**. A norma dell'art. 87, co. 3, Cost. il Presidente delle Repubblica «Indice le elezioni delle nuove Camere e ne fissa la prima riunione».

12) Risposta corretta: **c**. La responsabilità del Presidente della Repubblica e del ministro per gli atti sostanzialmente complessi è assolutamente identica.

13) Risposta corretta: **d**.

14) Risposta corretta: **a**. Le funzioni della Corte Costituzionale sono individuate dall'art. 134 Cost.

15) Risposta corretta: **a**.

16) Risposta corretta: **c**.

17) Risposta corretta: **a**. A norma dell'art. 102, co. 1, Cost. la giurisdizione ordinaria viene «[...] esercitata dai magistrati ordinari, istituiti e regolati secondo le norme dell'ordinamento giudiziario».

18) Risposta corretta: **d**. Recita infatti l'art. 111, co. 1, Cost. «La giurisdizione si attua mediante il giusto processo regolato dalla legge».

19) Risposta corretta: **a**.

20) Risposta corretta: **b**.

21) Risposta corretta: **b**.

22) Risposta corretta: **c**.

23) Risposta corretta: **b**.

24) Risposta corretta: **d**.

25) Risposta corretta: **c**. A norma dell'art. 118 Cost. infatti la funzione amministrativa può essere attribuita alle Regioni nel rispetto dei principi di sussidiarietà, differenziazione ed adeguatezza.

26) Risposta corretta: **b**. L'art. 3, co. 3, del d.lgs 267/2000 definisce le Province quali enti locali intermedi tra Comune e Regione.

27) Risposta corretta: **a**.

28) Risposta corretta: **d**.

29) Risposta corretta: **c**. Il principio di responsabilità dei funzionari e dei dipendenti pubblici è posto dall'art. 28 Cost.

30) Risposta corretta: **a**.

31) Risposta corretta: **d.**

32) Risposta corretta: **d**. Il principio di trasparenza dell'azione amministrativa (in virtù del quale gli atti della pubblica amministrazione devono essere accessibili a tutti i cittadini) e il connesso principio di pubblicità degli atti amministrativi, sono posti dalla L. 241/1990;

Bibliografia di riferimento

AA.VV., *Concordato e Costituzione. Gli accordi del 1984 tra l'Italia e la Santa sede*, Il Mulino, Bologna, 1985

AA.VV., *Diritto amministrativo*, Ed. Simone, Napoli, 2007

AA.VV., *Diritto costituzionale*, Ed. Simone, Napoli, 2008

AA.VV., *Diritto parlamentare*, Giuffrè, Milano, 2005

AA.VV., *Diritto regionale*, Giappichelli, Torino, 2007

AA.VV., *La Carta e le Corti – I diritti fondamentali nella giurisprudenza multilivello*, Chimienti, Taranto, 2007

AA.VV., *Lineamenti di diritto regionale*, Giuffrè, Milano, 2006

AA.VV., *Statuto dei lavoratori*, Zanichelli, Bologna, 1982

Ballestrero M., *Dalla tutela alla parità – La legislazione italiana sul lavoro delle donne*, il Mulino, Bologna, 1979

Barile P., *Diritti dell'uomo e libertà fondamentali*, il Mulino, Bologna, 1984

Bin. R., *Capire la Costituzione*, Editori Laterza, Bari, 2002

Biscaretti di Ruffia P., *Introduzione al diritto costituzionale comparato – le forme di Stato e le forme di governo, Le Costituzioni moderne*, Giuffrè, Milano, 1988

Bobbio N., *Che cos'è la democrazia?, intervista a Norberto Bobbio,* Torino, Fondazione Einaudi, giovedì 28 febbraio 1985

Bobbio N., *Il futuro della democrazia. Una difesa delle regole del gioco*, Einaudi, Torino, 1984

Bobbio N., *Norma* (voce), in *Enciclopedia Einaudi*, Torino, 1980

Caretti P., *I diritti fondamentali – Libertà e diritti sociali,* Giappichelli, Torino, 2002

Casetta E., *Manuale di diritto amministrativo*, Giuffrè, Milano, 2006

Celotto A., *La Corte Costituzionale*, Il Mulino, Bologna, 2004

Conforti B., *Diritto internazionale*, Ed. scientifica, Napoli, 2002

Crisafulli V., *Lezioni di diritto costituzionale*, Cedam, Padova, 1993

D'agnolo G., *La sussidiarietà nell'Unione europea*, Cedam, Padova, 1998

Engels F., *L'origine della famiglia, della proprietà privata e dello Stato*, tr. It, Editori riuniti, Roma, 2005

Esposito C., *Capo dello Stato* (voce), in *Enciclopedia del diritto*, XIX, Giuffrè, Milano, 1970

Esposito C., *La validità delle leggi,* Giuffrè, Milano, 1964

Esposito C., *La libertà di manifestazione del pensiero nell'ordinamento italiano*, Giuffrè, Milano, 1985

Galgano F, *I rapporti economici* (commento agli artt. 41 e 43), in *Commentario alla Costituzione*, Zanichelli, Bologna, 1982

Gallo E., *Sciopero e repressione penale*, il Mulino, Bologna, 1981

Hobbes T., *Il Leviatano*, tr. It., Laterza, Bari, 1974

Lanchester F., *Sistemi elettorali e forma di governo*, il Mulino, Bologna, 1982

Machiavelli M., *Il Principe*, Bur, Milano, 1993

Martines T., *Diritto Costituzionale*, Giuffrè, Milano, 2007

Modugno F., *Appunti dalle lezioni di diritto costituzionale,* Giappichelli, Torino, 2002

Montesquieu C., *Lo spirito delle leggi*, a cura di Cotta S., UTET, Torino, 1973

Mortati C., *Costituzione* (dottrine generali), in *Enciclopedia del diritto*, XI, Giuffrè, Milano, 2007

Onida V., *La Costituzione*, il Mulino, Bologna, 2004

Paladin L, *Governo* (voce), in *Enciclopedia del diritto*, XIX, Giuffrè, Milano, 1970

Pocar F., *Diritto dell'Unione europea e delle Comunità europee*, Giuffrè, Milano, 2000

Rescigno G., *Corso di diritto pubblico*, Zanichelli, Bologna, 2007

Zagrebelsky G., *Società-Stato-Costituzione*, Giappichelli, Torino, 1988

Sitografia di riferimento

Per l'attività di ricerca giuridica si rimanda ai seguenti siti:

http://altalex.com

http://www.diritto.it/

http://www.dirittoonline.it

http://www.gazzettaufficiale.it

http://www.leggiitaliane.it

http://www.leggiweb.it

http://www.mulino.it/

http://www.normeinrete.it

http://www.ricercagiuridica.com

http://www.studiperlapace.it

http://www.tesionline.it

http://it.wikipedia.org

L'enciclopedia libera da cui trarre concetti, definizioni e tutte le informazioni relative agli organi di governo.

Per notizie relative alla composizione, all'attività e al funzionamento dei singoli organi dello Stato ovvero delle istituzioni comunitarie e delle organizzazioni internazionali si consiglia di visitare i seguenti siti:

http://www.camera.it

http://www.senato.it

http://www.parlamento.it

Per informazioni relative alla composizione, al funzionamento e all'attività del Parlamento Italiano.

http://www.governo.it

Per informazioni relative all'attività del governo.

Per notizie relative all'attività dei singoli Ministeri si rinvia ai seguenti siti:

http://www.esteri.it

Sito ufficiale del Ministero degli esteri.

http://www.interno.it
Sito ufficiale del Ministero dell'interno.

http://www.giustizia.it
Sito ufficiale del Ministero di Giustizia.

http://www.difesa.it
Per informazioni complete sull'attività del Ministero della difesa e dello Stato maggiore.

http://www.mef.gov.it
Sito ufficiale del Ministero dell'Economia e finanze.

http://www.sviluppoeconomico.it
Sito ufficiale del Ministero dello Sviluppo economico.

http://www.politicheagricole.it
Sito ufficiale del Ministero delle politiche agricole, alimentari e forestali.

http://www.minambiente.it
Sito ufficiale del Ministero dell'ambiente e tutela del territorio del mare.

http://www.infrastruturetrasporti.it
Sito ufficiale del Ministero delle infrastrutture e trasporti.

http://www.lavoro.gov.it/lavoro/
Sito ufficiale del Ministero del lavoro, salute e politiche sociali.

http://www.miur.it
Sito ufficiale del Ministero della pubblica istruzione, Università e ricerca.

http://www.beniculturali.it
Sito ufficiale del Ministero dei beni e delle attività culturali.

http://www.quirinale.it/
Sito ufficiale della Presidenza della Repubblica.

http://www.cortecostituzionale.it
Sito della Corte costituzionale.

http://www.giurcost.org
Il sito offre informazioni su eventi ed attività della Corte costituzionale.

http://www.cortedicassazione.it

Il sito istituzionale della Corte di cassazione.

http//www.portalecnel.it

Il portale del Consiglio nazionale economia e lavoro.

http://www.corteconti.it/

Il sito ufficiale della Corte dei conti.

http://www.giustizia-amministrativa.it/

Il sito istituzionale della giustizia amministrativa.

http//www.avvocaturastato.it

Il sito istituzionale dell'Avvocatura dello Stato.

http://www.organidellostato.it

Il sito guida il cittadino all'interno della Pubblica Amministrazione, attraverso le informazioni relative alla composizione e interazione degli uffici.

http://www.un.org

Per notizie sulle attività e gli organi dell'O.N.U.

http://www.echr.coe.int

Il portale del Consiglio d'Europa.

http://www.europanrights.eu

Il sito offre un monitoraggio sistematico del materiale giurisdizionale, normativo o anche di altra natura concernente la tutela dei diritti fondamentali in Europa.

Indice dei nomi e dei concetti

Abbreviazioni

art.: articolo
artt.: articoli
co.: comma
Cost.: Costituzione
c.p.c.: codice di procedura civile
c.p.: codice penale
c.p.p: codice di procedura penale
CdS: Consiglio di Stato
Cdc: Corte dei Conti
CSD: Consiglio Supremo di Difesa
CSM: Consiglio superiore della Magistratura
dir.: direttiva
Disp. prel. c.c.: disposizioni preliminari al codice civile
disp. trans.: disposizioni transitorie e finali Costituzione
D.M.: decreto ministeriale
D.P.C.M.: decreto Presidente consiglio dei ministri
DPEF: documento di programmazione economica e finanziaria
D.M.: decreto ministeriale
d.l.: decreto legge
d.lgs.: decreto legislativo
lett.: lettera
ord.: ordinanza
L.: legge
L. cost.: legge costituzionale
L. rev. Cost.: legge di revisione costituzionale
P.M.: pubblico ministero
R.D.. Regio decreto

Reg.: regolamento
Reg. Cam dep.: regolamento Camera dei deputati
Reg. Sen.: regolamento del Senato della Repubblica
sent.. sentenza
T.U.: testo unico
TT.UU.: testi unici

Finito di stampare per conto di
Lorenzo Barbera Editore Srl
nel mese di marzo 2009
presso L.E.G.O., Lavis (TN)